相对波浪理论

——中国A股牛熊大揭秘

唐桂华　著

中国宇航出版社
·北京·

图书在版编目（CIP）数据

相对波浪理论 : 中国A股牛熊大揭秘 / 唐桂华著
-- 北京 : 中国宇航出版社, 2016.8
ISBN 978-7-5159-1151-9

Ⅰ. ①相… Ⅱ. ①唐… Ⅲ. ①股票市场－市场分析－中国 Ⅳ. ①F832.51

中国版本图书馆CIP数据核字(2016)第179673号

策划编辑 田芳卿
责任编辑 卢　珊　　**装帧设计** 宇星文化

出版发行 **中国宇航出版社**
社　址 北京市阜成路8号　　**邮　编** 100830
(010)60286808　　(010)68768548
网　址 www.caphbook.com
经　销 新华书店
发行部 (010)60286888　　(010)68371900
(010)60286887　　(010)60286804(传真)
零售店 读者服务部
(010)68371105
承　印 三河市君旺印务有限公司
版　次 2016年8月第1版　　2016年8月第1次印刷
规　格 787×960　　**开　本** 1/16
印　张 18.75　　**字　数** 257千字
书　号 ISBN 978-7-5159-1151-9　　**印　数** 1～5000
定　价 42.00元

目录

第三章　分级浪系统的形态与结构

第四章　镜向波系统与中期行情周期

前言

相对波浪理论的核心与灵魂

股市中有一句经典名言："如果你爱他，就让他去股市，因为那里是天堂；如果你恨他，就让他去股市，因为那里是地狱！"

股市到底是个什么东西，没有多少人能够说得明白。

20世纪80年代，随着中国改革开放的逐渐深入，现代股份制经营模式由西方引入中国。于是，一幕幕以金钱和欲望、贪婪和恐惧、诱饵和陷阱、血腥和杀戮为主题的大剧，在中国A股诞生后的20年间轮番上演。

随着时间的流逝，那些喧嚣的场景已逐渐模糊、淡去。只有一些像考古专家那样有特殊癖好的人，才会从令人惊叹的K线走势图中去收集和发掘历史遗留下来的宝藏。

投资者经历的令人心潮澎湃或惊悚痛苦的大剧已经谢幕，而新的大剧仍在中国股市的舞台上不断地酝酿、排演，直到各方利益博弈演绎出高潮迭起的又一场经典剧目。

喧嚣的大剧谢幕之后，投资者撇下那些红红绿绿的数字与图形，清点自己丰盈或者干瘪的账户，在难以掩饰的欣喜或者伤悲中，不得不去思考一个问题——股市的本质到底是什么？

许多人讨论过这个问题。在中国，有人说股市是赌场，因为进来的人输多赢少。有人说股市是毒品，因为来过的人就很难摆脱它。还有人说股市是吃人的怪物，它张着看不见的大口，无情地吞噬着市场中所有的一切。

其实，从市场博弈的角度来看，股市更接近于激烈的战场。战争中的许多军事谋略和用兵法则，在股市中都可以得到很好的印证和应用。

股市中有血溅沙场的残酷，也有草船借箭的智慧。它给你一试身手、攻城略地的机会与快乐，让你有机会施展运筹帷幄、谋定后动的韬略与智慧。在这个战场中，每个人都是公平的，取胜的关键在于如何恰当地运用手中的战略资源。

两千多年前，我们的祖先留下了一部论述军事与哲学的惊世之

作——《孙子兵法》。不管你相信或者不信，在股市这个战场上，处处体现了这部军事著作的思想与灵魂。要想在股市博弈中生存下来，你不得不面对它，了解它，学习它，运用它。

战场中的战术概念，引申到股市之中，就是技术分析的合理运用。孙子兵法是股市战场中的核心与灵魂，而用于技术分析的图表，则是制定作战方案的地形图。如果将其他国家的“作战方案”及“地形图”生搬硬套用在中国股市，是注定要吃败仗的。

本书阐述的相对波浪理论，是借鉴艾略特经典波浪理论的原理构建的，其中包含了道氏理论、周期理论、分形理论和混沌理论的某些元素。波浪理论目前仍然是比较好的系统化的市场分析工具，然而艾略特经典波浪理论诞生的年代和市场环境，与其本国的现状相比已经有很大差别，更不用说对于中国股市了。

经典波浪理论对于艾略特时代的市场而言，可能是完美、适用的，但是如今却遭到了不同程度的怀疑和批评，甚至是谩骂和攻击，这说明艾略特波浪理论对于今天的投资市场已经有了距离。波浪理论真的该淘汰了吗？答案是否定的。因为反对者自己拿不出更好的分析工具，若将其肆意摧毁，面对瞬息万变的投资市场，我们将如何适从呢？

经典波浪理论对于今天的市场而言，有一定的局限性，但人类的知识和经验是不断积累与进步的。本书借用爱因斯坦相对论中的概念，对经典波浪理论的基本原理及结构作必要的、合理的改造，使之能够做到更加准确清晰地反映证券市场的运行规律。本书阐述的技术分析理论，称之为相对波浪理论。

中国股市的中小投资者，之所以屡屡失败和亏损，很大一部分原因是缺少一种对A股市场能够真正行之有效的技术分析方法。本书正是给投资者一副揭开市场神秘面纱，看清、看懂股市不同层面的“三棱镜”。

读者应当对股票以及K线图等基本知识有所了解。阅读本书，读者朋友不需要具备高深的数学和证券专业知识。当然，有一定基础的读者，对书中内容的理解和接受会更快一些。书中的信息非常丰富，并且逻辑推理严谨缜密，如果不用心体会，难以达到预期的效果。只有去除浮躁和杂念，才能做到开卷有益，为我所用。

本书内容分为两个部分：第一章至第四章为理论部分，第五章至第十二章为实盘部分。书中的实盘部分，将沪深股市的完整走势，以及各中期行情中最有代表性的个股，以每个周期单元为一章的篇幅，配合大量图表，作了全面详细的解析。熟悉经典波浪理论的读者，可以直接针对自己感兴趣的实盘部分进行研读，相信能对大家有所帮助。

本书内容以沪深股市2005年至2008年波澜壮阔、精妙绝伦的周期单元告一段落。之后，市场依然迈着自己的脚步走向未来。未来的中国股市一定会更加精彩，扎根于中国证券市场这片沃土的相对波浪理论，也一定会茁壮成长，开花结果。

华人首富李嘉诚说得好，“知识改变命运”。学习掌握相对波浪理论，并在实践中有效地加以运用，或许你的人生从此不同！

第一章　沪深股市发展历程回顾

《孙子兵法·始计》——孙子曰：兵者，国之大事，死生之地，存亡之道，不可不察也。

孙子在兵法的篇首阐述道：凡是与军事相关的活动，都是国家的重大战略国策。作为一个深谋远虑、责任重大的战略家，对于与军队乃至整个国家兴旺发展、生死存亡相关的内外环境和应对能力，不能不体察入微，殚精竭虑。

资本市场就是一个由种种或明或暗的力量广泛参与，为谋求各自最大利益而相互博弈的战场。投资者若不能充分认识纷繁复杂的投资环境，其处境可想而知。

下面先对中国证券市场做一个概括的认识吧。

百川之源的一级市场

1984 年 11 月，新中国第一“股”——上海飞乐音响股份公司成立，并向社会公开发行股票。飞乐音响股票票样如图 1-1 所示。

1985 年 1 月，上海延中实业有限公司成立，并全部以股票形式向社会筹集资金，成为首家公开向社会发行股票的集体所有制企业。

1986 年 9 月 26 日，新中国第一家代理和转让股票的证券公司——中国工商银行上海信托投资公司静安证券业务部开始营业，我国中断 30 多年的证券交易业务从此翻开了新的一页。

1986 年 11 月 14 日，邓小平会见纽约证券交易所董事长约翰·凡尔霖，并向他赠送了新中国成立后大陆发行的第一只股票——飞乐音响股票。

1987 年 5 月，深圳发展银行首次向社会公开发行股票，成为深圳第一“股”。深发展股票票样如图 1-2 所示。

图 1–1　飞乐音响 (600651) 股票票样

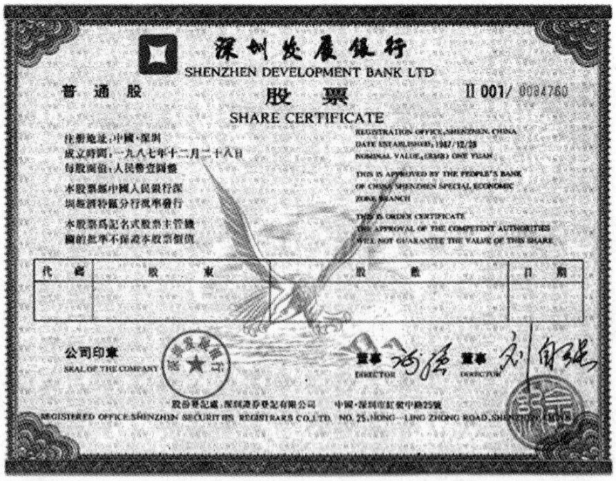

图 1–2　深发展 (0001) 股票票样

沪深证交所开业启航

1990 年 11 月 26 日，经国务院授权，由中国人民银行批准建立的上海证券交易所正式成立，这是中国大陆第一家证券交易所。12 月 19 日上午，交易所举行开业典礼，上市并挂牌交易 8 只股票，它们是上海本地股延中实业 (600601)、真空电子 (600602)、飞乐音响 (600651)、爱使电子 (600652)、上海申华 (600653)、飞乐股份 (600654)、豫园商城 (600655)，以及浙江的凤凰化工 (600656)。

1991 年 4 月 11 日，经国务院授权，中国人民银行批准，深圳证券交易所成立，7 月 3 日正式营业，当日上市并挂牌交易深发展 (0001)、深万科 (0002)、深金田 (0003)、深安达 (0004)、深原野 (0005) 等 5 只股票。

1991 年 7 月 15 日，上海证券交易所开始向社会发布上海股市 8 种股票的价格变动指数，即上证综合指数，以准确反映上海证券交易所开业以后股市价格的总体走势。该指数以 1990 年 12 月 19 日为基准日，基日指数定为 100 点。

1992 年 5 月 25 日，上证指数以 1421.57 点报收，成为上海证交所开业以来的最高收盘点位。

1992 年 10 月，国务院证券委员会（简称国务院证券委）和中国证券监督管理委员会（简称中国证监会）宣告成立。

1995 年 1 月 23 日，深圳证券交易所开始发布深证成分股指数，5 月 5 日正式启用。该指数选出具有市场代表性的 40 家上市公司股票作为计算对象，以 1994 年 7 月 20 日为基日，基日指数定为 1000 点。

1997 年 5 月 12 日，深证成指以 6026.88 点报收，成为深证成指发布以来的最高收盘点位。

2001 年 6 月 13 日，上证指数以 2242.42 点报收，成为新的最高收盘点位。

2004 年 6 月 25 日，中小板首批 8 只新股，即新和成 (002001)、江苏琼花 (002002)、伟星股份 (002003)、华邦制药 (002004)、德豪润达 (002005)、精工科技 (002006)、华兰生物 (002007) 和大族激光 (002008)，在深圳证交所集中挂牌上市交易，称为中小板“新八股”。

2007年10月16日，上证指数创出6124.04点的历史高点，深证成指也于10月10日达到19600.03点的历史高点，成为沪深股市的“双子座”新标杆。

2009年10月30日，创业板首批28只新股在深圳证交所集中挂牌上市交易。

沪深主要股指走势图

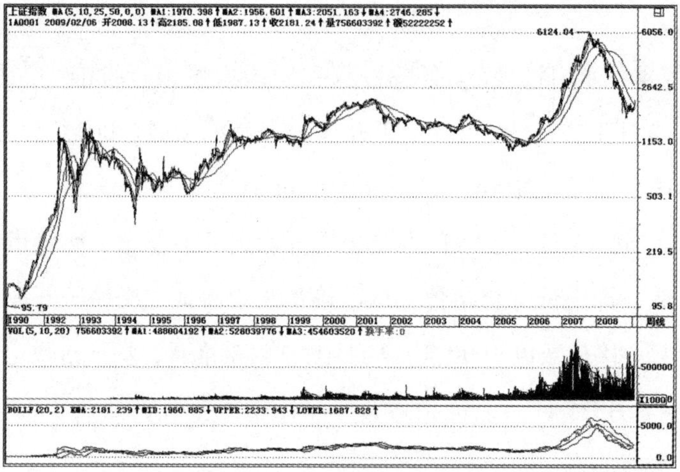

图1-3　上证指数周线图

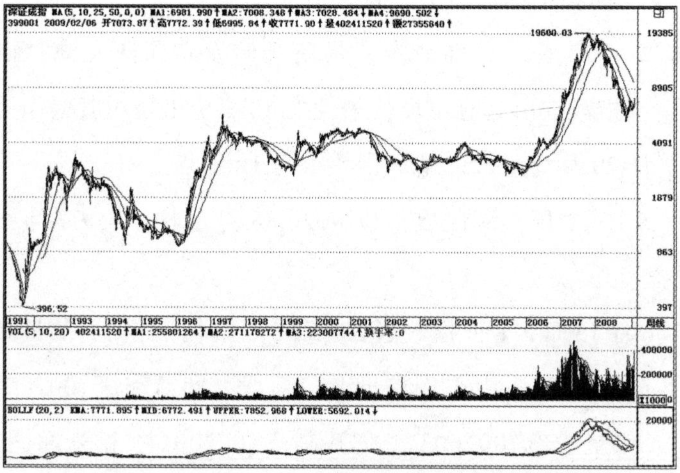

图1-4　深证成指周线图

第二章　技术分析理论发展脉络

《孙子兵法·九地》——凡为客之道，深入则专。

凡是进入对方的领地采取军事行动，投入的力量越大，预期的目标越远，则必须准备得越充分细致，整齐一致。行动之后，才能够协调统一，发挥最强的战斗力。

无论是谁，从你逐渐关心并尝试进入投资市场开始，技术分析便不知不觉地与你相伴了。没有人不关心目前的市场行情怎样，或者上市公司的基本情况以及股价如何，盲目地在股市中投资。

一旦你投资了某种股票，就会时时刻刻关心它是否给你带来了收益，小心地看着它如孩童般步履蹒跚地前行。它所经历的成长与挫折，除了带给你欣喜与郁闷，也会将你的好奇心与求知欲最大限度地激发出来。

几百年来，正是这种好奇心与求知欲，促使投资市场技术分析理论不断诞生，并逐渐臻于完善。

阴阳烛（K线）理论

阴阳烛图表，又称蜡烛图、K线图，起源于18世纪日本的大米市场，是一种至今仍广泛应用的最古老的技术分析工具。先在东南亚股市盛行，后来传入西方国家。

德川幕府时代的日本人，以此技术分析方法记录并研究大阪堂岛大米市场的价格走势。本间宗久是当时使用这种方法交易大米的著名商人，他利用过去米市的价格来预测将来的价格波动，并因此获得惊人的财富。本间宗久在大米市场上的交易原理，后来演变为现在通行的阴阳烛理论。

阴阳烛图表分析包括：大阳烛、大阴烛、早晨之星、黄昏之星、射击之星、锤头、吊颈、曙光初现、身怀六甲、十字胎、穿头破脚、三武士、反攻线、十字线、风高浪大、乌云盖顶、双乌鸦、三乌鸦、塔形顶、塔形底、三顶、三底、平顶、平底、圆顶、圆底、缺口等。

点 评

阴阳烛（K线）图表的出现，与东方古老文化体系中的《易经》有一定的渊源。《易经》中六十四卦的卦象、卦辞和爻辞，与阴阳烛理论中K线形态的含义有许多相通之处。

阴阳烛理论以其古老朴素的智慧，照亮市场中的投资者。然而时过境迁，阴阳烛（K线）形态的含义，经过几百年的市场磨砺，如今需要更加细致地斟酌与提炼。另外，阴阳烛理论对于市场趋势以及成交量的分析研判显得比较薄弱。

道氏理论

道氏理论是西方市场最早出现的技术分析理论，被尊为西方技术分析流派的鼻祖。

查尔斯·亨利·道(Charles Henry Dow，1851—1902)出生于美国康涅狄格州斯特林，是一名新闻记者，同时也是纽约道琼斯公司的创始人之一，《华尔街日报》的创始人和首位编辑。

1884 年 7 月，道推出了一项包含 11 种股票的平均价格指数，以追踪市场走势。1896 年 5 月，查尔斯・道创立了新的由 12 种股票组成的平均价格指数——道琼斯工业指数，并首次在《华尔街日报》上发布。

道氏理论在1930年前后达到巅峰。当时《华尔街日报》以道氏理论为依据，每日撰写股市评论。1929 年 10 月 23 日，《华尔街日报》刊登了《浪潮转向》一文，指出多头市场已经结束，空头市场时代来临，成功预测到了华尔街历史上最可怕的股市崩盘。

道氏提出了关于股票市场运行的全新理念：在股票市场中，个股价格波动的背后，实际上隐藏着市场整体趋势的变化。道氏理论的形成经历了几十年，道氏本人并没有使用过道氏理论这个概念。1902 年，在查尔斯・道去世以后，威廉姆•彼得•汉密尔顿(William Peter Hamilton)和罗伯特•雷亚(Robert Rhea)继承了道氏的衣钵，并在其后加以组织、归纳，从而形成了系统的理论。

道氏提出了一个迄今仍为金融理论之公理的命题：任一个别股票所伴随的总风险，包括系统性风险与非系统性风险。其中，系统性风险是指那些影响全部股票的一般性经济因素；非系统性风险是指可能会影响某一公司或某一板块，对其他公司或板块毫无影响，或几乎没有影响的因素。

雷亚在其著作《道氏理论》一书中，论述了道氏理论极其重要的三个假设和五个定理。

三个假设如下。

假设 1：人为操控——指数或个股的短期波动可能受到人为操控，次级折返走势也可能受到这方面有限的影响，比如常见的调整走势，但长期趋势不会受到人为的操控。

假设 2：市场指数会反映每一条信息的波动——市场指数始终会适当地预期未来事件的影响，如果发生火灾、地震、战争等灾难，市场指数会迅速地加以反映。

假设3：道氏理论是客观化的分析理论——要想成功地运用它协助投资或投机行为，需要深入研究并客观判断。当主观使用它时，就会不断犯错，不断亏损。

五个定理如下。

定理1：股票指数与任何市场类似，都有三种趋势——短期趋势，持续几天至几个星期；中期趋势，持续几个星期至几个月；长期趋势，持续几个月甚至几年、几十年。任何市场中，这三种趋势必然同时存在，彼此的方向可能相同，也可能相反。中期与短期趋势都从属于长期趋势，唯有明白它们在长期趋势中的位置，才可以充分了解它们并从中获利。如果中期趋势严重背离长期趋势，则被视为次级折返走势。次级折返走势必须谨慎评估，不可误认为是长期趋势发生改变。投资者如果了解了这三种趋势，并且专注于长期趋势，还可以利用逆向的中期趋势与短期趋势提升获利。

定理2：主要走势代表整体的基本趋势，通常称为多头或空头市场，持续时间可能为一年，甚至于几年之久。

定理3：主要的空头市场是长期向下的走势，其间夹杂着重要的反弹。主要的空头走势源自各种不利的经济因素，唯有股票价格充分反映可能出现的最糟情况后，这种走势才会结束。

定理4：主要的多头市场是一种整体性的上涨走势，其中夹杂着次级的折返走势。在此期间，由于经济情况好转与投机活动转盛，所以投资性与投机性需求增加，并因此推高股票价格。

定理5：次级折返走势是多头市场中重要的下跌走势，或空头市场中重要的上涨走势，它是逆着主要趋势方向的重大折返走势。次级折返走势经常被误以为是主要走势发生改变。一个走势究竟属于次级折返走势，还是主要趋势的结束，经常很难甚至无法判断。

牛市——基本上升趋势，通常划分为三个阶段。

第一阶段是建仓。在这一阶段，有远见的投资者知道，尽管现在市场萧条，但形势即将扭转，因而在此时购入股票，并逐渐抬高股价以刺激抛售。财务报表情况仍然很糟，实际上这一阶段总是处于最萧条的状态，公众被股市状况迷惑，市场活动呆滞。

第二阶段是一轮稳定的上涨。交易量随着公司业务的景气不断增加，同时公司的盈利开始受到关注。在这一阶段，技巧娴熟的交易者往往能得到最大的收益。

第三阶段是随着公众蜂拥而上，市场高峰来临。所有信息都令人乐观，价格惊人地上扬，并不断创造“崭新的一页”。涨势已经够长，新股不断大量上市，到了该卖掉股票的时候了。在这一阶段的末期，交易量惊人地增长，垃圾股也相当活跃，而越来越多的优质股票此时已经上涨乏力。

熊市——基本下跌趋势，通常也以三个阶段为特点。

第一阶段是出仓（实际开始于即将结束的牛市后期）。有远见的投资者感到交易的获利程度已升至一个反常的高度，因而在涨势中抛出所持股票。交易量仍居高不下，但由于预期利润逐渐兑现，行情开始显弱。

第二阶段为恐慌阶段。买方力量趋弱，卖方却显得更为急躁，价格跌势陡然加速。当抛售量达到最高值时，价格也几乎是直线落至最低点。

第三阶段为市场低迷阶段。商业信息开始恶化，某些投资者需要筹集现金，不得不越来越多地抛出所持股票。垃圾股可能在前两个阶段就失去了牛市的上涨幅度。好一些的股票跌得稍慢些，结果在熊市的最后阶段，这样的股票通常会成为下跌的主角。当坏消息被证实，并且市场预计行情还会继续看跌时，这一轮熊市便悄然结束了，而且通常是在所有坏消息“出来”之前，就已经结束了。

我们应牢记基本趋势的典型特征。假如投资者知道基本趋势最后一个阶段有哪些征兆，就不至于被市场出现的假象所迷惑。

点评

道可道，非常道。与《道德经》成为中国传统文化的发轫之作相似，道氏理论前无古人的开创性贡献，以及对市场规律的深刻认识与透彻把握，至今仍影响着整个行业的投资理念。道氏理论为西方主流的市场分析理论打下了坚实的基础。其不足之处在于，图形化的分析手段很少，需要投资者具有敏锐的市场领悟能力。

形态趋势分析理论

20世纪20年代至30年代，作为《福布斯》杂志金融版面编辑的理查德·W·夏巴克有了一些新的发现，于是他沿着新颖的方向重新开始技术分析研究。在他所著的几本著作中，展示了那些在平均指数中被道氏理论家认为重要的信号，出现在单只股票图表上时是如何具有同样意义的。

后来，他的妹夫罗伯特·D·爱德华兹加入了他的工作，继续进行技术分析研究。1942年，麻省理工学院的毕业生约翰·迈吉加入了爱德华兹的研究团队。

爱德华兹和迈吉重新考察了道氏理论，再次研究了夏巴克在技术分析上的发现。由于有了更多的历史数据及经验，从而能够对早期研究的一些细节进行修正。通过1942—1948年之间的研究，爱德华兹和迈吉发展了许多新的技术分析方法，经过市场实践，技术分析整个体系变得更加科学。

1948年出版的由罗伯特·D·爱德华兹和约翰·迈吉所著《股市趋势技术分析》一书，对理查德·W·夏巴克的理论体系作了全面的总结和进一步拓展，如今已被认为是股市趋势和形态识别分析的权威著作，被趋势派及形态分析流派奉为“圣经”，他们声称可以“一把直尺走天下”。

形态趋势分析包括头肩顶、头肩底、双顶、双底、圆顶、圆底、三重顶、三重底、三角形、楔形、矩形、旗形、钻石形、碟形、扇形、缺口、单日反转、岛形反转、趋势、移动平均线等内容。

点评

华尔街有一句名言："趋势是你最好的朋友。"形态趋势分析理论继承并发扬了道氏理论的精髓，开创了图形化分析的新时代。形态趋势分析理论对市场的认识，与东方古老的阴阳烛理论有许多相通之处。形态趋势分析是一种行之有效的技术分析方法，但它对趋势的理解还不够全面，缺乏对市场整体关联的系统性分析。

经典波浪理论

拉尔夫·纳尔逊·艾略特(Ralph Nelson Elliott，1871—1948)是经典波浪理论的创始人，出生于美国密苏里州堪萨斯市的玛丽斯维利镇。

1896年，艾略特开始了他的会计职业生涯。在随后的25年里，他在多家铁路公司任职，这些公司遍布中美洲和南美洲。后来，他在危地马拉大病一场。1927年艾略特因病退休，之后回到加利福尼亚的老家养病。正是在这段漫长的休养期间，他揣摩出了股市行为理论。

1938年，在一家投资顾问公司任股市通讯编辑的查尔斯·J·柯林斯被他的理论折服，帮助他开始了期待已久的华尔街投资生涯，并为他出版了独具创新的《波浪理论》一书。

以道琼斯工业平均价格指数作为研究对象，艾略特发现不断变化的股价结构形态反映了自然和谐之美。在市场上，这些形态重复出现，并且可以连接起来，形成同样形态的更大结构。根据这些发现，他提出了一套市场分析理论，用开创性的演绎法则来解释市场行为，并强调波动原理的预测价值，这就是广为流传的艾略特经典波浪理论。

艾略特认为，波浪理论是对道氏理论的必要补充。

1996年5月，美国市场技术分析师协会颁奖给拉尔夫·纳尔逊·艾略特——首先揭示波浪理论的人，以表彰他“对技术分析做出的杰出贡献”。

经典波浪理论模型图

艾略特波浪理论也称波动原理，有三个重要概念：波的型态、波幅比率和持续时间，其中最重要的是型态。

艾略特指出，股市的波动呈现一定的基本韵律和型态：五个上升波1、2、3、4、5和三个下降波a、b、c，构成了八个波的基本波浪循环，如图2-1所示。其中，五个上升方向的波构成的推进波 (Impulse Waves)，包含三个向上运动的波 (Waves Up)，和两个间隔其中的向下运动的波 (Waves Down)。三个下降波是前面五个上升波的调整 (Correction)。

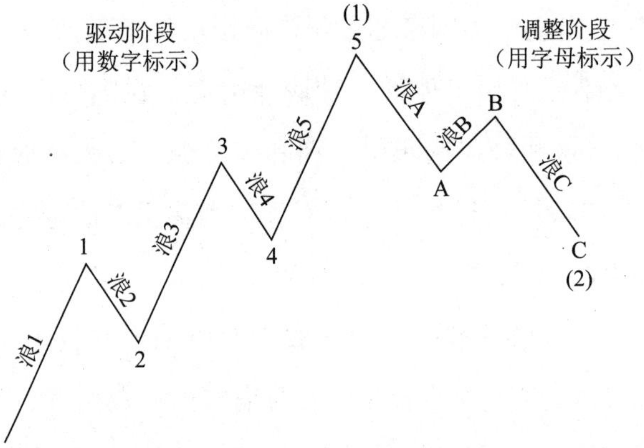

图2-1　基本波浪模型

中级波浪循环由两个部分组成：推进波5-3-5-3-5和调整波5-3-5。推进波可以由五个子波(1)、(2)、(3)、(4)、(5)构成，这五个子波又分别由5波、3波、5波、3波、5波构成。调整波由三个子波(a)、(b)、(c)构成，这三个子波又分别由5波、3波、5波构成。如图2-2所示。

超级波浪循环，由较低一级的五个上升波和三个下降波组成。如图2-3。

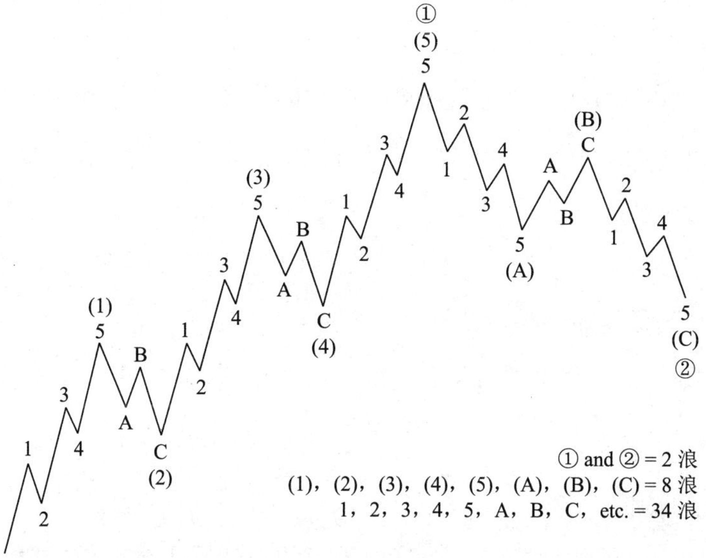

图 2-2 中级波浪模型

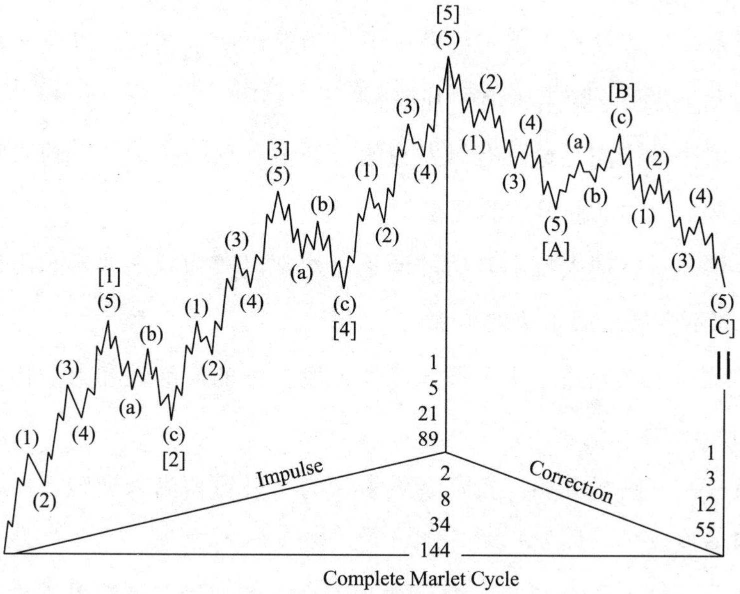

图 2-3 超级波浪模型

波浪模型的基本解释

1. 一个运动之后必有相反运动发生。

2. 主趋势上的推进波与主趋势方向相同，或上升或下降，通常可分为较低一级的五个波。调整波与主趋势方向相反，或下降或上升，通常可分为较低一级的三个波。

3. 八个波浪运动，五个上升，三个下降（以上升趋势为例），构成一个循环，并且形成更高级别波浪的两个子波。

4. 市场形态不会随时间改变。波浪时而伸展，时而压缩，但其基本形态不变。

波浪的特性

第1浪——涨幅通常是5浪当中最短的。几乎半数左右的第1浪是属于营造底部型态的一种，之后出现的第2浪回落幅度往往很深。另外半数的第1浪出现在长期盘整结束之后，其行情上升幅度较大。

第2浪——调整浪。由于投资者误以为熊市尚未结束，以至于其下跌幅度通常较大，几乎吃掉第1浪的升幅。

第3浪——往往是最具有爆发力的上升浪。这段行情持续的时间与幅度最长，经常出现“延伸浪”的现象。

第4浪——行情大幅上升后的调整。通常以较为复杂的形态出现，但第4浪的底部不会低于第1浪的顶部。

第5浪——涨幅通常小于第3浪。个股上涨的广泛性和力度稍弱，但市场情绪相当乐观。

A浪——下跌的开始。投资者大多认为上升行情尚未逆转，仅视为一个暂时的回档现象。

B浪——对A浪的反弹，但成交量不大。多数投资者误以为是另一波段的涨势，因此经常形成“多头陷阱”。

C浪——破坏力较强的下跌浪。持续时间较长，跌幅大，而且多出现全面性的下跌。

点 评

浪潮、波浪及涟漪的比喻，在道氏理论早期的时候就已经开始了。可以把牛市比作一个涌来的浪潮，它将水面一步一步地推向海岸，最后到达一个水位高点，并且开始反转。接下来则是落潮或退潮，可以比作熊市。

在涨潮过程中，每一个连续的波浪都较其前浪冲上海岸更高更远的位置。在退潮过程中，每一个连续的波浪，其回撤均比前浪离开海岸更远一些。无论是涨潮还是退潮，波浪始终在涌动，不断冲击海岸并回撤。同时，海面一直不断地被小波浪、涟漪和风冲击着。

道氏理论中的这些描述，可能成为启发艾略特创立经典波浪理论的智慧和灵感。艾略特认为，波浪理论是对道氏理论的必要补充。道氏理论、形态趋势分析理论和经典波浪理论，共同开创了西方技术分析的“春秋战国”时代。经典波浪理论融合了道氏理论及形态趋势分析理论的精华，首次用系统化的方法，解释了市场行为及运行趋势。

艾略特波浪理论的不足之处在于，波浪结构的划分带有明显的主观性，过于夸大神奇数列的作用，并有使其理论的应用范围无限膨胀，凌驾于宇宙万物之意，这些都是有失偏颇的。

分形理论

分形理论创立于20世纪70年代末，虽鲜为人知，近30年来却震惊着世界科学界，是当今十分风靡和活跃的新理论、新学科，被列入20世纪重大科学发现之一。

分形的概念是美籍数学家曼德布罗特 (B.B.Mandelbrot) 首先提出的。1967 年，他在美国权威的《科学》杂志发表了题为《英国的海岸线有多长》的著名论文。作为曲线，海岸线的特征是极不规则，极不光滑的，呈现蜿蜒复杂的变化，人们不能从形状和结构上区分这部分海岸与那部分海岸有何本质的不同。这种几乎同样程度的不规则性和复杂性，说明海岸线在形貌上是自相似的，也就是局部形态和整体形态的相似。在没有建筑物或其他东西作为参照时，在空中拍摄 100 公里长的海岸线，与放大的 10 公里海岸线的两张照片看上去十分相似。

事实上，具有自相似性的形态广泛存在于自然界，如连绵的山峰，飘浮的云朵，岩石的断裂口，布朗粒子的运动轨迹，树冠、花菜、大脑皮层等。曼德布罗特把这些部分与整体联系起来，以某种方式相似的形体称为分形。1975 年，他创立了分形几何学，之后形成了研究分形性质及其应用的分形理论。图 2-4 为体现分形概念的艺术图案。

图 2–4　分形图案

自相似和迭代生成原则，是分形理论的重要原则。标准的自相似分形是数学上的抽象，迭代生成无限精细的结构。根据自相似性的程度，分形可以分为有规分形和无规分形。分形形体中的自相似性可以完全相同，也可以是统计意义上的相似。有规分形只是少数，绝大部分分形是统计意义上的无规分形。

作为一种新的方法论和认识论，分形理论的启示是多方面的。

一是分形整体与局部形态的相似，启发人们通过认识部分来认识整体，从有限中认识无限。

二是分形揭示了介于整体与部分、有序与无序、复杂与简单之间的新形态、新秩序。

三是分形从特定层面揭示了纷繁世界的普遍联系和统一的愿景。

分形理论与经典波浪理论，在证券市场可以说是一对DNA非常相近的孪生姊妹。艾略特认为，“形态重复出现，并且可以连接起来，形成同样形态的更大的结构。”曼德布罗特指出，“局部形态和整体形态的相似，形体中的自相似性可以是完全相同，也可以是统计意义上的相似。”艾略特与曼德布罗特在他们各自的研究领域，发现了几乎相同的源于大自然的理论。在人们眼里，经典波浪理论模型图（图2-3）几乎就是分形理论模型的完美展示。

然而，分形理论与波浪理论如同一对性格迥异的孪生姊妹，它们的运用方法有着明显的不同。严格来说，分形理论如今还不是一种在证券市场应用十分广泛的技术分析理论。一些思想活跃、勇于探索的技术分析研究人士，正逐渐地发掘出分形理论的迷人魅力，并努力将它与市场分析更好地结合起来。

上证指数1994年至2001年的分形浪走势，整体与局部形态（上升楔形）的相似性，如图2-5、图2-6、图2-7所示。

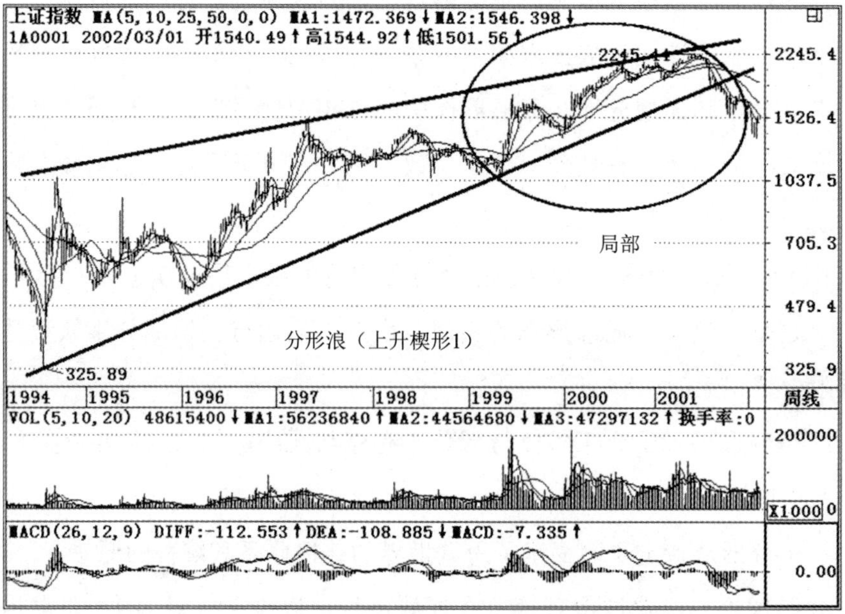

图 2-5　上证指数分形浪 1

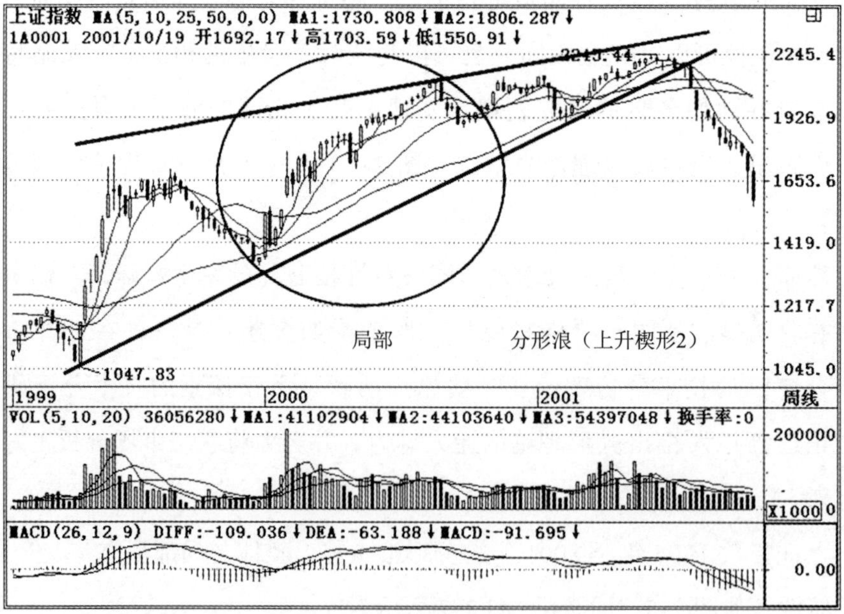

图 2-6　上证指数分形浪 2

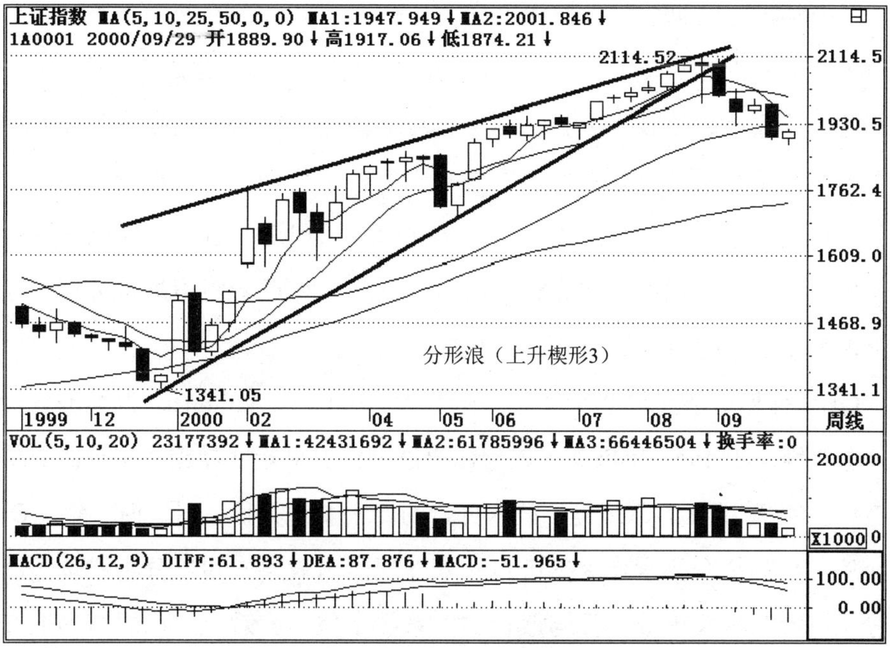

图 2-7　上证指数分形浪 3

点评

分形理论教给人们一种理出事物纷繁头绪的独特方法，它的地位是不可替代的。鉴于证券市场的复杂性，目前分形理论还不能独立应用于市场技术分析。分形理论与波浪理论有极好的相融性，二者结合，可以清晰准确地辨别行情的走势形态。然而，有时连绵不绝、环环相扣的相似形态，容易让投资者陷入迷宫般的窘境。

技术指标辅助分析

技术指标是一类经过数学模型处理后，得到预测价格走势量化分析的辅助工具。受益于计算机和信息技术的迅猛发展，在证券市场中，各种不同特点的技术指标层出不穷，最常用的有以下几种。

MA指标（移动平均线指标）——全称Moving Average，股票市场上最常用的技术分析指标之一。1948年出版的由罗伯特·D·爱德华兹和约翰·迈吉所著的《股市趋势技术分析》一书，对移动平均线的运用有专门的介绍。之后美国分析家格兰维尔在实践中进一步完善了移动平均线理论，即广为流传的“格兰维尔八大买卖法则”。MA指标的原理是：以一定周期的平均价格连成曲线，以平均线为依据，对股价受到的支撑或者阻力进行分析，预测股价未来短期、中期、长期的运行方向。

OBV指标（能量潮指标）——全称On Balance Volume，由美国分析师乔·格兰维尔于1963年创立。该指标通过统计成交量变动趋势来推测股价运行趋势。OBV指标的原理是：技术分析的四大要素为价、量、时、空，OBV指标从“量”这个要素作为突破口，来发现热门股票，用以分析股价运动的趋势。该指标将股市成交量与股价的关系数字化、直观化，以股市的成交量变化来衡量股市的推动力，从而研判股价的走势。

W%R指标（威廉指标）——全称Williams Overbought，由拉瑞·威廉姆斯于1973年创立，是股市中常用的短期研判指标。威廉指标的原理是：利用振荡点来反映市场的超买超卖行为，预测循环周期内的高点和低点，根据有效信号研判市场短期行情走势。

KDJ指标（随机指标）——KDJ指标又称随机指标，从威廉指标的模型发展而来，由乔治·蓝恩创立，是股票市场最常用的中短期指标之一。KDJ指标的原理是：根据统计学原理，通过一个特定周期内股价出现过的最高价、最低价以及最后一个计算周期的收盘价这三者之间的比例关系，得到最后一个计算周期的未成熟随机值RSV，然后根据平滑移动平均线的方法来计算K值、D值与J值，绘成曲线图来研判股价走势。

BOLL指标（布林线指标）——全称Bollinger Bands，由20世纪70年代美国股市分析家约翰·布林格创立，是研判股价中长期趋势的技术指标。BOLL指标的原理是：股价运行总是围绕某一价值中枢（如均线、成本线等），在一定的范围内变动。股价通道的宽窄，随着股价波动幅度的大小而变化，而且股价通道又具有变异性，它会随着股价的变化而自动调整。由于该指标具有灵活性、直观性和趋势性的特点，因此成为市场中广为应用的热门指标。

SAR 指标（停损指标）——全称 Stop and Reveres，由美国技术分析师威尔斯·威尔德创立，是一种简单明了并且较为准确的中短期技术指标。SAR 指标的原理是：SAR 即止损、反向操作。该指标要求投资者在决定投资股票前，先设定止损价位以减少投资风险。当股价向下跌破止损价位时，及时抛出股票持币观望。当股价向上突破指标显示的压力位时，及时买入股票或持股待涨。

RSI 指标（相对强弱指标）——全称 Relative Strength Index，由威尔斯·威尔德于 1978 年创立，是股市中比较常用的中短期指标。RSI 指标的原理是：通过比较一段时期内股价的涨跌幅度，分析判断多空双方买卖力量的强弱程度，从而判断股价未来的走势。

MACD 指标（平滑异同移动平均线指标）——全称 Moving Average Convergence Divergence，由杰拉尔德·阿佩尔于 1979 年创立，是一种研判股票买卖时机，跟踪股价运行趋势的常用技术指标。MACD 指标的原理是：根据均线构造原理，对股票的收盘价进行平滑处理，求出算术平均值以后再进行相关计算。

CCI 指标（顺势指标）——全称 Commodity Channel Index，由美国股市分析家唐纳德·兰伯特于 1980 年创立，广泛应用于股票市场，是一种重点研判股价偏离度的技术指标。CCI 指标的原理是，根据统计学原理引进价格与固定期间的股价平均区间偏离程度概念，强调股价平均绝对偏差在技术分析中的重要性。CCI 指标的波动范围不受限制，因此不会出现指标钝化现象。

点评

运用技术指标辅助分析的方法来把握股价走势，非常类似于医生用心率、血压、肺活量等生理指标来判断被测者静止或者运动时的身体状况。至于被测者静止或者运动的原因，并不是医生着重讨论的。就复杂性而言，任何一门专业技术都难以与证券市场相比。现代医学已经日臻完善了，而证券市场的技术分析工作，还有太多的未知领域等待人们去探索。

技术指标是对价格及成交量的原始数据进行间接处理得来的。在复杂的市场环境中，各种技术指标都有“感冒”、失灵的情况出现，并且受主从关系的制约，各种技术指标对于股价的反应均存在一定的被动性和滞后性。

在实际操作中，各种技术指标能够从不同的角度较好地跟踪、监测股价运行的状况。对于股价的预测功能，与传统分析方法相比较，技术指标并不具有明显的优势。

第三章　分级浪系统的形态与结构

《孙子兵法·地形》——知彼知己，胜乃不殆；知天知地，胜乃可全。

充分了解对手和自己，是战争中避开危险、取得胜利的关键。掌控了影响战争结果的各种因素，全面胜利也就在情理之中了。

相对波浪理论包含分级浪系统和镜向波系统这两个重要的组成部分。

作者认真考察了艾略特经典波浪理论在无限的市场范围内以“五升三降”为核心构建的分级浪系统，以及沪深股市的走势规律，发现艾略特的理论基本不适合沪深股市的技术分析，这也是经典波浪理论在国内经常受到非议和攻击的主要原因。

本章阐述的相对波浪理论，是在相对有限的市场范围内，以“三升三降”为核心构建的分级浪系统，与艾略特经典波浪理论有非常明显的区别，希望读者认真比较、验证，取得有益的收获。

经典波浪模型的坍塌

艾略特经典波浪理论认为，牛市行情是以 5 浪的方式向上运行的。详细考察沪深股指的历史走势，符合艾略特波浪理论特性的5浪形态却难觅踪迹。

图3-1为深证成指1996年大牛市的起始浪。图中的两处上升浪，不论是单独划分还是合并在一起，都呈现3浪上升结构，明显与艾略特波浪理论的波浪特性不符。

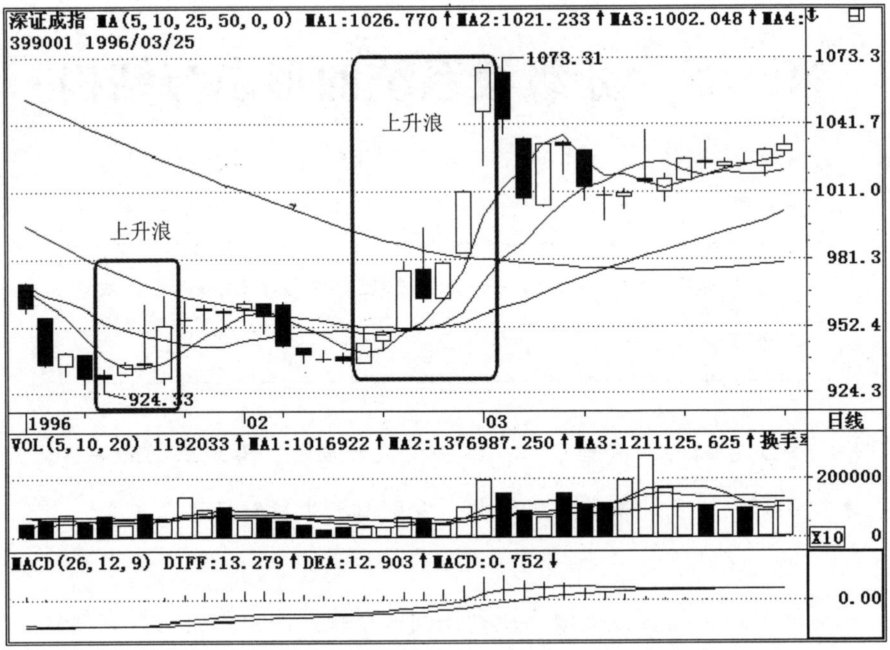

图3–1　深证成指1996年牛市起始浪

再看香港股市，图3-2为恒生指数2003年的牛市上升浪。图中的波浪形态也是3浪上升结构，同样与艾略特波浪理论的波浪特性不符。

如果这些还不具有充足说服力的话，下面再来看看全球金融市场中心——美国华尔街的情况吧！美国股市1929年大崩盘导致经济大萧条后，道琼斯指数从1932年至1966年走出了从底部回升的上升楔形浪，再一次演绎了美国股市的超级大牛市。如图3-3所示。

经典波浪理论创始人艾略特1927年退休。他亲身经历了美国的经济大萧条，以及随后股市的强劲回升时期。在考察了道琼斯指数的历史走势后，

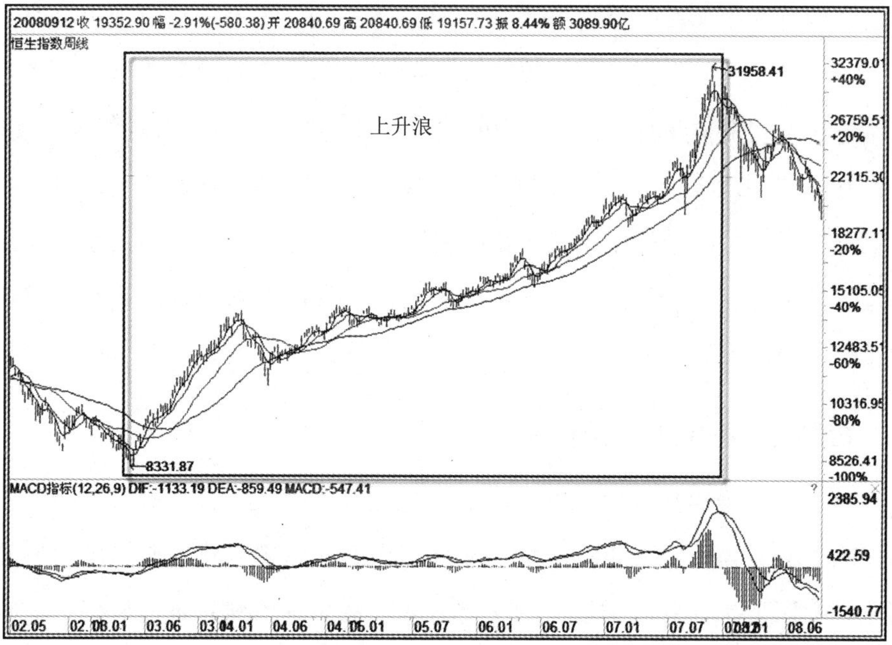

图 3-2　香港恒生指数 2003 年牛市上升浪

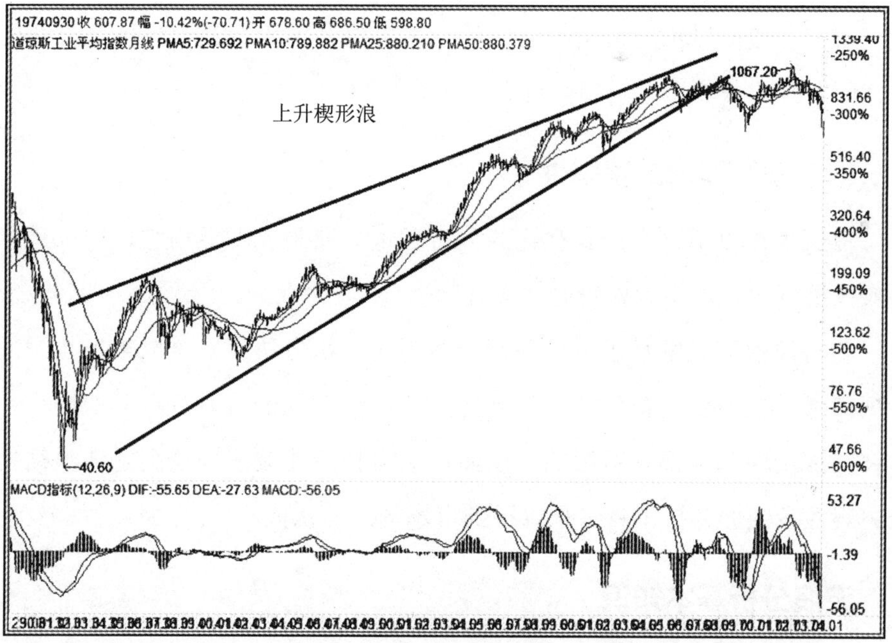

图 3-3　美国道琼斯指数 1932 年回升浪

艾略特经过细心观察与研究，于1938年出版了第一本经典波浪理论著作。然而，直至艾略特去世，道琼斯指数仍未走完长达30多年的上升楔形浪。事实上，艾略特还没有来得及验证其理论中的波浪特性是否真正符合市场的走势规律。

在经典波浪理论中，楔形的子浪结构为3-3-3-3-3。然而从底部回升的这个上升楔形，子浪结构又被艾略特的弟子们定义为5-3-5-3-5，实在难以自圆其说。其实，若以3浪的方式解释所有向上或者向下的运行走势，一切疑问和难题就都迎刃而解了。

相对波浪理论的应用范围

相对波浪理论是针对证券市场的系统化技术分析工具，所以它的应用范围仅限于其具体研究的市场环境。艾略特在其著作中，将经典波浪理论的应用范围无限地扩大到人类社会的所有方面，甚至扩大到超自然的宇宙空间，遭到了批评家们的强烈抨击。

相对波浪理论在其研究的市场中，对股市指数和个股的应用原理是一致的。大家一般多讨论股市指数的波浪形态，这是因为指数走势更受公众的关注，而个股的波浪形态则相对自由、独立一些。

相对波浪理论的客观性

道氏理论申明，它是客观化的分析理论，要想成功运用它，用以指导投资或投机行为，需要深入研究并客观判断。

相对波浪理论继承了道氏理论的客观化分析方法，完全以市场自身的走势规律指导投资者的操作行为。事实上，道氏理论的所有观点和原则，在相对波浪理论中基本都是适用的。然而，艾略特经典波浪理论则是波浪结构划分主观性较强的分析工具，难以得到市场的广泛认同。

波浪分析基本知识

K线的压缩与伸展——我们知道，走势图上的K线可以显示为分钟线、日线、周线、月线等，它们的相互关系是压缩与伸展的转换。其中，日 K 线与周 K 线是经常用于技术分析的重要图表。

半对数坐标图——股价或指数轴是对数坐标，而时间轴是普通坐标的 K 线图。半对数坐标图是相对波浪理论用于技术分析的常用图表，能够较好地显示市场成本比值的延续性，以及不同级别波浪形态的重要关系。

波浪的形态——前面读者已经粗略接触到与波浪理论相关的一些知识，对波浪的概念已不陌生。在相对波浪理论中，波浪的形态是指一组相互关系密切，并且具有特殊分析意义的 K 线组合。

浪形的类别——在 K 线走势图中，波浪形态主要分为线形浪和阵形浪两大类。波浪形态可以是简单的，也可以是复杂的。线形浪是常见的相对简单的波浪形态，阵形浪如楔形、三角形、弓形等，则是较为复杂的波浪形态。

分级浪系统——投资者在应用相对波浪理论对市场运行趋势做结构化分析时，可以采用与经典波浪理论相似的方法，根据其内在属性，相对合理、清晰地划分波浪结构的层次。这些代表波浪结构属性的层次，就构成了分级浪系统。

上升浪——在分级浪系统中，上升浪是指市场运行趋势向上，并且以 3 浪上升为特征的波浪形态。

调整浪——在分级浪系统中，调整浪是指市场运行趋势向下，并且以 3 浪下降为特征的波浪形态。

延伸浪——在分级浪系统中，延伸浪是指波浪（或子浪）的运行发生放大或拉长的现象。这一概念借用了艾略特经典波浪理论所做的相关描述。在市场的中期运行趋势中，延伸浪是推动行情发展的主要方式之一。

隐蔽浪——在分级浪系统中，隐蔽浪是指 K 线走势图中没有记录的某一部分波浪形态，它们好像是隐蔽在走势图中一样。比如一些刚刚挂牌上市的新股，高开以后逐渐盘跌，其高开之前不可缺少的上升过程在波浪图表中没有记录，因而成为隐蔽浪。

干扰波——在分级浪系统中，干扰波是指 K 线走势图中记录的，出现概率低而且不具有分析意义的某些 K 线形态。

分形浪——在曼德布罗特创立的分形理论中，把部分与整体的联系以某种方式相似的形体称为分形。根据分形的概念，相对波浪理论将在分级浪系统中表现为 K 线形态相似并且关系密切的一组波浪，称为分形浪。分形浪经常在市场运行的中期趋势中出现。由于日线图包含的波浪形态特征丰富全面，失真度小，所以分形浪的甄别通常在日线图中进行。

分级浪系统标记方法

相对波浪理论是基于图表的技术分析方法。为了便于分析波浪形态的结构，需要了解分级浪系统的标记符号及标记方法。

表 3-1　分级浪系统的标记符号及标记方法

波浪级别	三个上升浪	三个调整浪
特大超级循环级	[Ⅰ] [Ⅱ] [Ⅲ]	[A] [B] [C]
超级循环级	(Ⅰ) (Ⅱ) (Ⅲ)	(A) (B) (C)
循环级	Ⅰ Ⅱ Ⅲ	A B C
基本级	[1] [2] [3]	[a] [b] [c]
中型级	(1) (2) (3)	(a) (b) (c)
小型级	1 2 3	a b c
	[1] [2] [3]	*[a] [b] [c]*
细级	*(1) (2) (3)*	*(a) (b) (c)*
	1 2 3	*a b c*
	[1̣] [2̣] [3̣]	[ạ] [ḅ] [c̣]
微级	(1̣) (2̣) (3̣)	(ạ) (ḅ) (c̣)
	1̣ 2̣ 3̣	ạ ḅ c̣
	[1̣] [2̣] [3̣]	*[ạ] [ḅ] [c̣]*
次微级	*(1̣) (2̣) (3̣)*	*(ạ) (ḅ) (c̣)*
	1̣ 2̣ 3̣	*ạ ḅ c̣*

波浪的级别是相对概念，划分的目的在于更好地认识波浪形态运行的位置及趋势。相对波浪理论借用艾略特波浪理论的下面九个术语来标记波浪的级别：特大超级循环级 (Grand Supercycle)、超级循环级 (Supercycle)、循环级 (Cycle)、基本级 (Primary)、中型级 (Intermediate)、小型级 (Minor)、细级 (Minute)、微级 (Minuette)、次微级 (Subminuette)。在图表分析中，上升浪一般用数字，调整浪一般用字母来标记波浪形态的不同级别，如表 3-1 所示。

相对波浪理论用一组数字和字母在图表中标记波浪形态的结构。除了图表中的原始起点外，数字和字母一般标记在波浪形态结束的终点位置。

相对波浪理论将所有上升的 3 浪都用数字标记，下降的 3 浪都用字母标记。虽然采用哪种标记方法并不重要，但这种标记方法更符合技术分析的逻辑性和一致性。

分级浪系统中的涌、波、浪

为了让读者能够更好地理解相对波浪理论，先给大家介绍分级浪系统中“涌”“波”“浪”的概念。

涌——在分时图中记录的股价变动范围微观的形态。

波——在日线图或周线图中记录的，由连续的“涌”生成，股价变动范围明显的形态。

浪——在日线图或周线图中记录的，由连续的“波”生成，股价变动范围宏观，并且具有特殊分析意义的形态。

对于分时图中“涌”的认识，很多人都心存困惑。经典波浪理论创始人艾略特及其弟子们在走势图中划分波浪形态的时候,经常举出分时图的例子，认为波浪形态要深入到微观的分时图中，这样才算准确可靠。

其实不然，在市场的实际交易过程中，股价变动是非常频繁的，以至于连分时图都不能够完全记录股价全部的变动情况。况且在细密如麻、浩如烟海的众多分时图中，分析师极易误入歧途，坎离莫辨，难以理出真正有价值的波浪形态。

大家知道，股价在分时图中的变动随机性很大。如同物理学中一些原本没有磁性的材料能够被磁化，从而显示出磁性一样，分时图中的股价变动也会受波浪形态的影响，顺应趋势地产生内在“波化”现象，并且将“波”具有的特性传递到日线图中。所以，日线图或周线图才是我们舍小为大，去繁就简，划分股价波浪形态的重要依据。

股价变动是非常复杂的，在日线图或周线图中，如何区分变动范围明显的“波”，以及变动范围宏观并且具有特殊分析意义的“浪”呢？可以根据股价变动所包含的分析意义的大小来区分“波”和“浪”，小则为波，大则为浪。另外，从走势图中尽量找出关系密切，具有相似性特征的分形浪，可以为正确划分股价运行的波浪形态提供极大的帮助。

波浪的压缩与伸展

在相对波浪理论分析的图表中，由时间与指数（或价格）空间构成的波浪长度，并不一定都是均衡的，这种现象就如同波浪被压缩或者伸展了一样。

分级浪系统的3-3模型

相对波浪理论认为，证券市场走势是以三浪的方式向上或者向下运行的。

我们在描述一件曲折复杂的事情时，常说“一波未平，一波又起”，或者是“一波三折”。这里，“一波未平，一波又起”的前一波，相当于波浪形态的第1浪，未平的一波则相当于调整的第2浪，后起的一波相当于波浪形态的第3浪。而“一波三折”的意思，就更加接近于三浪运行的基本规律了。可见，证券市场三浪运行的规律，早已植根于中国文化的土壤之中。

早在两千多年前，中国最有影响的思想家老子，在其《道德经》中将宇宙万物的生成发展作了精辟的阐释，“道生一，一生二，二生三，三生万物”。在这里，“道”可引申为证券市场的运行规律，“一”是指一个完整的波浪循环，

“二”就是一个完整的波浪循环，由一个上升浪和一个调整浪组成，“三”就是一个上升浪或者调整浪，可以派生出级别较低的3个子浪。如此循环演化，无穷无尽。

在日本古老的阴阳烛理论中，有上升三法和下降三法，近似于三浪方式的形态总结，可见三浪运行的规律符合市场中的普遍现象。

3-3模型，即一个完整的基本波浪循环，一般由三个上升浪1、2、3和三个调整浪a、b、c组成，如图3-4所示。此处对基本波浪循环的描述，仅为方便读者理解，并非是指基本级波浪级别。

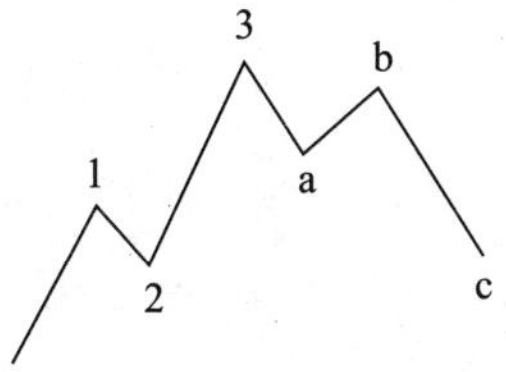

图3-4　基本波浪模型

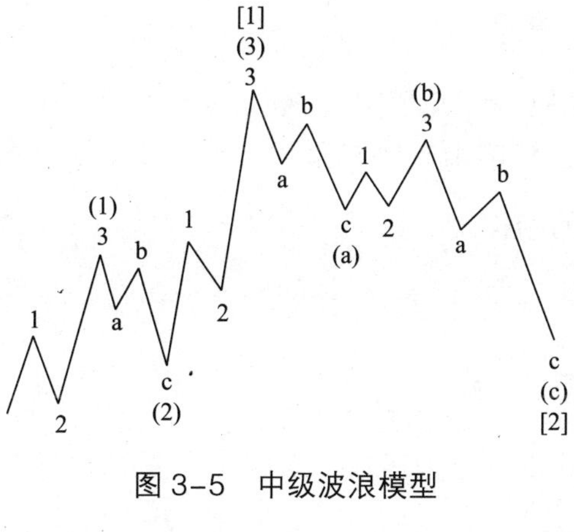

图3-5　中级波浪模型

以上升行情为例。在道氏理论中，市场运行的短期趋势持续几天至几个星期，相当于基本波浪循环中的第1浪以及第3浪。而小型折返走势是逆于中期趋势的走势，持续的时间通常不超过两个星期，相当于基本波浪循环中的第 2 浪。短期趋势中的波浪，也有可能出现更低一级的 3 个子浪的结构。现在，第 1、2、3 浪共同组成上升行情的中期趋势浪，持续的时间为几个星期至几个月。之后，中期趋势的下降行情由 a、b、c 浪组成，持续时间与之类似。

道氏理论对三种趋势持续时间的描述，只是当时道琼斯平均价格指数的统计数据，在不同的市场环境中可能会有些差异。另外，长期趋势在相对波浪理论中只是一个象征性的概念，并没有具体的时间界定。因此，广泛应用的中期趋势，可以再细分为几个不同级别的市场趋势。

相对波浪理论的中级波浪循环，上升浪和调整浪的结构都由 3-3-3 组成，如图 3-5 所示。此处的中级波浪循环，亦非中型级波浪级别。

上升行情的中期趋势第 (1) 浪之后，为次级折返走势第 (2) 浪，持续的时间通常在几个星期至几个月。接着是中期趋势第 (3) 浪。第 (1)、(2)、(3) 浪又共同组成更高一级的上升趋势浪。更高一级的下降趋势浪由 (a)、(b)、(c) 浪组成，情况与之类似。

相对波浪理论的长期趋势浪，是由级别较低的中期趋势浪组成，它们的子浪结构都是 3-3-3 模式。

图 3-6 为深证成指 1996 年初的短期趋势浪走势。图 3-7 为万科 A 1996 年初的短期趋势浪。从图中可以看出，短期趋势中的波浪，也有可能出现更低一级的 3 个子浪的结构。

中期趋势的波浪比较复杂，具体的例子将在以后的实盘部分详细说明。

上升浪的形态

完整的上升浪由 3 个子浪组成，组成上升浪的 3 个子浪可以是简单形态，也可以是复杂形态。

简单上升浪形态，如图 3-7 中的第 1、2、3 浪。

在复杂形态中，上升浪中的子浪还可以细分为更低一级的 3 个子浪。复杂的上升浪形态，如图 3-6 中的第 1、2、3 浪。

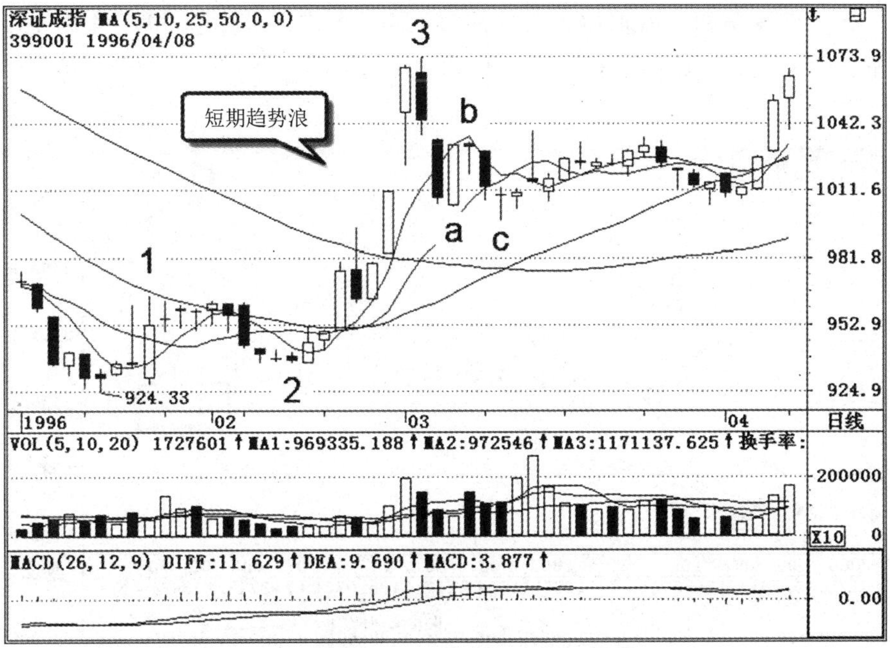

图 3-6　深证成指 1996 年初短期趋势浪

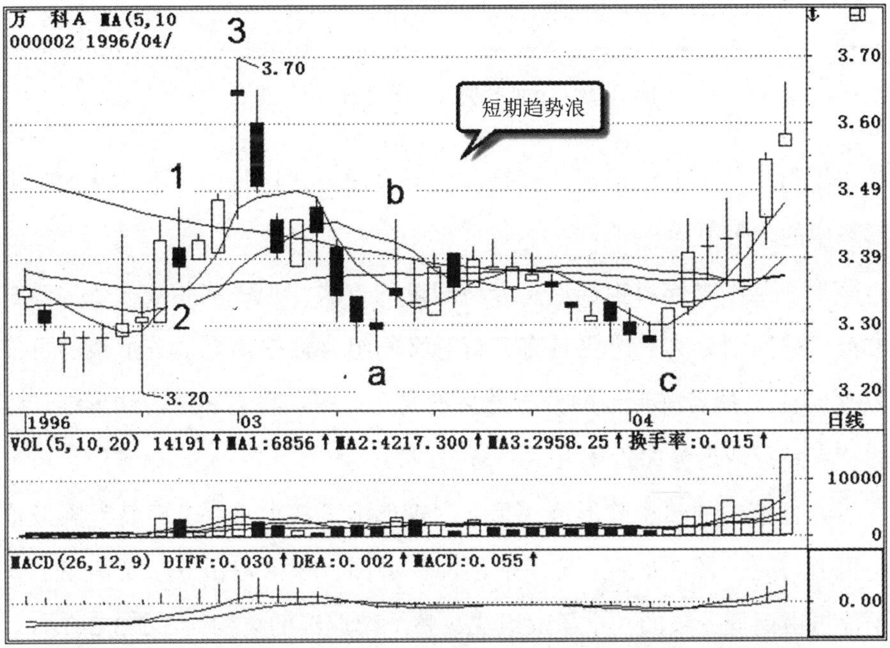

图 3-7　万科 A 1996 年初短期趋势浪

另一种复杂的上升浪形态为延伸浪。图 3-8 为上证指数 2007 年的牛市上升浪，图中第 (3) 浪的 3 个子浪，走出了延伸浪的结构。

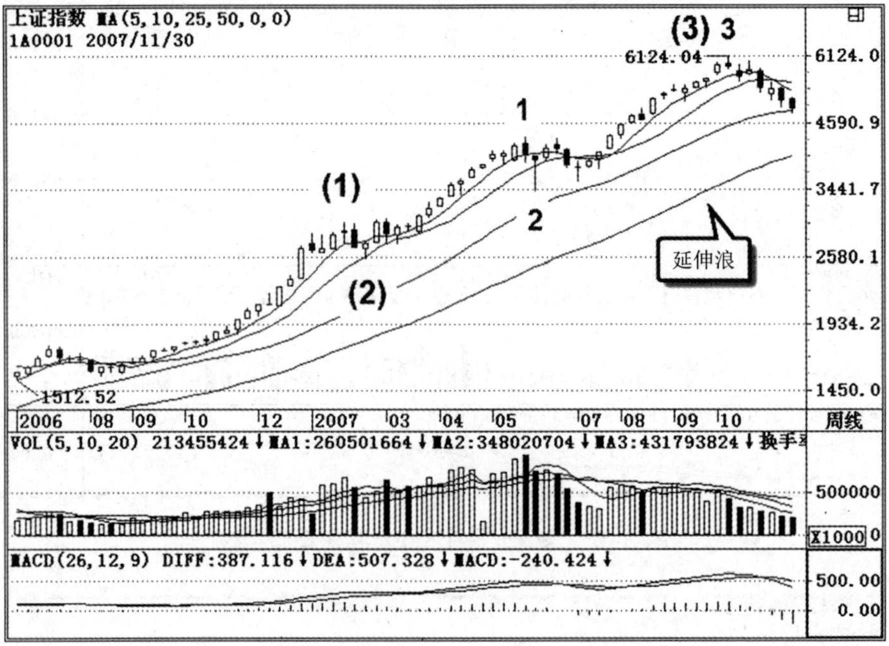

图 3–8　上证指数 2007 年牛市上升浪

以上讨论的上升浪形态，都是以线形浪的方式运行的。下面来讨论上升浪形态中的阵形浪。

阵形浪是本书作者根据形态分析理论的方法，把一些相互关系比较密切的波浪，共同划分为一个更具有分析意义的组合波浪形态。阵形浪的可信度为 80% 以上，倘若阵形浪的分析意义不成立，则须将它还原为线形浪。阵形浪的特点是行情走势曲折反复，不易把握。

上升行情中的典型阵形浪，是上升楔形浪。楔形浪在艾略特经典波浪理论中也有讨论。图 3-9 为上升楔形浪的模型图，楔形浪由 5 个子浪组成，每个子浪可由更低一级的 3 个子浪组成，整个楔形浪的结构为 3-3-3-3-3。

楔形的结构划分为 5 个子浪，是约定俗成的方法，否则就无法定义完整的楔形形态。其实楔形的子浪结构，本质上仍是变异的包含延伸浪的3浪结构。

图 3-10 为上证指数 2001 年之前的中期趋势浪，图中出现了中期趋势的上升楔形浪。另外，前面例举的美国道琼斯指数 1932 年从底部回升的中期趋势浪，如图 3-3，也是上升楔形浪。

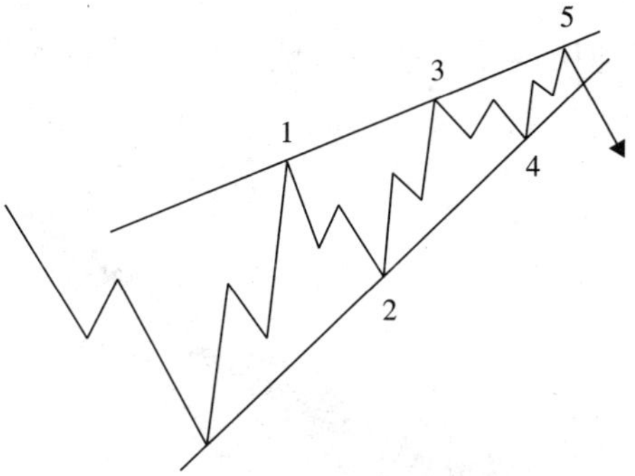

图 3-9 上升楔形浪模型

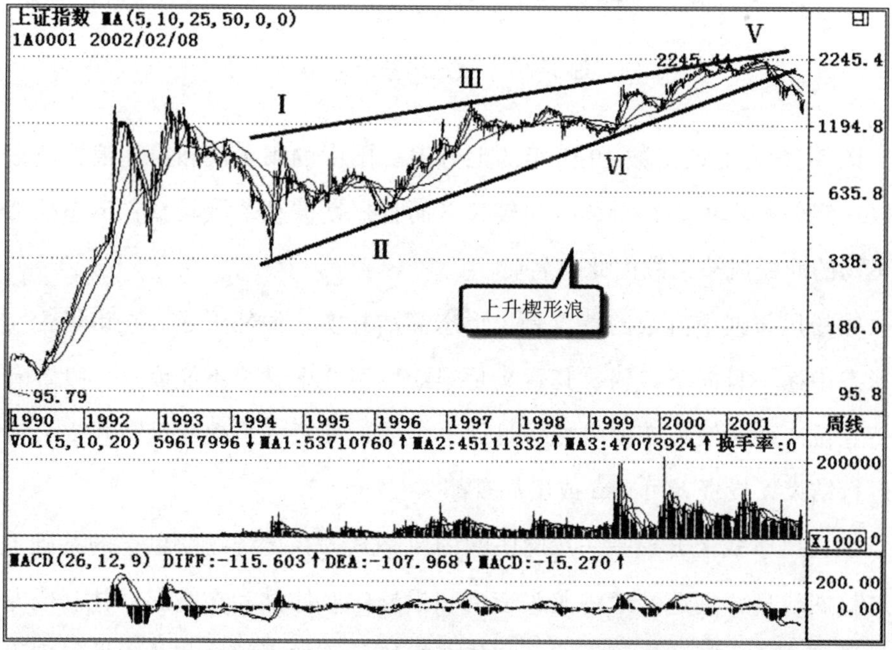

图 3-10 上证指数 2001 年之前的中期趋势浪

下面再为大家介绍几种从沪深股市走势图中提取、归纳，对投资者的分析判断非常实用的上升浪形态：蜈蚣（龙头）风筝式上升浪、长颈鹿式上升浪、犀牛仰角式上升浪、螳臂挡车式上升浪，以及袋鼠跳式上升浪。

蜈蚣风筝式上升浪——风筝起源于中国，至今已有数千年的历史。在我国民间，扎制、放飞蜈蚣风筝也有相当悠久的历史。蜈蚣风筝形体硕大，气势不凡，放飞时姿态随风摆动，情趣盎然。如图3-11所示。

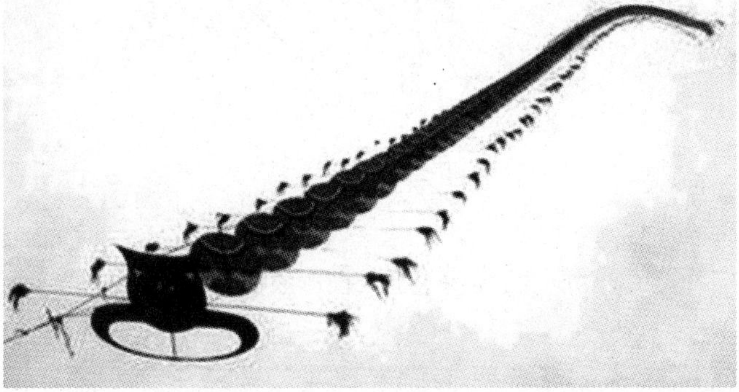

图3–11　蜈蚣风筝示意图

图3-12为上证指数1991年的上升浪。图中的第1浪和第3浪，波浪形态以一定的斜率走高，持续时间较长，而且短期波动范围较窄，形态酷似随风飞扬的蜈蚣风筝，故由此得名。

蜈蚣风筝式上升浪的特点是，形态简洁朴实，浑然天成。在市场中，波浪形态中途一旦向下走弱，其意义是蜈蚣风筝式上升浪不能成立，投资者可减持仓位。而波浪形态的末端一旦向下走弱，其意义是蜈蚣风筝式上升浪已经运行结束，投资者可减仓或出局观望。

龙头风筝式上升浪——我国民间的风筝艺人在传统蜈蚣风筝的基础上，经过长期改良，创造性地将龙头造型和蜈蚣的躯体揉和在一起，扎制成龙头蜈蚣风筝。这一新的风筝样式，使传统蜈蚣风筝的观赏性和艺术性得到了极大的提升。如图3-13所示。

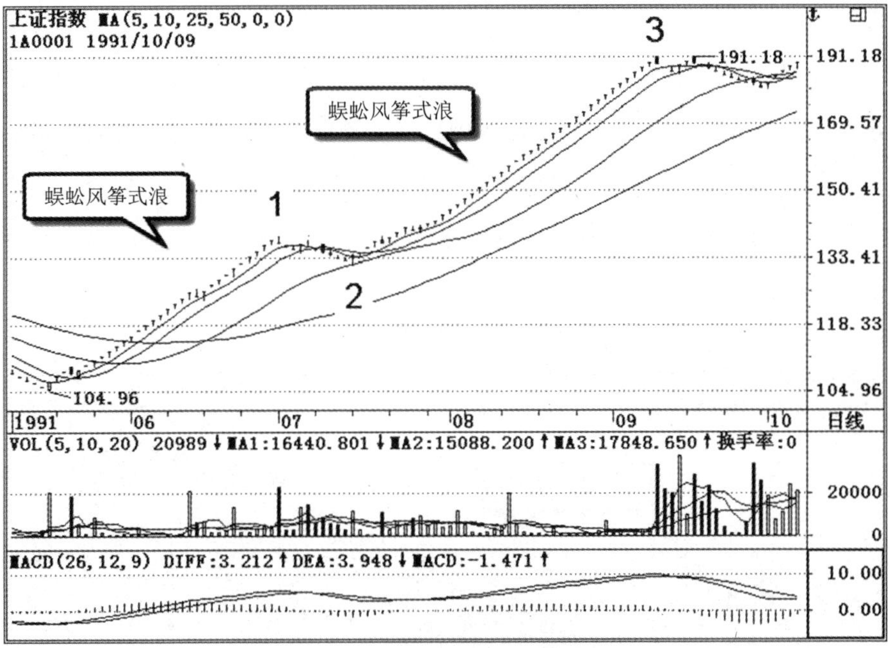

图 3-12　上证指数 1991 年上升浪

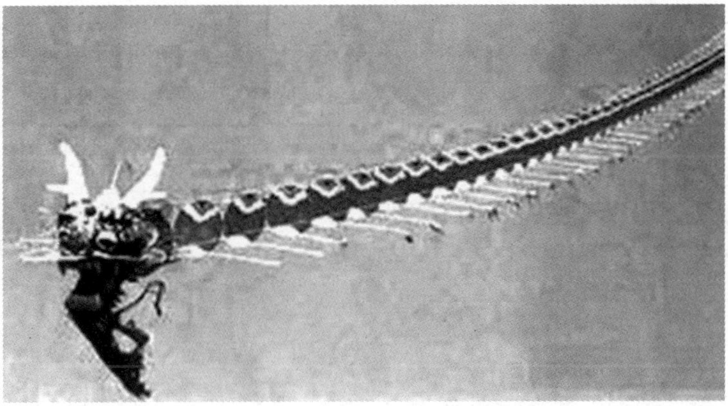

图 3-13　龙头风筝示意图

图 3-14 为上证指数 2007 年的上升浪。图中的 3 浪上升形态酷似凌空飞扬的龙头风筝，故由此得名。图中的第 1、2 浪构成了风筝的龙头部分，第 3 浪以一定的斜率走高，持续时间较长，而且短期波动的范围较窄，构成了风

筝的主体部分。

龙头风筝式上升浪的特点是，形态比蜈蚣风筝式上升浪复杂一些，主体部分的长度要大于龙头部分。在市场中，波浪形态的主体中途一旦向下走弱，其意义是龙头风筝式上升浪不能成立，投资者可减持仓位。波浪形态的末端一旦向下走弱，其意义是龙头风筝式上升浪已经运行结束，投资者可减仓或出局观望。

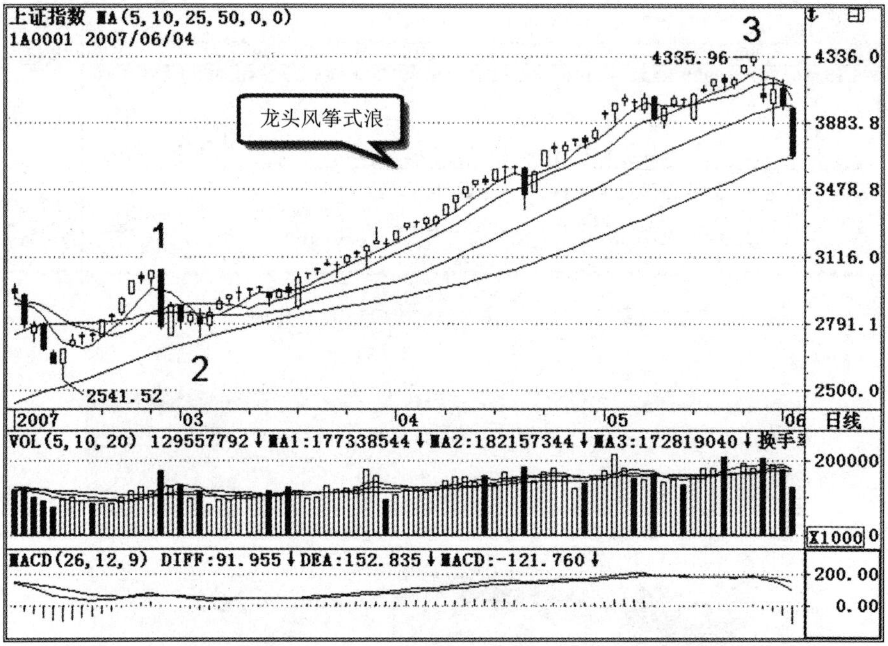

图 3-14　上证指数 2007 年上升浪

长颈鹿式上升浪——生长在非洲的长颈鹿外形奇特。相传中国明朝永乐年间，皇帝派遣郑和率远洋船队出使西洋，郑和的船队到达了非洲，并将长颈鹿带回中国，从此被视为传说中的神兽“麒麟”。如图 3-15 所示。

图 3-16 为深安达（国农科技）1991 年的上升浪。图中的第 1 浪和第 3 浪形态酷似长颈鹿背部和颈部轮廓，故由此得名。

长颈鹿式上升浪的特点是，股价小幅上升后，经过较长时间的横盘整理，

图 3-15 长颈鹿示意图

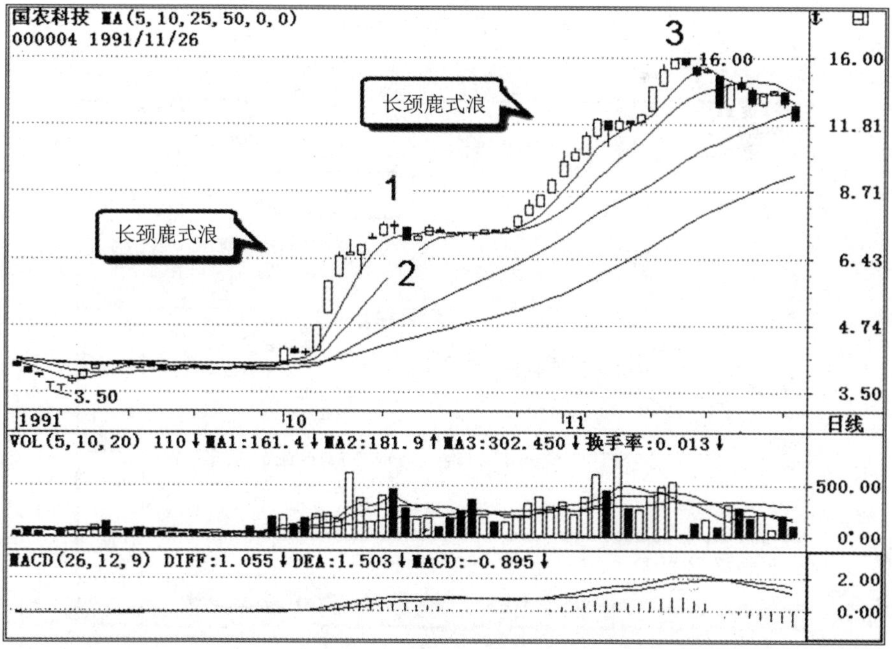

图 3-16 深安达(国农科技)1991 年上升浪

然后放量大幅走高。在市场中，波浪形态中途一旦向下走弱，其意义是长颈鹿式上升浪不能成立，投资者可减持仓位。而波浪形态的末端一旦向下走弱，其意义是长颈鹿式上升浪已经运行结束，投资者可减仓或出局观望。

犀牛仰角式上升浪——犀牛主要分布于东南亚和非洲，头部长有犀利的独角或双角。如图3-17所示。

图3-18为上证指数1995年的反弹浪。图中的3浪上升形态酷似犀牛的

图3-17　犀牛示意图

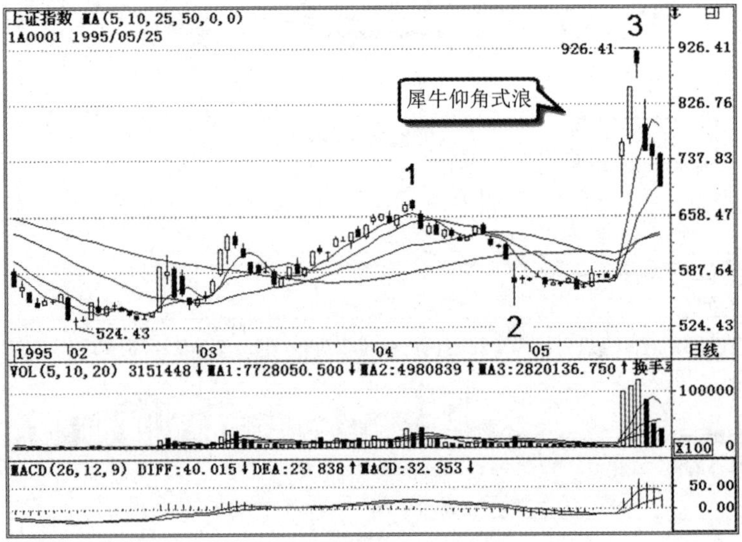

图3-18　上证指数1995年反弹浪

头部和凶猛上挑的犀牛角，故由此得名。图中的第 1、2 浪，构成了犀牛头部的轮廓，而第 3 浪则构成了犀牛角（独角）的轮廓。图中第 2 浪的调整形态具有一定的欺骗性。

犀牛仰角式上升浪的特点是，市场小幅上升后，经过一定幅度的调整，然后迅速放量走高，并且持续的时间较短。在市场中，波浪形态的犀牛角部分如果未能迅速突破走高，其意义是犀牛仰角式上升浪不能成立，投资者可减持仓位。而波浪形态的末端一旦向下走弱，其意义是犀牛仰角式上升浪已经运行结束，市场将面临较大的调整压力，投资者可出局观望。

螳臂当车式上升浪——螳螂是一种攻击性较强的昆虫，如图 3-19 所示。

图 3-19 螳螂示意图

图 3-20 为上证指数 2005 年的上升浪。图中的 3 浪上升形态酷似螳螂攻击时勇猛无畏的神态，故由此得名。图中第 1 浪构成了螳螂身体的轮廓，而第 2、3 浪则构成了螳螂前臂的轮廓。

螳臂当车式上升浪的特点是，市场经过一定幅度的上升，然后出现短期调整走势，随后市场企稳，向上突破创出新高。需要注意的是，市场突破后的上升高度有限，其前臂部分的长度要小于身体部分。

在市场中，波浪形态经过短期调整后如果未能企稳走高，其意义是螳臂当车式上升浪不能成立，投资者可减持仓位。而波浪形态的末端一旦向下走

图 3-20　上证指数 2005 年上升浪

弱，其意义是螳臂当车式上升浪已经运行结束，投资者可出局观望。

袋鼠跳式上升浪——袋鼠是一种奇特的动物，其跳跃能力令人惊叹。如图 3-21 所示。

图 3-22 为上证指数 2000 年的上升浪。图中的第 1 浪和第 3 浪，酷似袋鼠腾空跳跃的轮廓，故由此得名。

袋鼠跳式上升浪的特点是，市场经过一定幅度的上升后，出现横向盘整走势。然后市场温和向上突破，但突破后的上升高度有限。其 3 个阶段的波浪形态，分别与袋鼠的腿部、身体和头部相对应。袋鼠跳式上升浪的结构偏向于阵形浪，与阵形浪中的上升楔形浪比较接近。

在市场中，波浪形态中途一旦向下走弱，其意义是袋鼠跳式上升浪不能成立，投资者可减持仓位。而波浪形态的末端一旦向下走弱，其意义是袋鼠跳式上升浪已经运行结束，投资者可出局观望。

图 3-21 袋鼠（跳）示意图

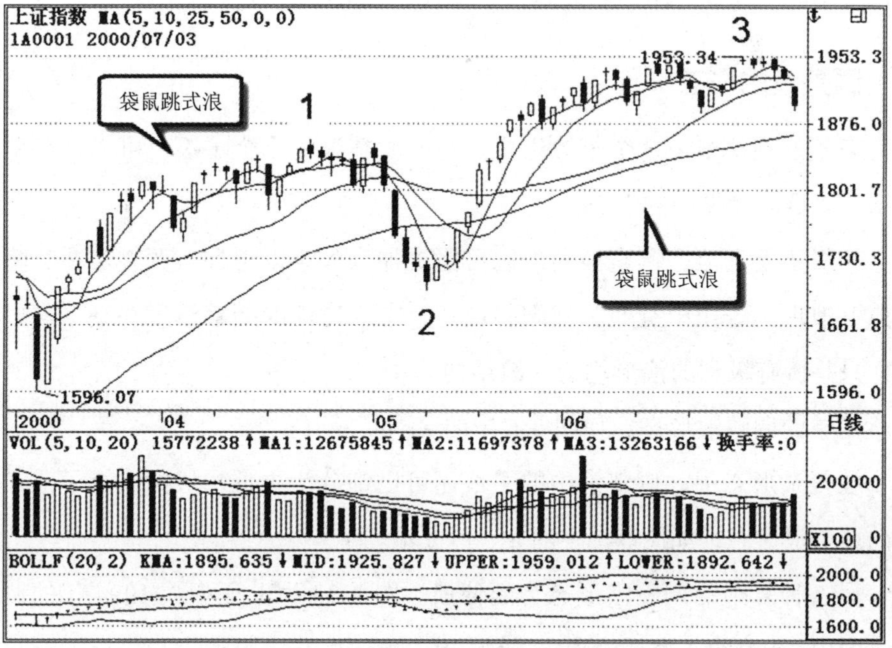

图 3-22 上证指数 2000 年上升浪

以上几种典型上升浪的辨别和讨论，可以为投资者今后分析和把握市场提供更多的帮助。

另外，由于相对波浪理论将波浪的上升或者调整都确定为 3 浪形态，因此不会出现艾略特经典波浪理论提到的“失败形态”的波浪（第 5 浪）。

了解上升浪的幅度是非常必要的，这一点关系到投资者预期的盈利情况。在投资市场中，指数与个股的运行步调通常不太协调一致。因此，指数与个股涨幅的关联度不一定非常密切。

短期趋势的上升浪，市场指数的涨幅（从上涨起点计算）一般在10% ~ 100%之间，个股的涨幅可以达到10% ~ 200%。当然，有些个股的表现可能不如指数活跃。把握短期趋势的上升浪难度较大，投资者随时都可能遭遇套牢的风险。

中期趋势的上升浪，是投资者翘首以盼的盈利机会。市场指数的涨幅可以达到100%以上，而个股的涨幅更可达到200%以上。

调整浪的形态

完整的调整浪由3个子浪组成。组成调整浪的3个子浪，可以是简单的形态，也可以是复杂的形态。

相对于上升浪，调整浪的形态可能更加令人难以把握。调整浪在艾略特经典波浪理论著作中有非常详细的论述，本书讨论的调整浪形态基本与之相同，只是所有级别的浪形均为3浪结构。

简单的调整浪形态，如图3-6中的a、b、c浪。

在复杂形态中，调整浪中的子浪还可以细分为更低一级的3个子浪。复杂的调整浪形态，如图3-7中的a、b、c浪。

另一种复杂的调整浪形态为延伸浪。图3-23为上证指数1994年的调整浪，图中(c)浪的3个子浪走出了延伸浪的结构。

现在讨论其他一些复杂的调整浪形态。

变异调整浪形态，包括平势调整浪（图3-24）、不规则调整浪（图3-25）和顺势调整浪（图3-26）。

平势调整浪中的b浪，可以回升至接近a浪的起始处，而c浪的下探也在a浪的底部附近，a浪与c浪的幅度大致相当。

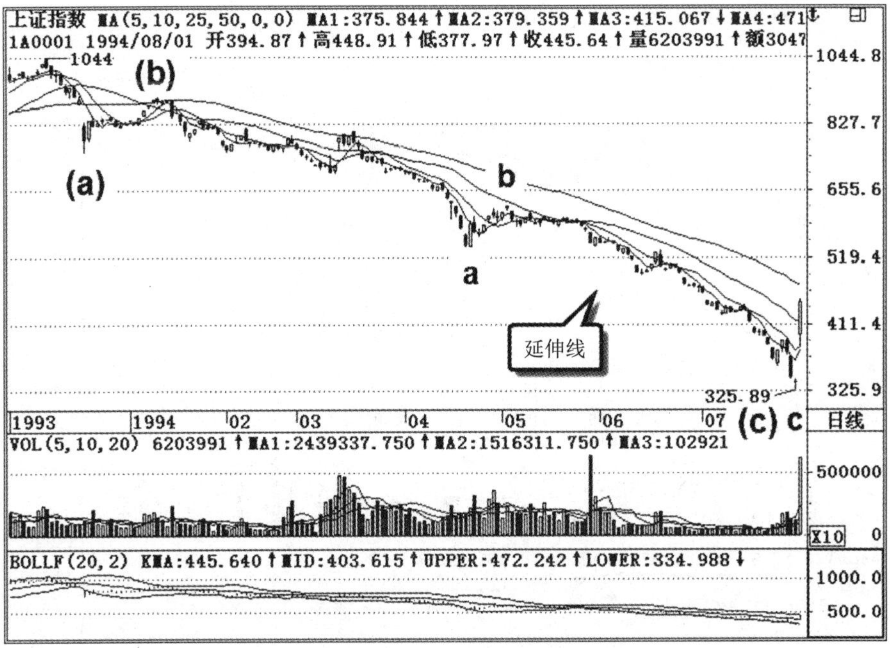

图 3-23　上证指数 1994 年调整浪

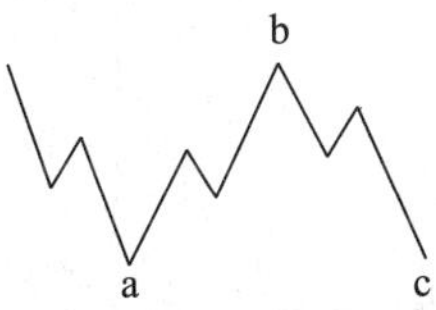

图 3-24　平势调整浪

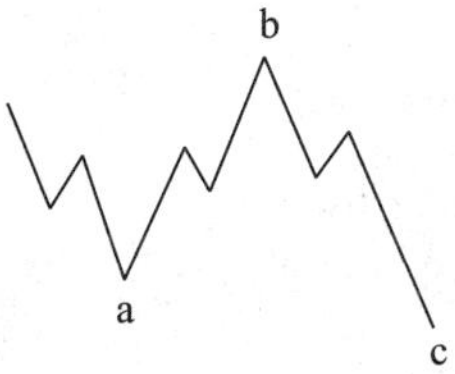

图 3-25　不规则调整浪

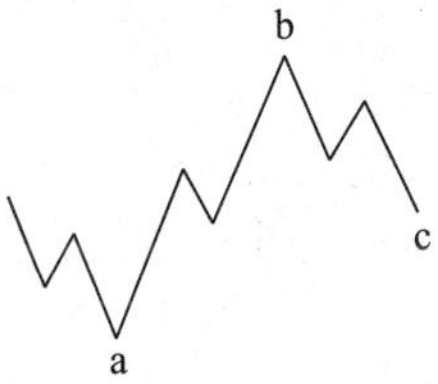

图 3-26　顺势调整浪

不规则调整浪中的 b 浪，可以向上突破 a 浪的起始处，而 c 浪的下探则穿越 a 浪的底部，c 浪的幅度大于 a 浪。

顺势调整浪中的 b 浪，可以向上突破 a 浪的起始处，而 c 浪的下探却不能达到 a 浪的底部，a 浪与 c 浪的幅度大致相当。

图 3-27 为上证指数 2000 年出现的平势调整浪。图 3-28 为上证指数 1992 年运行的不规则调整浪。图 3-29 为深证成指 2007 年出现的顺势调整浪。

下面再为大家介绍几种走势图中经常遇到的调整浪形态：象鼻式调整浪

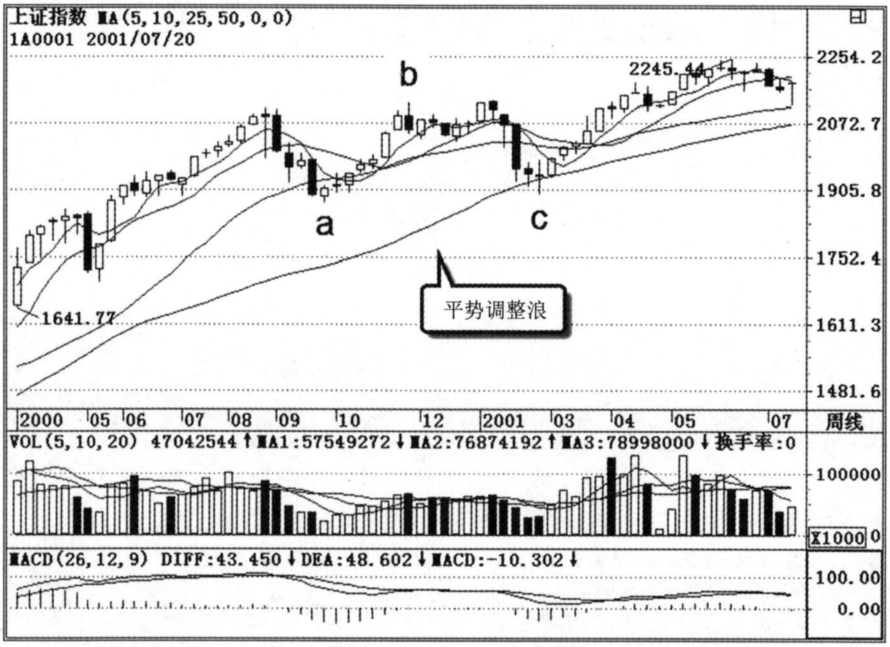

图 3-27 上证指数 2000 年调整浪

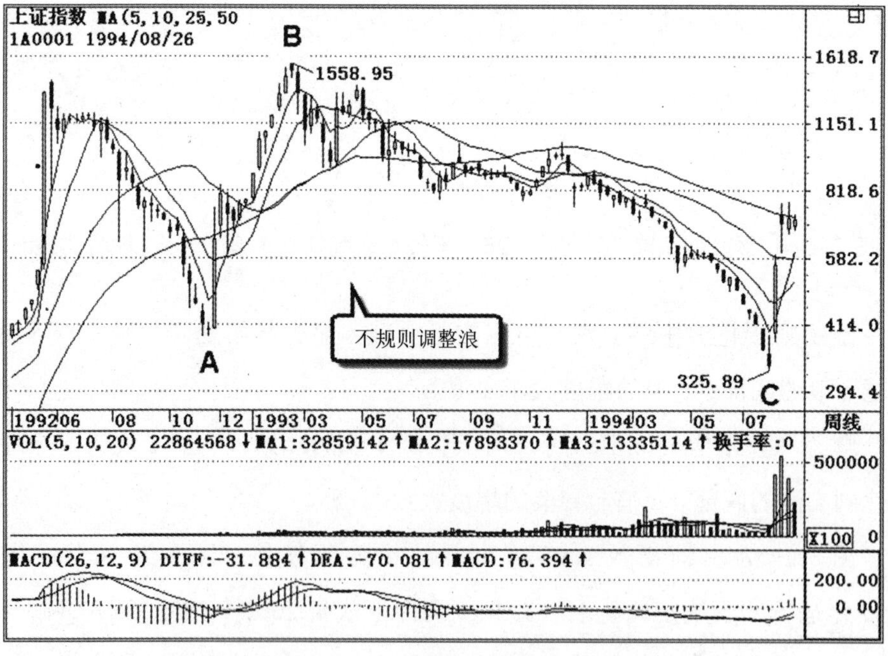

图 3-28 上证指数 1992 年调整浪

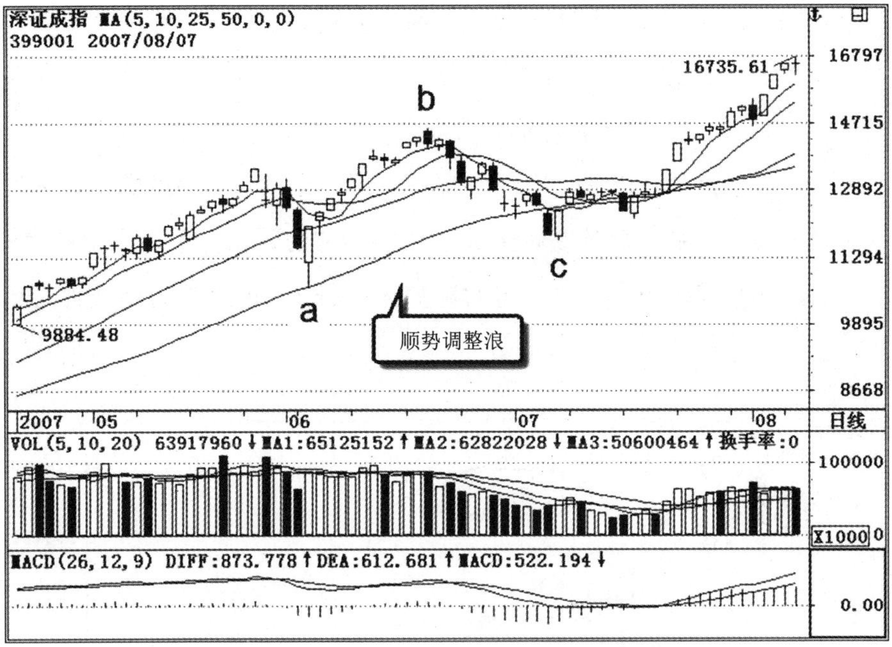

图 3-29　深证成指 2007 年短期调整浪

以及扫帚式调整浪。

象鼻式调整浪——大象是一种威严的动物，其头部特有的长鼻蕴藏着令人震撼的力量。如图 3-30 所示。

图 3-30　大象示意图

图3-31为深证成指1994年的调整浪。图中a、b、c浪的调整形态，酷似大象头部和长鼻的轮廓，故由此得名。其中，a浪与b浪构成了大象头部的轮廓，c浪则构成了大象长鼻的轮廓。

象鼻式调整浪的特点是，市场小幅调整后，经过一定幅度的反弹，然后突然深幅下挫，反弹之后的跌幅远大于反弹之前的跌幅。象鼻式调整浪的a浪与b浪波动幅度较小，具有一定的欺骗性，而c浪的杀伤力则威力无比，投资者须谨慎对待。

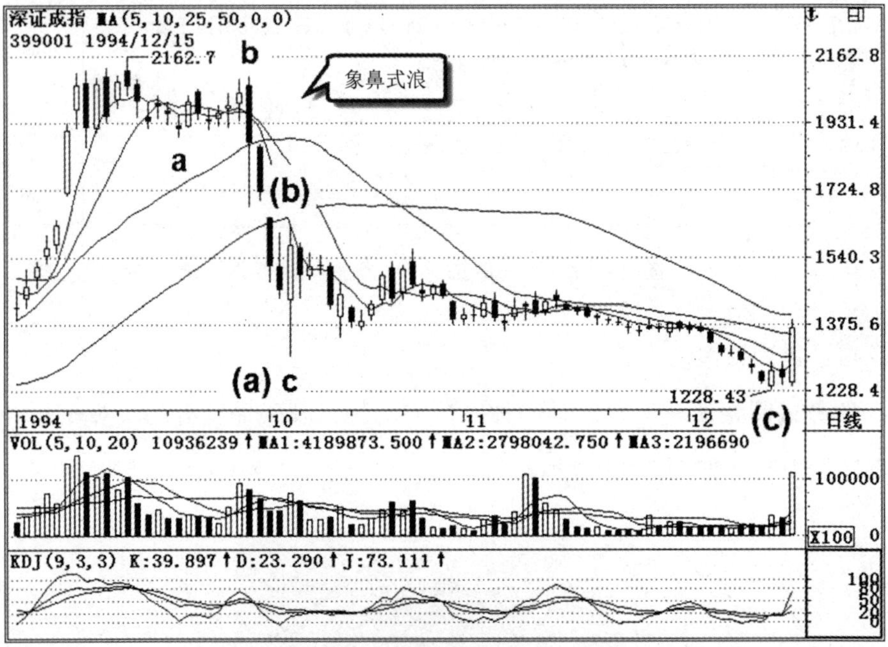

图3-31 深证成指1994年调整浪

扫帚式调整浪——扫帚是中国人几千年前发明的一种清扫工具，在人类文明的历史中，一直发挥着非常重要的作用。如图3-32所示。

图3-33为深证成指2002年的调整浪。图中两处方框中的波浪形态，酷似扫帚（反向）的轮廓，故由此得名。

扫帚式调整浪的特点是，市场以先急后缓的方式调整，与扫帚（正向）

的柄部和彗部相对应，而市场以先缓后急的方式调整，则与扫帚（反向）的彗部和柄部相对应。

扫帚式调整浪的彗部，一般有 3 个较为突出的彗点，投资者可依此辨别和判断。另外，扫帚式调整浪的结构偏向于阵形浪，其彗部容易被误判为三角形浪。

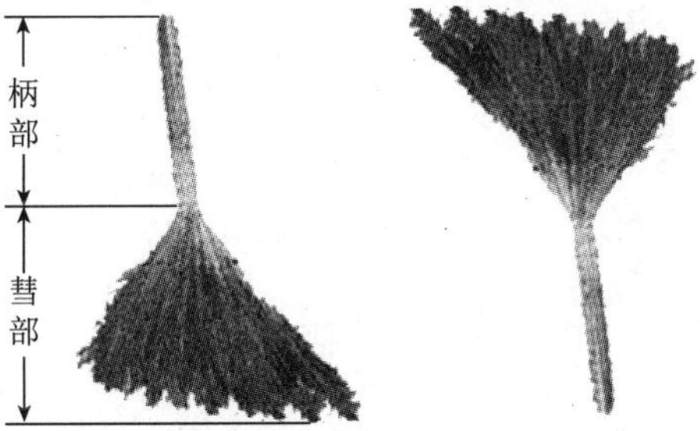

图 3-32　扫帚（正、反）示意图

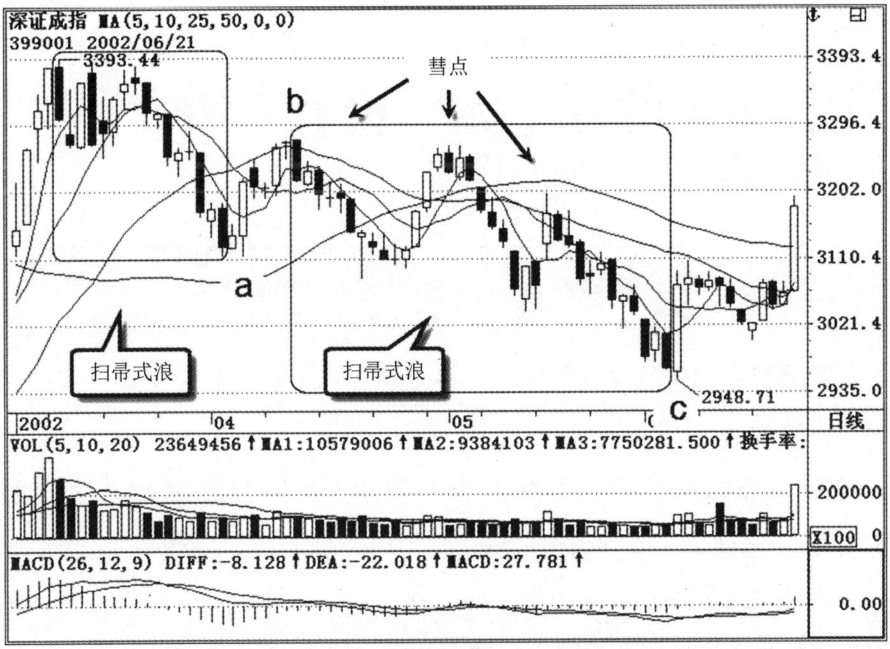

图 3-33　深证成指 2002 年调整浪

市场中调整浪的形态总是复杂多变的。有时扫帚式（正向或反向）调整浪运行完毕后，市场趋势没有发生改变，则有可能演变为更加复杂的连环扫帚式调整浪，投资者须谨慎对待。

图 3-34 为上证指数 2005 年的调整浪。图中两处方框中的波浪形态，酷似两只扫帚正反重叠的轮廓，故命名为连环扫帚式调整浪。

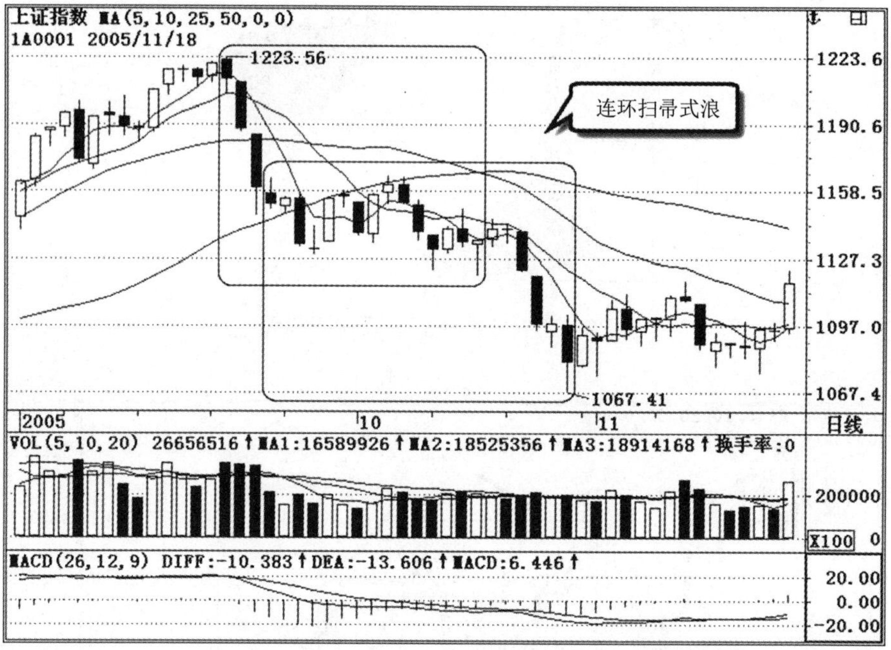

图 3-34　上证指数 2005 年调整浪

了解调整浪的幅度是非常重要的，这样可以为投资者拟定下一步的投资计划提供参考。

短期趋势的调整浪，市场指数的跌幅（从调整起点计算）一般在 10% ~ 40% 之间，个股的跌幅可以达到 10% ~ 50%。

中期趋势的调整浪，是市场中吃人的恶魔，投资者需要冷静辨别，尽量不要与之纠缠。市场指数的跌幅一般在 50% 以上，而个股的跌幅可达到 60% 以上，有些个股还会元气大伤，甚至几年都难以翻身。

中继浪的形态

中继浪为主要走势运行途中带有横盘特点的折返浪。

最简单的中继浪形态，是横向盘整的一字浪。图 3-35 为上证指数 1992 年上升途中出现的一字浪。这种一字型中继浪，在个股的走势图中较为常见。

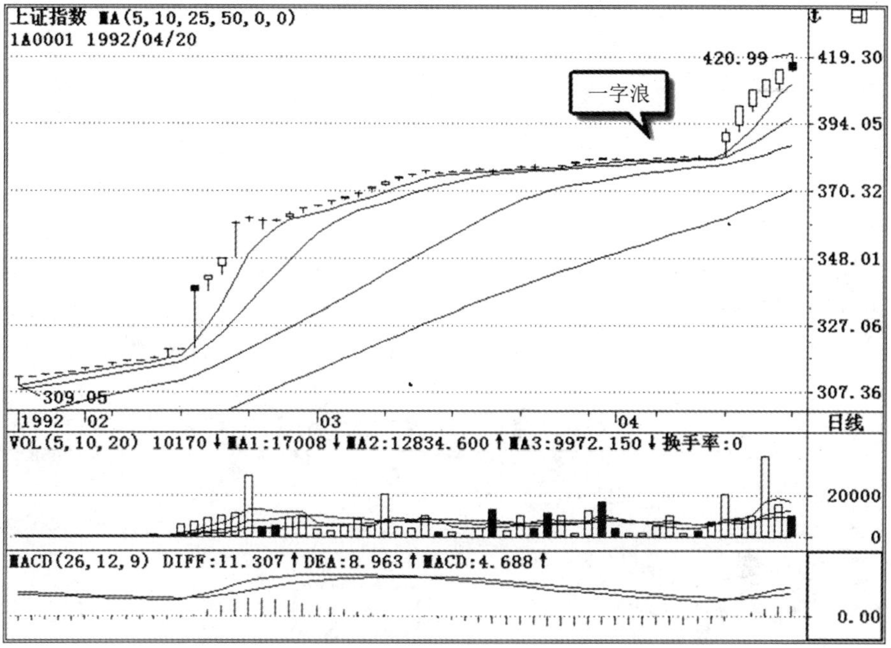

图 3-35 上证指数 1992 年的一字浪

短期趋势的变异调整浪，如平势调整浪和顺势调整浪，在主要走势运行途中成为中继浪。如图 3-27、3-29。这些是中继浪形态中的线形浪。

三角形浪和弓形浪是走势图中可以经常遇到的中继浪形态中的阵形浪。

三角形浪的子浪结构与楔形浪相似，由 5 个子浪组成，每个子浪可由更低一级的 3 个子浪组成，整个三角形浪的结构为 3-3-3-3-3。三角形浪在结束之前，走势诡谲多变，投资者需要耐心研判。三角形浪可以成为牛市的中继调整浪，也可成为熊市的中继折返浪。

图3-36为几种三角形浪示意图，图3-37为上证指数1994年出现的三角形中继浪。

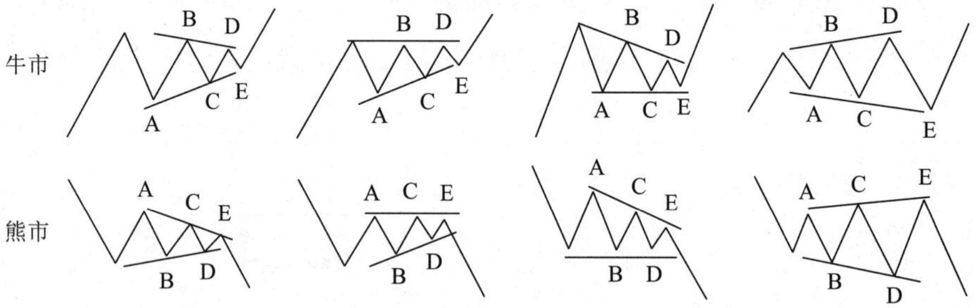

图3–36 三角形浪模型

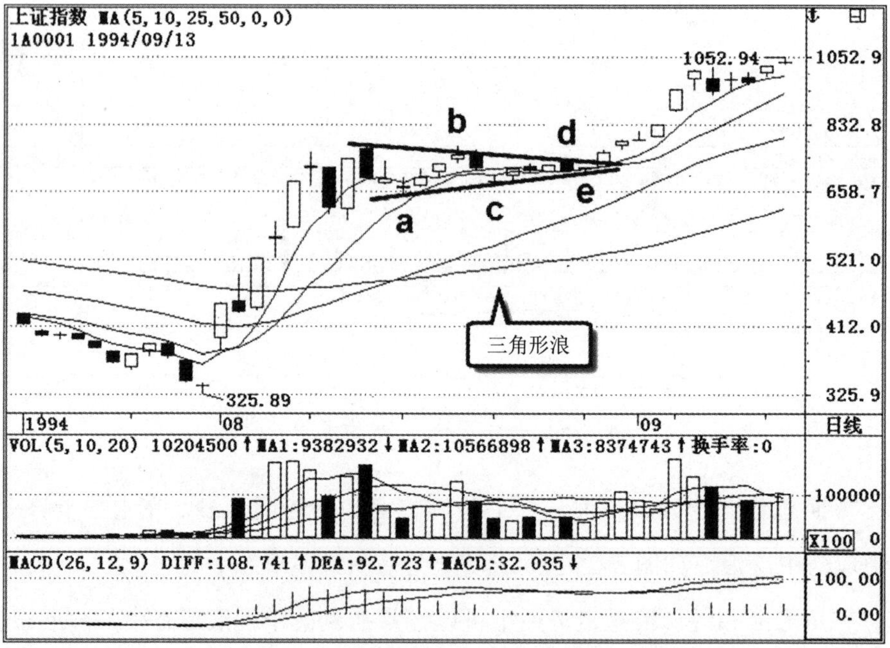

图3–37 上证指数1994年三角形调整浪

弓形浪是作者为大家介绍的另一种中继浪形态中的阵形浪。

弓形浪的形态如一把横挂在墙上的弯弓，如图3-38所示。

图3-39为弓形浪的模型图。弓形浪一般作为中继折返浪出现在熊市中，

由 5 个子浪组成。图 3-40 为反弓形浪的模型图，其中 b、c 浪高于 a 浪的起点，如反向悬挂的弯弓。弓形浪大致为左右对称结构，其中心轴可以向左或者向右倾斜一定角度。

图 3-38　弓示意图

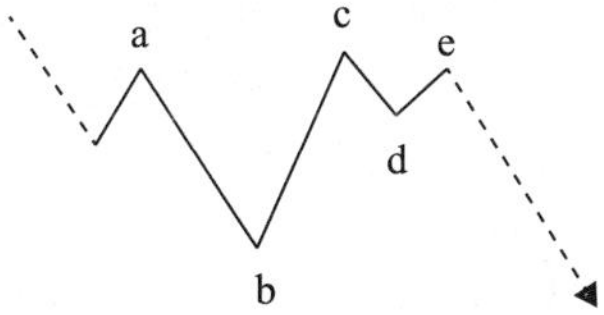

图 3-39　弓形浪模型

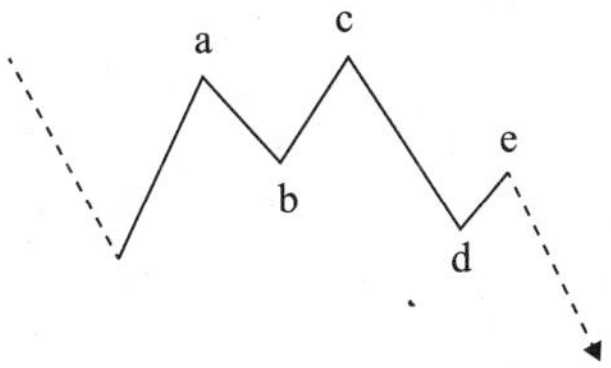

图 3-40　反弓形浪模型

图 3-41 为深证成指 1998 年初出现的复合弓形浪。图中两个并列弓形浪

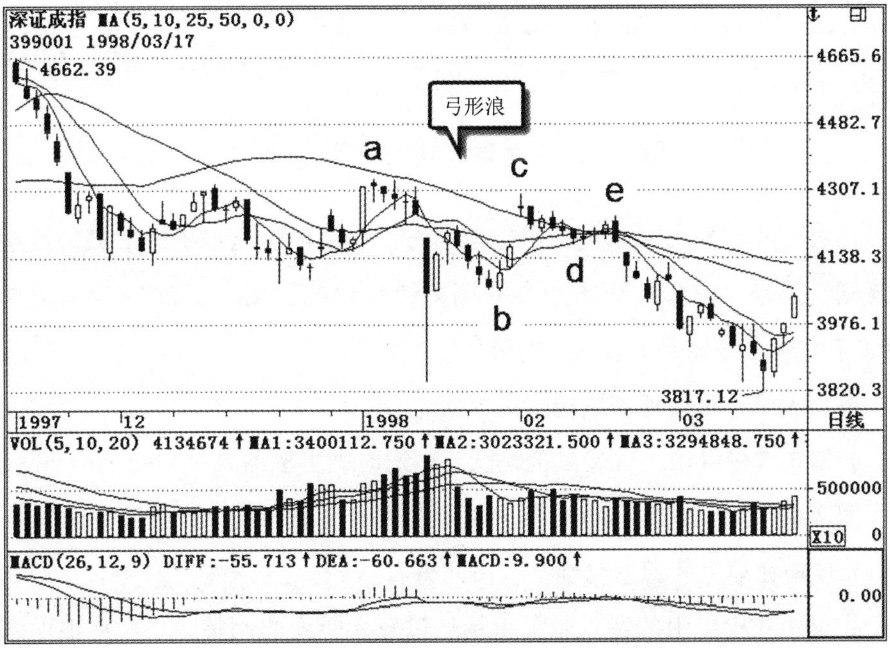

图 3-41　深证成指 1998 年初复合弓形浪

和一只将要射出的利箭，形成“双弓搭箭”之势，表明市场充满了杀气。

图 3-42 为上证指数 1998 年初出现的反弓形浪。由于两个市场的中期调整浪形态不同，上证指数的一只利箭引而不发。

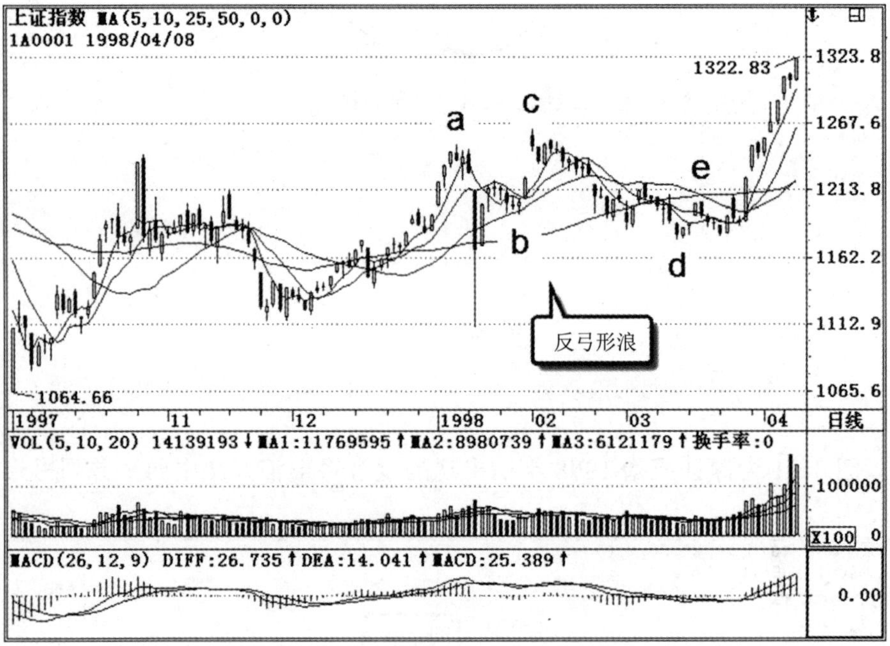

图 3–42　上证指数 1998 年初反弓形浪

还有一些在熊市中出现的中继浪形态，如变异折返浪中的平势折返浪和不规则折返浪，它们与牛市中变异调整浪的形态相反。图 3-43 为上证指数 2002 年出现的复合型不规则折返浪。

再为大家介绍一种袋鼠蹲式中继浪。

袋鼠蹲式中继浪——袋鼠擅跳跃，闲逸时则多取蹲式，如图 3-44 所示。

图 3-45 为上证指数 2001 年中期调整的中继浪。图中横向运行的 B 浪，酷似袋鼠蹲在地上休憩的轮廓，故由此得名。

袋鼠蹲式中继浪的特点是，市场经过较大幅度的调整，之后波浪形态朝横向发展，仿佛已有止跌企稳的迹象。此时，投资者须谨慎对待市场的走向，不可疏忽大意。袋鼠蹲式中继浪的结构偏向于阵形浪，容易被误判为三角形浪。

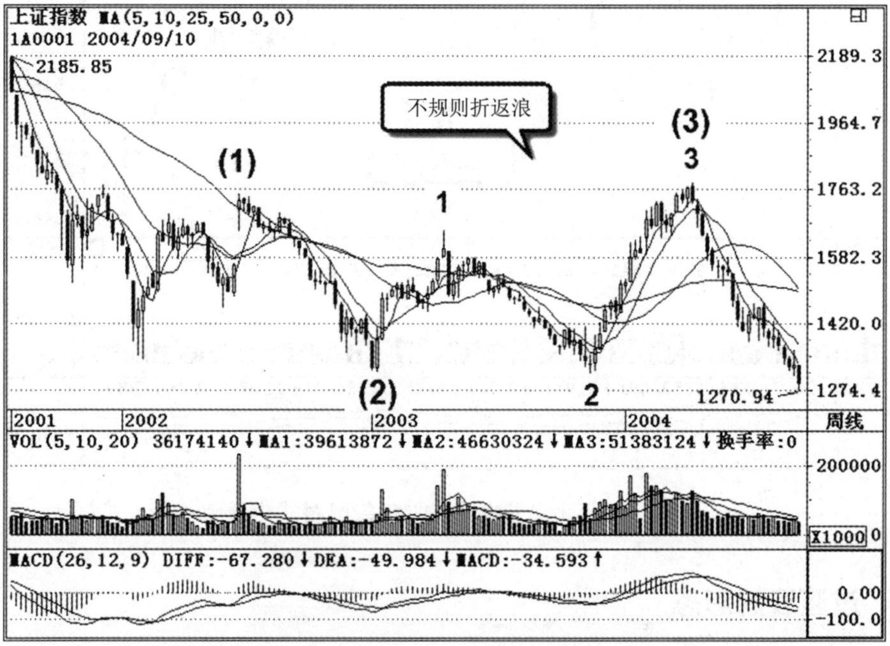

图 3-43 上证指数 2002 年不规则折返浪

图 3-44 袋鼠（蹲）示意图

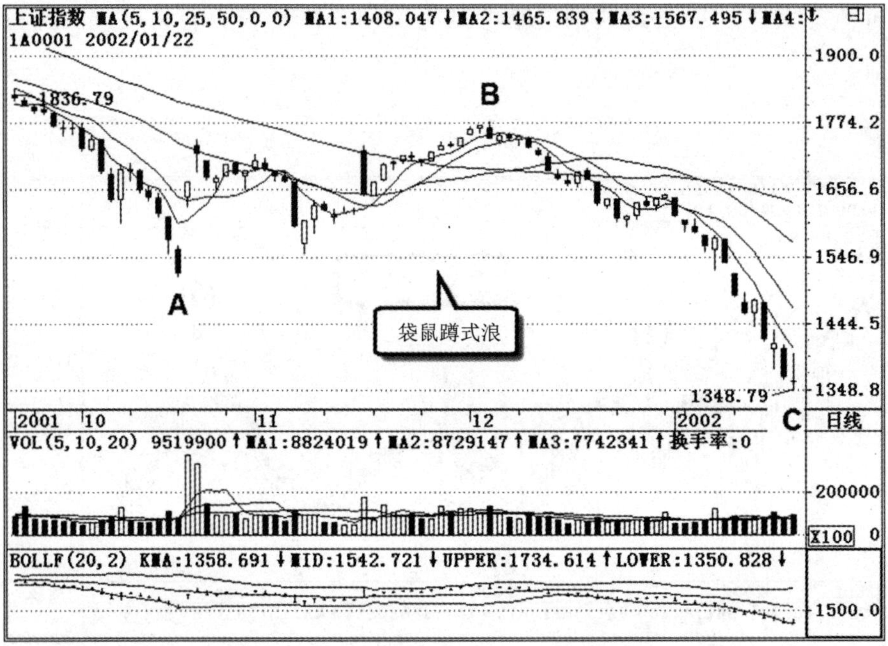

图 3-45　上证指数 2001 年袋鼠蹲式中继浪

过渡浪的形态

调整趋势运行结束之后，如果新一轮上升趋势运行的条件或者时机尚不成熟，那么还需要在过渡浪（标记为X浪）运行之后，重新回到前一次调整结束的位置附近。有时候，这种情况还要重复多次。

过渡浪可以出现在短期或者中期调整浪之后，波浪形态为3浪结构。图3-46为深证成指1994年的X浪。

分形浪的应用

分形浪是本书重点讨论的内容之一。

或许是因为分形理论在国内的传播范围不够广泛，也或许是因为证券市场的复杂程度消耗了投资者太多的精力，分形浪常常在市场中悄无声息地运行，没有引起大家足够的重视。

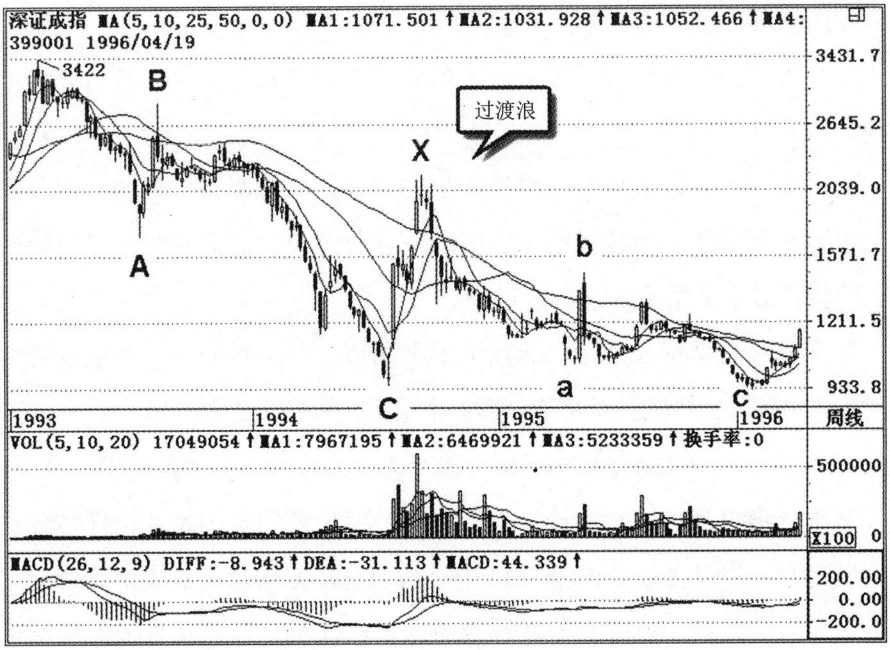

图 3-46　深证成指 1994 年 X 浪

在国内投资市场中，投资者对分形的概念还有些生疏，然而在其他领域中应用十分广泛的仿形概念，大家一定不会感到陌生。仿形概念与分形已经非常接近了，投资者可以从它们的共同特点中领悟到分形的基本含义。

曼德布罗特曾解释说："云朵不是球形的，山峦不是锥形的，海岸线不是圆形的，树皮不是光滑的，闪电也不是一条直线。"一组分形浪中的每一段，都是具有相似性的完整模型。分形浪没有固定的形态结构，投资者若细心分辨，一定能够找到它们如影随形的波浪特征，以及市场正在运行的相对位置，为把握进出时机提供依据。分形浪在牛市或熊市中都经常出现。

根据分形浪的相似程度，可以分为精细分形浪和广义分形浪两大类。精细分形浪是指本书用日线图讨论的，表现为一组形态和结构特征相似度较高的分形浪，它们经常在市场的同一个中期趋势中出现。广义分形浪是指表现为一组形态特征相似度弱化，而保留较高结构特征相似度的分形浪，它们一般以相隔较远的中期趋势的方式出现。

分形浪又可分为包容分形浪、串列分形浪、平行分形浪、转向分形浪等几种。

包容分形浪是指表现为一组波浪形态相似，并且级别较低的某一段或几段，包容于级别较高的波浪形态之中的一种分形浪。前面介绍分形理论的时候，曾例举过上证指数的包容分形浪。

串列分形浪是指表现为一组波浪形态相似，并且在同一个中期趋势中以串列方式出现的分形浪，是精细分形浪中最为常见的一种分形浪。图 3-47 为深证成指 2000 年的上升浪，图中的第 3 浪与第 1 浪成为形态相似的串列分形浪。

精细分形浪的形态和结构，相互之间具有比较明显的特征，仔细分辨即可找出它们的相似之处。在图 3-47 中，两段分形浪的特征点（箭头所指）呈现一一对应的关系，就像有着血缘关系的家庭成员一样，让投资者能够从纷

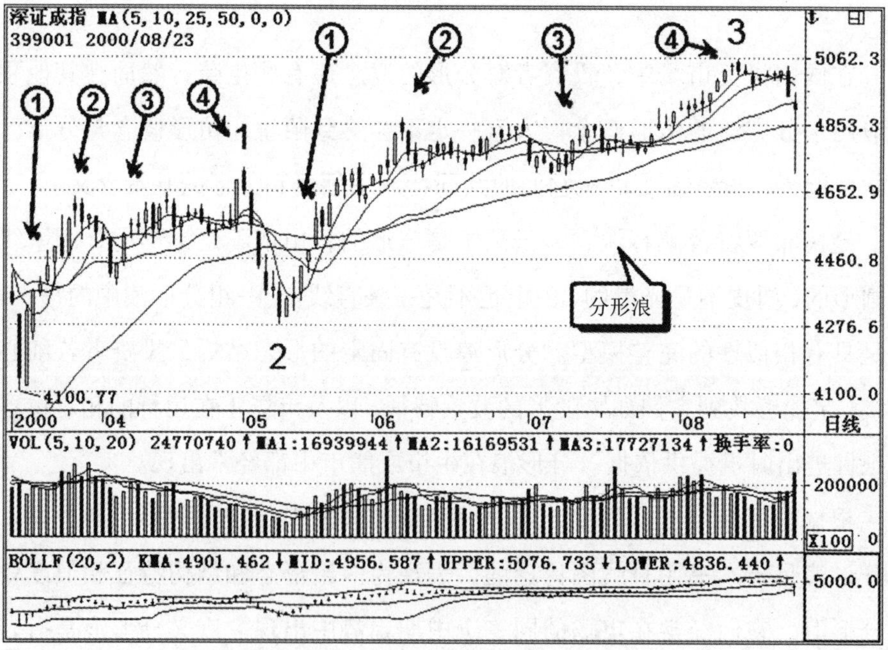

图 3-47 深证成指 2000 年分形浪

繁杂乱的走势图中辨认出来。

在沪深股指（包括全球股指）的走势图和许多个股走势图中，都可以找出很多分形浪的实例。

图 3-48 为深证成指 1991 年的上升浪，图中第 3 浪与第 1 浪成为形态相似的分形浪。

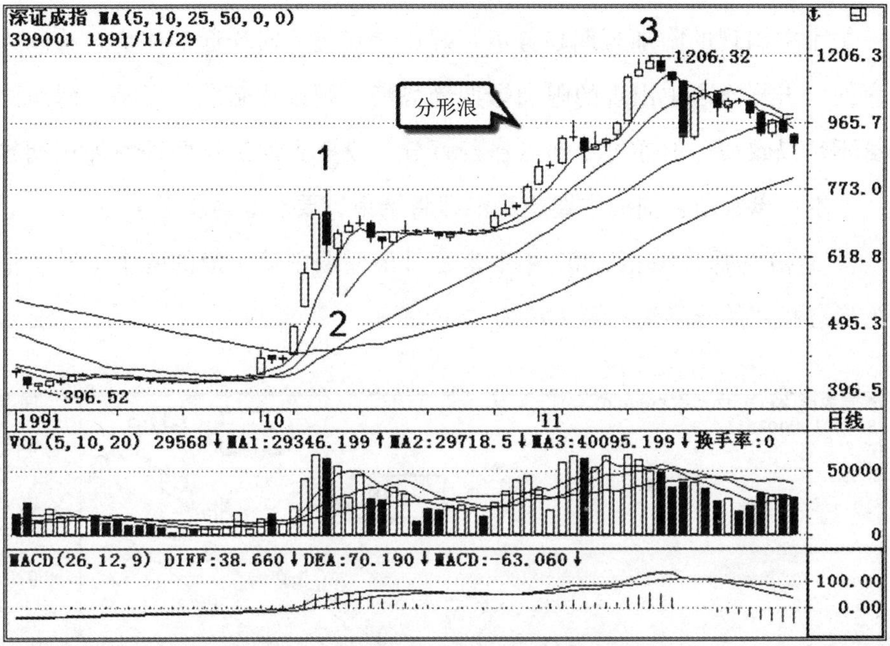

图 3–48　深证成指 1991 年分形浪

对于艾略特经典波浪理论的追随者，图 3-48 可以看作是标准的 5 浪结构。然而，若详细考察图中的分形浪特征，将它们定义为 3 浪结构，更符合波浪运行自身的内在规律。

根据揣测，艾略特在思考美国股市运行趋势的时候，道琼斯平均指数走出了太多上升 3 浪的分形浪结构。艾略特把这种上升 3 浪的分形浪结构误以为是上升的 5 浪结构，进而演绎完成了影响至今的经典波浪理论。

经典波浪理论与分形理论有非常亲密的渊源关系。艾略特构思的波浪理论模型，已经非常接近分形理论模型了。假如艾略特最初构思波浪理论的时候，把上升浪和调整浪的模式都定义为3浪结构，波浪理论经过几十年的不断发展完善之后，在技术分析领域中的应用和地位将是不可估量的。

市场走势的波浪结构是非常复杂的，有时分形浪运行结束之后，市场的中期趋势还不能改变方向，而在分形浪之后接着走出一段附加的短期趋势浪，这种现象在牛市或熊市中都可能出现。

牛市中出现的附加短期趋势浪，好比毒蛇进攻时昂起的蛇头，给闯入者致命的一击。熊市中出现的附加短期趋势浪，则好比暗藏的毒蝎，蝎尾的攻击虽不足以致命，但亦可令伤者痛苦万分。投资者遇到这两种附加短期趋势浪，基本可以判断目前的中期趋势浪即将结束，要小心对待。

图3-49为深证成指2007年牛市上升浪。图中第1浪的两个上升子浪，成为形态相似的分形浪，第3浪为“蛇头”。

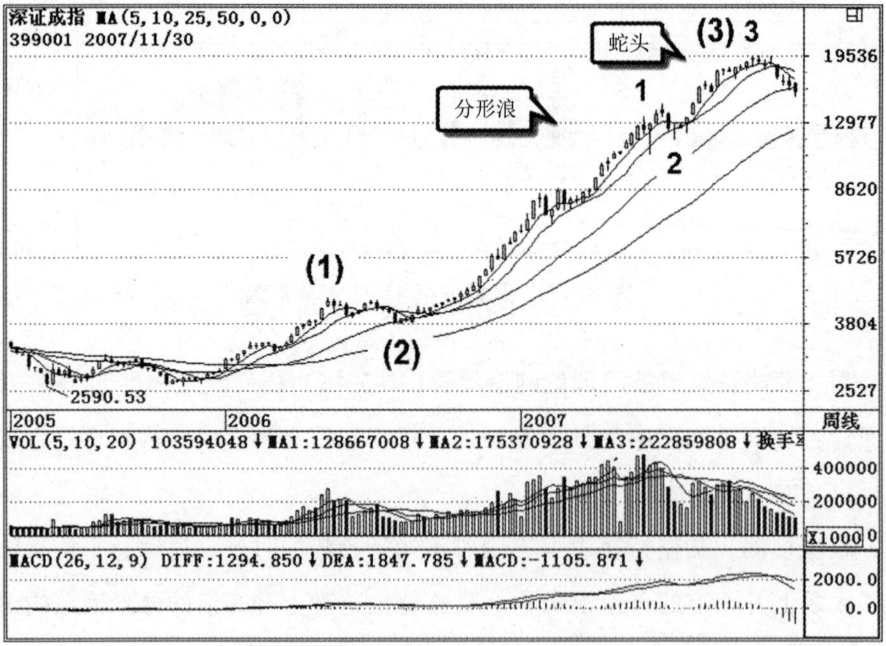

图3-49　深证成指2007年分形浪

图 3-50 为深证成指 1994 年熊市调整浪。图中 a 浪与 (a) 浪成为形态相似的分形浪，c 浪为“蝎尾”。

“蛇头”与“蝎尾”的波浪形态，一般与分形浪中某处小的局部相似，似乎有继续演化成新一段分形浪的趋势，但其形态的完整性与涨跌幅度，明显有别于分形浪。

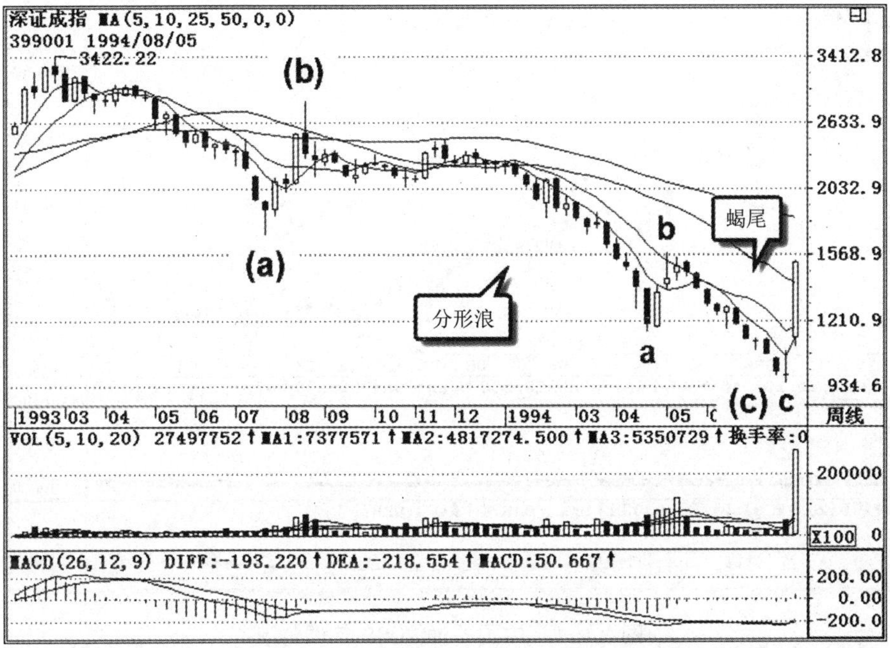

图 3–50　深证成指 1994 年分形浪

波浪形态的特性

证券市场与大千世界中的万物一样，是复杂多变的。众多个股如涓涓小河，汇成了波浪翻滚、潮涨潮落的汪洋。这些小河蜿蜒逶迤，漫过水草，绕过巨石，穿过溶洞，跃下断崖，连绵不绝地潺潺东流。其形态或幽咽或湍急，若隐若现，波涛粼粼。众多个股与市场指数的走势图，其形态特性与之颇为相似。

波浪的隐蔽性和模糊性

在走势图中没有记录的隐蔽浪，其波浪运行的形态具有隐蔽性。图3-51为中国石油2007年末上市后的调整浪。它的上升浪在走势图中没有出现，故而具有隐蔽性。

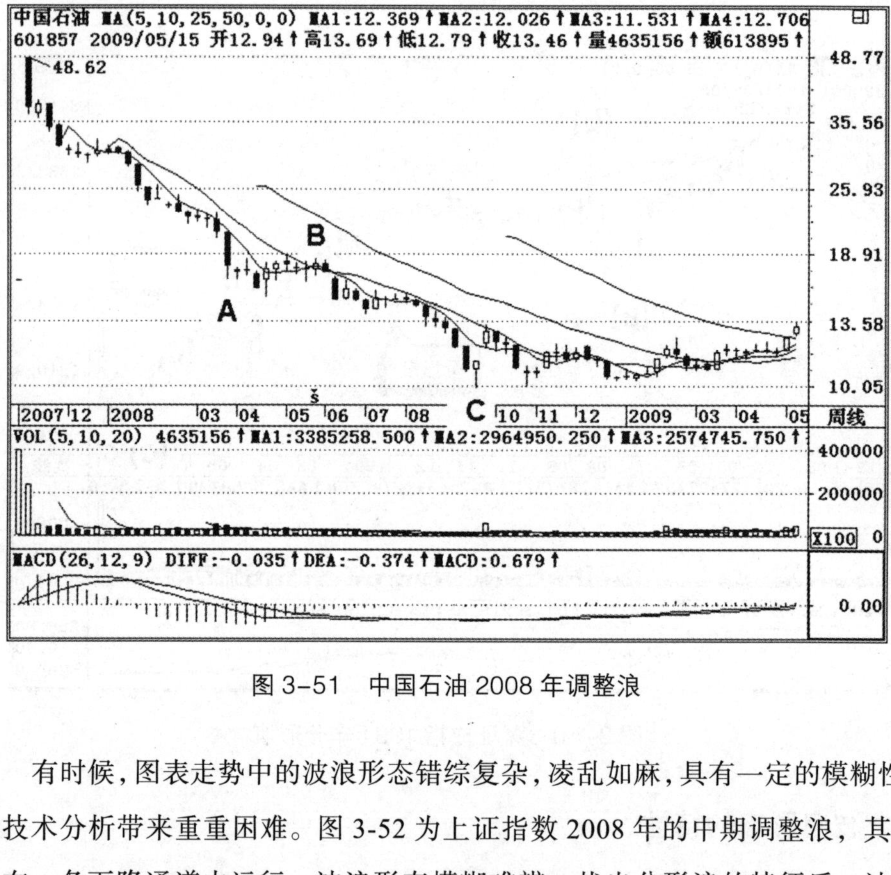

图3-51 中国石油2008年调整浪

有时候，图表走势中的波浪形态错综复杂，凌乱如麻，具有一定的模糊性，给技术分析带来重重困难。图3-52为上证指数2008年的中期调整浪，其走势在一条下降通道内运行，波浪形态模糊难辨。找出分形浪的特征后，波浪形态的完整结构就异常清晰了。图中(A)浪、A浪和C浪，成为形态相似的分形浪。

波浪的灵活性和不确定性

证券市场中，个股或者指数的运行，其走势是相当灵活的。短期上升浪

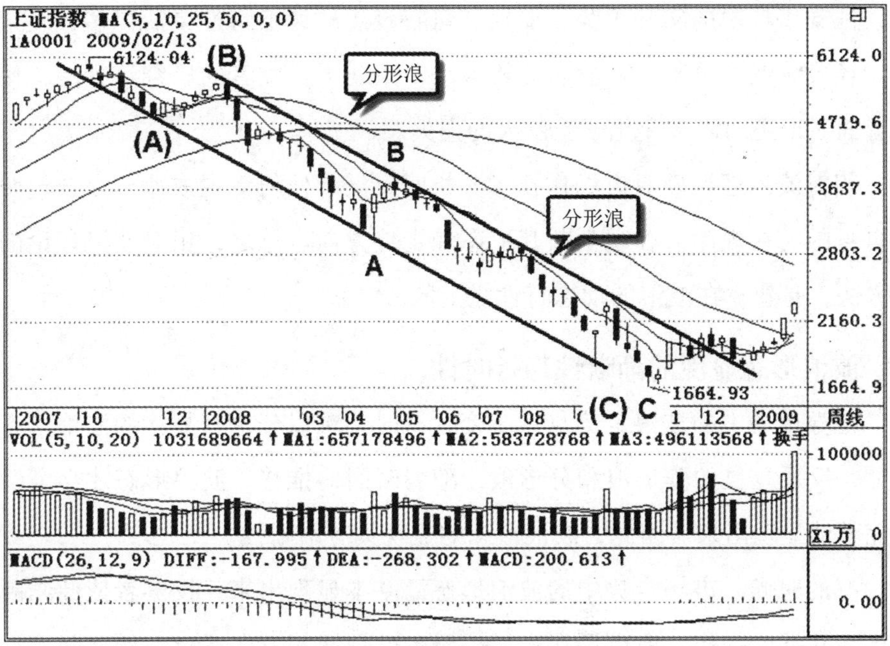

图 3-52 上证指数 2008 年调整浪

由 3 个子浪组成，其中的子浪或许会走出延伸浪的形态。经过小型折返走势之后，较高一级的第 3 浪，使整个趋势向中期上升浪的形态发展。或者小型折返走势发展为更大级别的 3 个调整浪，使整个趋势向中期调整浪的形态发展。所以，波浪运行的形态及方向具有相当的灵活性。

图表走势中的波浪在运行过程中，可以走出简单的线形浪，也可以反反复复走出复杂的阵形浪。短期上升浪结束后，可以出现延伸浪，也可以改变方向，走出调整浪。中期调整浪结束之后，可以走出转向的上升浪，也可以走出欲行又止的过渡浪。因此，波浪运行的形态及方向具有不确定性。

波浪的动态分析性

在艾略特经典波浪理论中，对波浪形态有非常明确的界定：推动浪由 5 浪组成，第 1 浪通常是最短的，第 3 浪是最有爆发力的，第 4 浪不能跌穿第 1 浪的顶部，第 5 浪可能是失败的，调整形态的锯齿浪由 5-3-5 子浪结构组成等。

证券市场中的实际走势，要比艾略特设想的波浪特性灵活得多，复杂得多。经典波浪理论刻板的静态分析方法，束缚了投资者的思维和行动，使投资者面对市场的诸多变化蒙受巨大的损失。

相对波浪理论面对市场作技术分析时，没有任何清规戒律，完全遵照市场自身的内在规律，客观判断其形态和走势方向。总之，相对波浪理论的分析方法，是建立在波浪的动态特性之上的。

波浪形态显现的渐晰性与延时性

证券市场中的波浪走势复杂多变，有时候难以分辨其具体的波浪形态。例如，反反复复的阵形浪和分形浪，随着时间的推移，波浪形态才会渐渐清晰完整地显现出来。因此，波浪形态的显现具有渐晰性。

有的时候，市场走势中的波浪形态已基本显现出来，投资者依此判断市场走势并据此操作，但市场却未能按照自己预期的方向运行，如前面例举的并列弓形浪中的前一个弓形浪，使投资者困惑不已。但随着时间的推移，波浪趋势最终还是确认了它的运行方向。

另外，投资者依据波浪形态判断市场中期趋势基本结束后，也需要等待一定的时间来考验并最终加以确认。所以，波浪形态的显现具有延时性。

交易量跟随趋势

道氏理论中，关于市场运行趋势与交易量的相互关系，一般解释为：主要趋势中价格上涨，交易行为也就随之活跃。在牛市中，当价格上涨时，交易量随之增长，而在熊市中价格回落；当出现反弹时，交易量也随之增长。

从小范围看，这一原则也适合次级趋势，尤其在一轮熊市中的次级趋势之中，交易行为可能在短暂反弹中显示增长趋势，或在短暂回撤中显示减少趋势。

相对波浪理论认同道氏理论的这种观点。当市场下跌时，盈利或者看空的卖出者，会随着价格的走低逐渐减少，看好市场的买入者信心还不足，所以市场中的成交量必然随之减少。当经济复苏的趋势逐渐增强时，买入者的信心也随之增强，成交量必然随之增长，市场中的价格也会不断地走高。

中期趋势的周期性

大自然中，万物都有各自的生存规律，这些规律呈现一定的周期性。证券市场也是一样，前面介绍的道氏理论，就有对市场三种趋势持续时间的描述，但那些描述是比较模糊且粗糙的，对投资者的帮助非常有限。

作者根据沪深股市自身的运行规律，总结出市场中期趋势运行的周期特征，可以帮助投资者较好地把握市场节奏，拟定投资计划，提高盈利能力。对沪深股市中期趋势周期性的讨论，将在下章详细讲解。

点 评

相对波浪理论是将道氏理论与艾略特波浪理论相互结合，取长补短，并加入周期理论、分形理论和混沌理论的精华，融合而成的本土化技术分析方法。它同时兼容形态趋势分析理论和技术指标辅助分析理论等应用原则。

书中所用术语和概念，均源于各自的理论思想。另外，亦有一些作者自创的术语和概念，如弓形浪、中继浪、过渡浪、分形浪、“蛇头”“蝎尾”等，都是为了将相对波浪理论阐述得更加清楚明白，希望读者能够更好地理解与应用。

相对波浪理论与艾略特经典波浪理论最大的区别，在于上升浪的划分原则，前者划分为 3 浪，而后者划分为 5 浪。在相对波浪理论中，不再有锯齿浪、失败的波浪等概念，并且相对波浪理论也不太支持所谓神奇数列预测的“神奇”功效。

本章讨论了相对波浪理论的重要组成部分——分级浪系统的基本原理和应用方法。下章将继续深入讨论相对波浪理论的另一个重要组成部分——镜向波系统的基本原理和应用方法。

第四章　镜向波系统与中期行情周期

> 《孙子兵法·兵势》——纷纷纭纭，斗乱而不可乱；浑浑沌沌，形圆而不可败。

两军作战时，敌我军队互相渗透、穿插，形势错综复杂。在这种情况下，我方应始终贯彻既定的作战计划，积极应对随时出现的不利影响。战斗进入胶着状态时，我方应保持军队作战的正常、有序进行，不出现大的破绽和漏洞，即可赢得最终的胜利。

在证券市场中，众多投资者喧嚷纷繁，场面凌乱复杂。这时候，你要保持冷静的头脑和积极的心态，不可自乱阵脚。行情时起时落，扑朔迷离。观察最新的走势进展，依据事先做出的技术分析判断，只要不出现大的偏差，就可立于不败之地。

证券市场——混沌系统中的财富魔方

混沌是人类认识世界的一种态度和方法。

在中国文化中，混沌也写作浑沌。古人想象中，天地形成以前，宇宙是模糊一团的状态，这是人类最早探索宇宙起源的一种认识和态度。在世界各民族的早期文化中，也都有与之相关的神话传说，或类似的描述记载。人类文明初期，人们认识世界的能力极其有限，于是把这种无法解释的事物和现象归入到“混沌”这个概念之中。

有趣的是，古时候中国老百姓对“混沌”的概念有一种更为深刻的理解，并把它做成了中华饮食文化中的一道美味食品——馄饨。

人类科学的发展进入到20世纪，科学家们又重新发现了新的混沌现象。美国气象学家爱德华·罗伦兹在20世纪60年代初发现了“蝴蝶效应”——在大气运动过程中，即使各种误差和不确定性很小，也有可能在过程中将结果积累起来，经过逐级放大，形成巨大的大气运动。所以，长期准确预测天气是不可能的。罗伦兹的研究成果，成为混沌理论的重要组成部分。

科学家给混沌下的定义是：混沌是指发生在确定性系统中的貌似随机的不规则运动。一个确定性理论描述的系统，其行为却表现为不确定性（不可重复、不可预测），这就是混沌现象。混沌现象不是偶然的、个别的事件，而是普遍存在于宇宙间，存在于各种各样的宏观及微观系统中。

混沌理论研究的目的，是要揭示貌似随机的现象背后可能隐藏的简单规律，以求发现一大类复杂问题普遍遵循的共同规律。古人面对浩渺陌生的宇宙，与今人面对错综复杂的自然现象，情景大概是一样的。

在古代，为了认识外部世界，几乎所有民族都构造了自己的混沌自然哲学。今天，为了认识事物的复杂性，世界各国的科学家共同创立了具有革命性的混沌新科学。这门新科学也昭示了一种新的自然哲学。

对混沌现象的理论探索，自20世纪70年代初掀起热潮以来，已经历了40多个年头。至今，关于混沌的研究一直是科学家、社会学家、人文学家关注的前沿科学。

混沌现象在每个应用领域的具体表现方式是不同的。越来越多的研究者认识到，证券市场包含了混沌系统中的许多共同特征。

主要表现为：

1. 价格运行的走势具有复杂性。

2. 价格短期运行的行为具有随机性。

3. 价格运行的趋势具有非固定周期性。

4. 价格运行的结构具有部分与整体相似的分形性。

如同气象学中的天气具有不可准确预报性一样，证券市场的价格指数以及个股的价格波动也具有不可准确预测性。

纵观研究证券市场运行规律的技术分析理论发展史，最早的阴阳烛理论和道氏理论、形态趋势分析理论，可以算作证券市场早期的混沌理论。这个时期，混沌理论的确切概念还没有诞生，所以它们显得很不成熟，很不完善，操作性也不强。

之后出现的江恩理论和艾略特波浪理论，以更加精确、更加缜密的逻辑，阐述了市场存在的规律。按理说，精确预测市场的方法问世以后，所有参与市场的人都可以一劳永逸了。但事情没有那么简单，证券市场的复杂性，让这种精确测市的理论显得并不是那么完美。

在证券市场中，决定价格上升或者下跌最主要的因素，应该是市场的供求关系，而本末倒置的精确测市理论，好像要市场反过来迁就它们似的。所以，这种违背市场客观规律的理论必然是行不通的。不过，经典波浪理论发现的价格运行的分形结构，正是混沌系统中经常出现的典型特征。

后来出现的随机漫步理论，认为证券价格波动是随机的，价格的下一步走向哪里，是没有规律的。股票价格的变化类似于化学中的分子“布朗运动”，具有“随机漫步”的特点。也就是说，它变动的路径是不可预期的。

证券市场中，价格走向受到多方面因素的影响，一件不起眼的小事，也可能对市场产生巨大的影响。随机漫步理论的研究者强调了市场运行不可预测的随机性。他们观察到的，正是混沌现象中貌似随机的不规则运动。

以上这些看似互相抵触，而且被后人奉为大师的智者，他们之中谁的观点才更加符合市场的本质呢？一个古老的“盲人摸象”的故事，为我们揭开了事实的真相。大师们以自己的智慧，发现了市场运行的一部分真实规律，然而他们观察的视角是有限的，只有将他们的理念综合起来，一个完整的认识市场的科学观念才真正地构建起来。

本书阐述的相对波浪理论，即是将经典波浪理论做必要的、合理的改造，并且与随机漫步理论融合起来，构建起一种针对证券市场非常实用的混沌理论。

市场指数的分析意义

市场指数是描述混沌系统中与投资行为相关的综合数据和图表。

在混沌系统中，尽管市场指数的波动具有不可准确预测性，但尽可能地总结和归纳市场指数的走势规律，是大多数技术分析理论建立的基础。

现代证券市场中，技术分析奠基人查尔斯·亨利·道，在19世纪后期观察美国股市的时候，发现大多数上市公司的股票价格都倾向于同时涨跌，而与总体经济趋势相反的特例很少。于是他率先在美国股票市场创设了道琼斯工业指数，并以此为对象研究市场的投资行为及规律，开创了极有价值的道氏理论。享誉盛名的艾略特波浪理论，也是以道琼斯工业指数为研究对象构建出来的。

《孙子兵法·军争》——言不相闻，故为之金鼓；视不相见，故为之旌旗。

古时候的战场，相隔较远的友军，彼此通过语言、动作保持联络非常困难，所以就用声音很大的金鼓和醒目的旌旗来传达军队行动的号令。

市场指数与古代军队中的金鼓和旌旗功能类似。早期的证券市场，交易手段和通讯手段很不发达，参与市场的大客户彼此之间联络很不及时，很不方便。市场指数作为一种“特殊”的语言，逐渐成为实力雄厚的大客户了解彼此行动的标尺和参照。直到今天，虽然市场中的交易手段和通讯手段已经有了天翻地覆的改变，但这种有些神秘并且令人着迷的“特殊”语言，依然发挥着它独有的、无可替代的作用。

如今的网络时代，普通投资者也能够方便地获取市场相关的各类信息，拥有与专业机构或大户几乎同等的条件与地位，掌握与应用市场指数这种“特殊”的语言，从而更好地投资和盈利。

很早以前，查尔斯·亨利·道就提出了投资市场收益与风险的一般规律：任一个别股票伴随的总风险，包括系统性风险与非系统性风险。其中，系统性风险是指那些影响全部股票的一般性经济因素。对市场指数进行分析研究，也就是对证券市场的系统性风险进行分析评估，尽可能做到减少投资风险，提高盈利概率。

道氏理论将证券市场的走势分为三种趋势：短期趋势、中期趋势和长期趋势。了解长期趋势（主要趋势）是成功投资的最起码条件。投资者如果对长期趋势有信心，只要在进场时机上有适当的判断，便可以赚取相当不错的盈利，也可以运用逆向的中期与短期趋势提升获利。

研究市场指数走势，并结合道氏理论三种运行趋势进行研判，可以对自己的投资行为和策略在战略与战术上做灵活的把握和调整。

市场指数的相对印证

道氏理论提出了几种市场指数运行趋势必须相互印证的基本原则，这一原则曾引起市场分析师的广泛争议。

对照一下沪深股指走势图，可以看到两个指数也有出现分歧的时候，可见市场指数的运行实际上并非完全步调一致。

造成这种现象的原因在于，混沌系统反映的市场具有复杂性和随机性特征，几种指数倚重的行业周期性和盈利水准不同，主力机构的操盘策略也不完全一致，所以几种市场指数的运行趋势可以相对印证，不是绝对相互印证。

镜向波系统

前面详细论述了相对波浪理论的分级浪系统，现在讲解一下相对波浪理论的镜向波系统。

通过前面几章的讲解，相信读者朋友已经对分形有了一定的认识。自然世界中的分形丰富多彩，证券市场中的分形也同样让我们目不暇接。前面讨论了分级浪系统的各种分形浪，这些分形浪虽然形态各异，但其结构中的特征点基本上是沿着时间轴的方向相互对应的，我们将这一类分形称为常规分形。

自然界中有许多奇妙的现象。比如对着镜子，我们能够看到自己的面容。水面的倒影，让美丽的风景更加旖旎多姿。此外，自然界还有神秘莫测的海市蜃楼现象等。这些自然现象都是以对称方式相似的分形，这一类分形，可以称为镜向分形。

证券市场的图表中，经常会出现一段上升阶段的K线组合形态，与之前相邻的一段调整阶段的K线组合形态形成对称方式的镜向分形结构。这些结构中的特征点，在时间轴上是镜向对应的，其走势特征恰如一句民间俗语："按下葫芦起来瓢"。

本书图表中的镜向分形，可以用波的形式记录和描述，称为镜向波。在镜向分形结构基础上建立的相关概念及分析方法，称为镜向波系统。镜向波系统中的任何一段K线组合形态，都可以看作"波"，并且不分级别。

应当注意，镜向波系统中"波"的概念，与分级浪系统中"波"的概念是不同的。

镜向波系统的相关概念和标记方法如下。

无极波——图表中一定范围内，镜向分形出现之前的K线组合形态。

镜向原点——图表中一定范围内，镜向分形出现的起点位置。

镜向轴——图表中，从镜向分形起点位置做的对称轴线。

镜向波与回溯波——镜向波是指从镜向原点开始运行，并最终形成镜向分形结构的K线组合形态。回溯波是指从镜向原点开始，与镜向波相互拟合的反向无极波的K线组合形态。拟合是指镜向分形结构的特征点所建立的对应关系。

由于镜向波与回溯波具有镜向分形的特性，在分级浪系统中出现的常规分形的各种类型，也有可能在镜向波系统中出现。图表中，镜向波用大写字母 J 表示，回溯波用大写字母 H 表示，通常标记在镜向轴线下方。镜向波与回溯波的拟合点，可以用 j1、j2、j3…序列及 h1、h2、h3…序列成对使用。

双向箭头——图表中，绘制于镜向轴线下端，表示镜向波与回溯波运行方向的箭头符号。

短期镜向波——短期镜向波用字母 Jd 表示，标记在镜向波的结束位置。

中期镜向波——中期镜向波用字母 Jz 表示，标记在镜向波的结束位置。

镜向波周期——镜向波周期用字母与罗马数字 JⅠ、JⅡ、JⅢ…序列表示，标记在镜向波周期的结束位置。

镜向波结构的摆动类型——将镜向波系统的标记符号镜向轴，看作类似于时钟钟摆的部分，依据镜向轴下端往不同时钟刻度摆动的方向，可以将镜向波结构的摆动类型分为左摆型、平衡型、右摆型三种。左摆型是指镜向波结构的镜向轴往 9 点钟刻度方向摆动。平衡型是指镜向波结构的镜向轴保持在大约 6 点钟刻度的方向。右摆型是指镜向波结构的镜向轴往 3 点钟刻度方向摆动。

图表中，镜向波系统与分级浪系统联合标记时，部分符号可适当省略。

下面来看镜向波的实例。

图 4-1 为上证指数的短期镜向波。

传统形态分析方法中的双底、头肩底、圆底等图形，都有可能演化成短期镜向波的结构。适合实盘交易的短期镜向波，其特点为镜向波与回溯波的幅度较大，并且二者的结构较为均衡。

短期镜向波在图表中出现的机会较高，其镜向原点不易迅速作出识别。短期镜向波与回溯波相互拟合的末端特征点，在实盘交易中投资者也不易迅速作出识别。

图 4-1 中的短期镜向波为平衡型。由于图中上证指数波动幅度较大，投

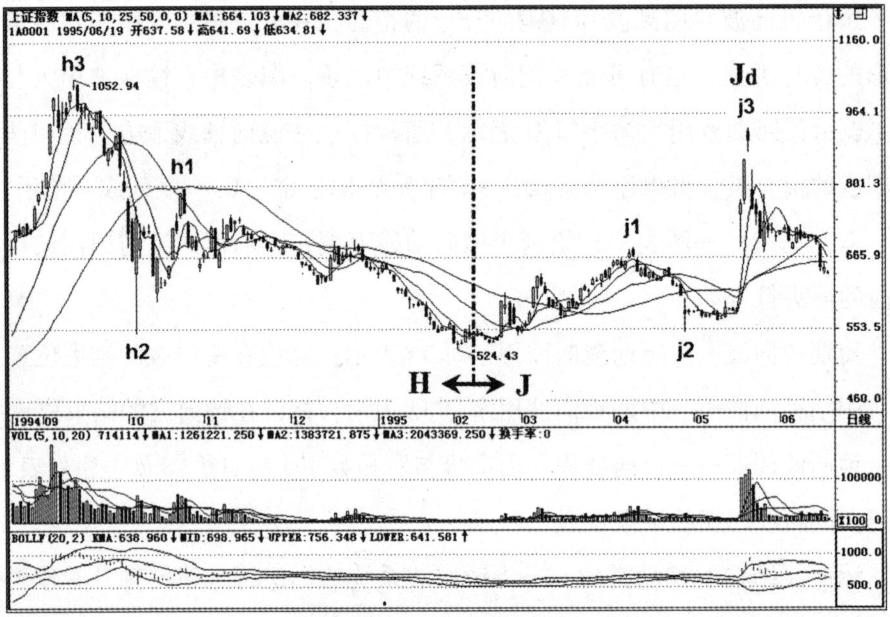

图 4–1　上证指数短期镜向波

资者可依据短期镜向波拟合的特征点实施波段操作，在可控的范围内回避市场风险。

图 4-2 为上证指数的中期镜向波。

中期镜向波是指市场的中期上升周期形态，与相邻中期调整周期的无极波所形成的镜向分形结构。由于市场中期上升周期的幅度较大，中期镜向波的波动幅度通常要大于回溯波的波动幅度。中期镜向波可以包含若干短期镜向波，并且由符合市场中期运行趋势的短期镜向波逐渐演化而来。

根据中期回溯波与无极波重合的程度，中期镜向波的拟合方式可分为适度拟合、极度拟合、过度拟合三种。适度拟合是指回溯波在拟合过程的途中结束，未能回溯到中期无极波起点位置的状态。极度拟合是指回溯波完成整个拟合过程，回溯到中期无极波起点位置的状态。过度拟合是指回溯波在拟合的过程中，超越中期无极波的起点位置，回溯到更大范围无极波的状态。

图 4-2 中的中期镜向波为右摆型。图中上证指数的回溯波超越了相邻的

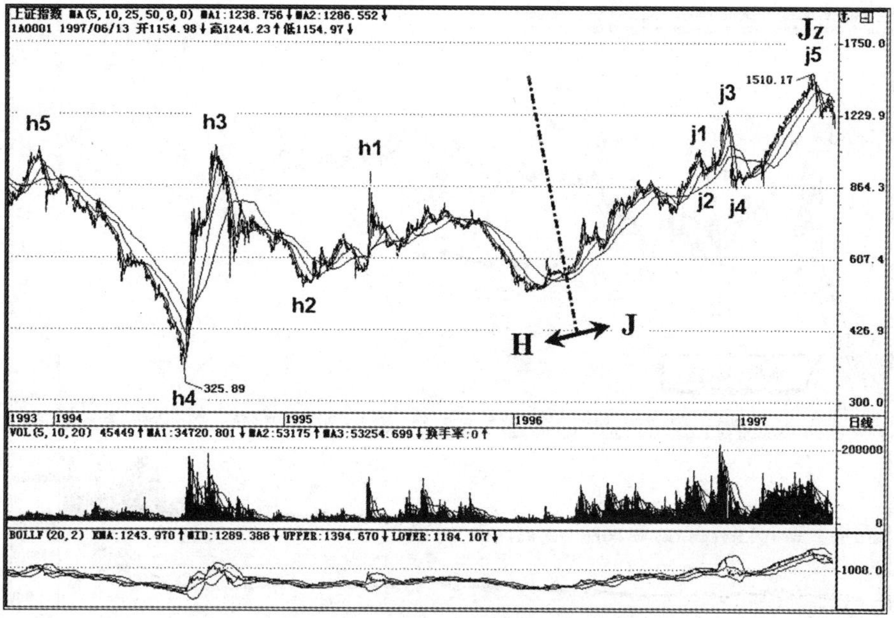

图 4–2　上证指数中期镜向波

中期无极波的起点位置，形成过度拟合的状态。中期镜向波的结构，可以帮助投资者更好地理解市场中期运行趋势的特征，提升投资者波段操作或者中线投资的收益。

图 4-3 为上证指数的镜向波周期。

镜向波系统的顶层结构为镜向波周期，其中可包含若干中期镜向波。

镜向波周期的完整形态，为两端呈现标志性的隔舱式镜向分形结构。因为只有发生罕见的惊天巨变，才会出现符合这种标志性隔舱结构的市场环境，所以镜向波周期的弹性是非常大的。

图 4-3 中的镜向波周期为右摆型。图中，上证指数呈现了一个虚拟镜向波周期 J*I*，一个短期镜向波 Jd，和一个完整的镜向波周期 J*II*。虚拟镜向波周期，是指市场发展的开始阶段，仅有镜向波一端出现（或将要出现）标志性隔舱结构的镜向波周期。

由于镜向波周期的弹性很大，投资者可依据其结构特性，评判市场不同

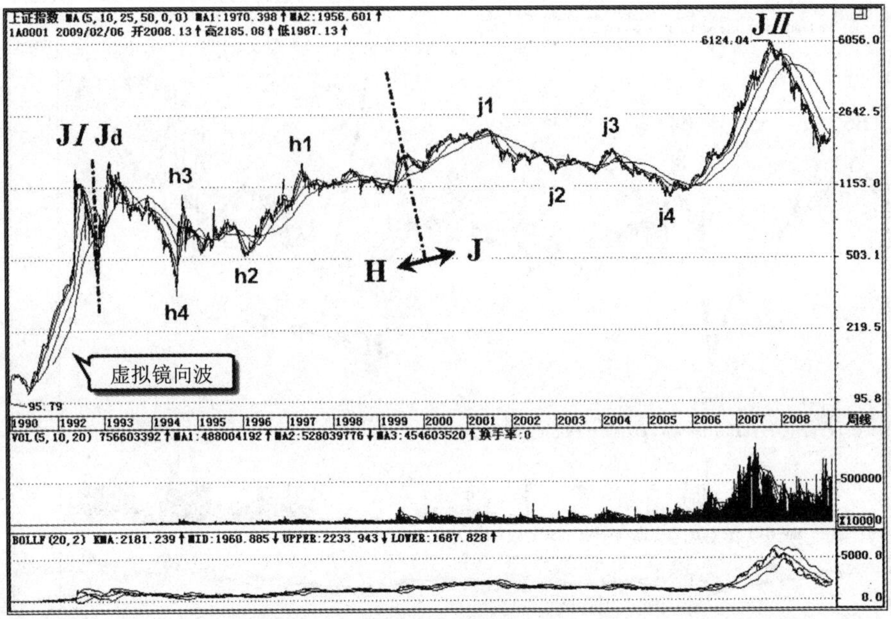

图 4-3　上证指数镜向波周期

阶段的波动幅度，拟定最佳的投资策略。

以上，我们讨论了镜向波系统的分析方法。

在具体应用中，相对波浪理论是将具有标志性隔舱结构的镜向波周期作为相对独立的模块，并且在镜向波周期的模块中融合分级浪系统，共同构建成为具有相对独立性的二元波浪理论体系。

作市场分析时，投资者可以淡化各镜向波周期之间的相互联系，分级浪系统的结构也会变得更加简洁清晰，不至于出现经典波浪理论千头万绪般的尴尬与无奈。

全球主要市场波浪分析

道琼斯指数波浪分析

道琼斯指数，通常是指美国道琼斯工业平均指数 (Dow Jones Industrial Average)，是全球范围内历史最为悠久的股票指数，它见证了美国经济的繁荣与发展。

1929 年 9 月，美国股市大崩盘前夜的最高点，成为道琼斯指数第一个虚拟镜向波周期和第二个镜向波周期的分水岭。冰火两重天的极端市场环境，造就了两个镜向波周期具有标志性的隔舱结构。之后，从底部回升的上升楔形浪，为第二个镜向波周期的 3 浪上升结构做了极具说服力的铺垫。

从图 4-4 分析，道琼斯指数时间跨度将近百年的第二个镜向波周期，镜向波一端出现标志性隔舱结构的时机不会太远了。

由此观之：百年兴衰，世事轮回，劫波度尽，一笑泯红尘。

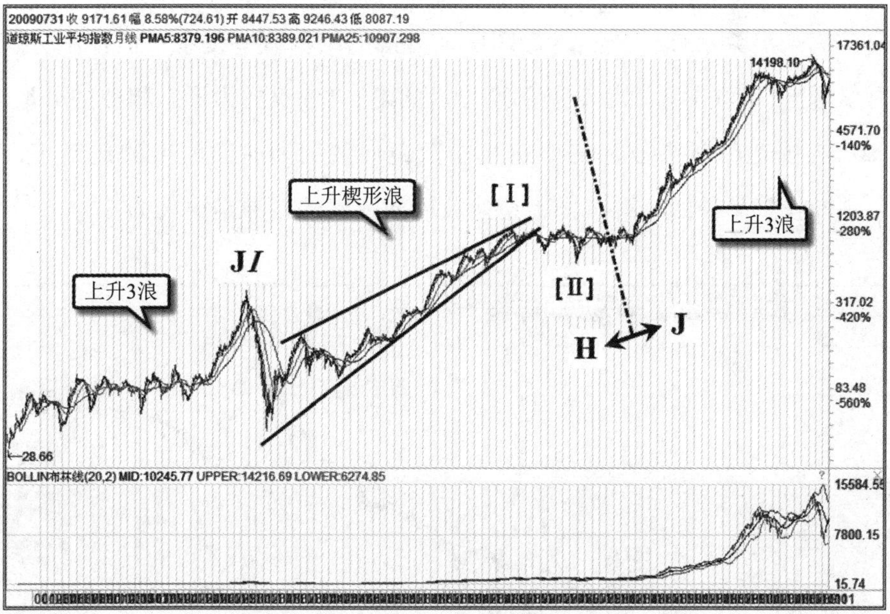

图 4-4　道琼斯指数波浪分析

经典波浪理论的开创者艾略特，演绎了包含 144 个波浪结构的超级波浪模型（见图 2-3），与美国道琼斯指数的真实走势相对照，显得相差甚远。本书所讨论的镜向波周期结构模型，与其相比更加符合市场的客观规律。

纳斯达克指数波浪分析

纳斯达克综合指数 (Nasdaq Composite Index)，是反映全球最具成长性的创新技术、电信和生物公司在美国纳斯达克证券市场行情变化的股票价格平均指数。

纳斯达克指数第一个镜向波周期两端的标志性隔舱结构是完整的，因为第一个镜向波周期之前的零星片段，对于实盘分析的意义较小，所以该镜向波周期无极波的起点位置，可用J0作标记。

从图4-5分析，纳斯达克指数走出初期的低迷阶段后，一路上扬。2000年3月，全球互联网风险投资泡沫的破灭，成为第一个镜向波周期和第二个镜向波周期的分水岭。虽然走势图中上升浪的结构有些复杂，但仔细分辨还是可以看出，第(Ⅲ)浪是与局部换位后的第(Ⅰ)浪成为形态相似的分形浪。

从美国道琼斯指数和纳斯达克指数镜向波周期时间跨度的比较可以看出，不同投资品种的金融市场，镜向波周期弹性的差异是很大的。

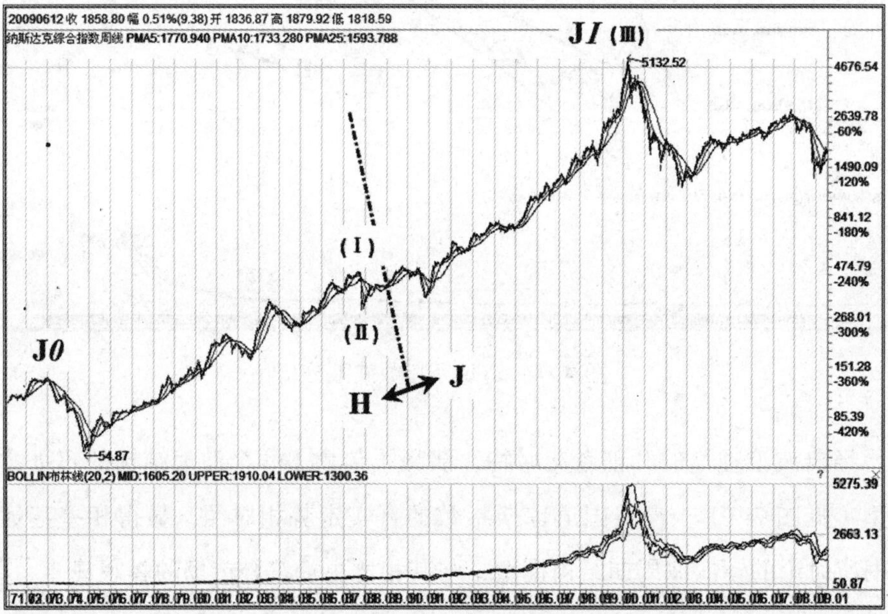

图4-5　纳斯达克指数波浪分析

恒生指数波浪分析

香港恒生指数，是香港证券市场上历史最悠久、影响最大的股票价格指数。1986 年 4 月 2 日，香港当局将香港证券交易所、远东证券交易所、金银证券交易所和九龙证券交易所，合并为香港联合证券交易所，并且保留恒生指数作为联交所的统一指数。

1973 年 3 月，香港股市由于过度投机引发股灾，成为第一个虚拟镜向波周期和第二个镜向波周期的分水岭。与美国道琼斯指数相似，两个镜向波周期具有标志性的隔舱结构出现之后，从底部回升的上升楔形浪为第二个镜向波周期的 3 浪上升结构做了极具说服力的铺垫。

从图 4-6 分析，尽管恒生指数的历史背景与道琼斯指数有很大的不同，但它们的走势图却有惊人的相似性。1993 年 12 月，恒生指数首次突破 10000 点，似乎要改变上升楔形浪的形态，但随后几年的走势，只是将上升楔形浪作了适当的延伸。

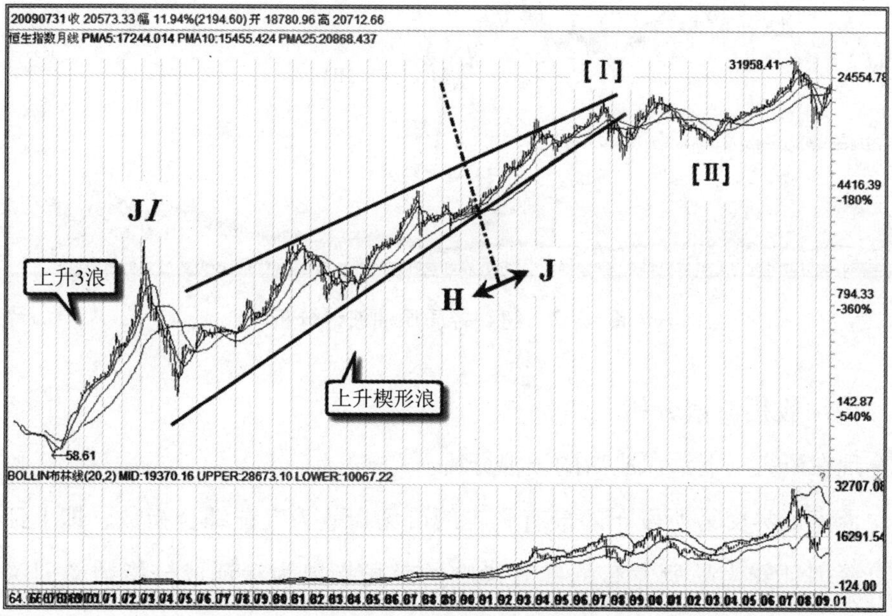

图 4-6　恒生指数波浪分析

纽约轻质原油波浪分析

相对波浪理论以镜向波周期作为相对独立的模块，并且融合分级浪系统构建的二元波浪理论体系，不仅能够适合股票市场的技术分析，而且能够适合商品期货等所有金融市场的技术分析。

图4-7为纽约轻质原油的走势图，图中呈现了第一个虚拟镜向波周期和第二个完整的镜向波周期。后者调整形态和上升形态的隔舱结构，以镜向分形的方式相互拟合。

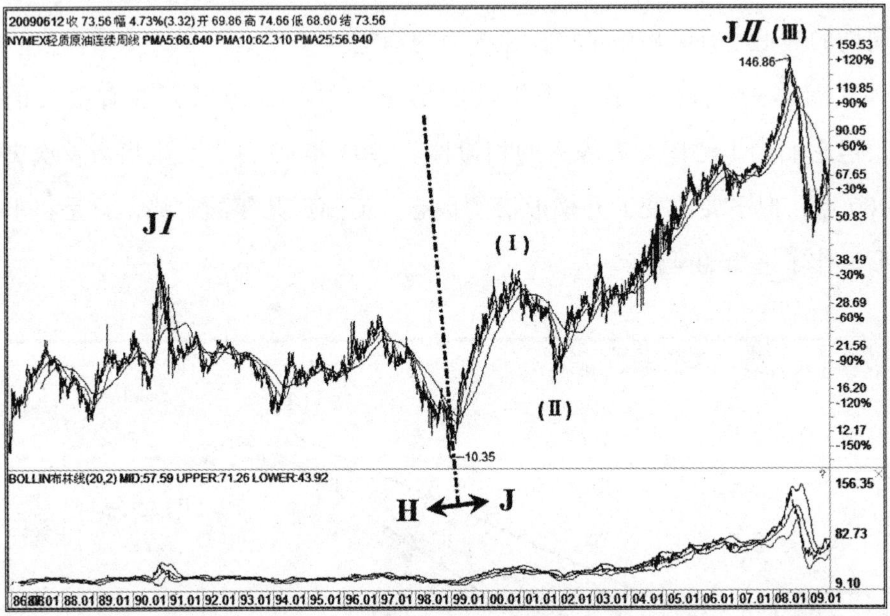

图4–7　纽约轻质原油波浪分析

沪深股指波浪分析

现在研究一下沪深股指的波浪分析。

上海证券交易所发布的最有影响的市场指数为上证综合指数，即上证指数。深圳证券交易所发布的最有影响的市场指数为深证成分指数，即深证成指。

从图 4-8 分析，上证指数于 1992 年 5 月运行至第一个虚拟镜向波周期的最高点 1428.79 点之后，不规则调整浪的 (B) 浪形成极其罕见的超级短期镜向波。上证指数 1994 年 7 月以调整浪 (C) 浪的最低点 325.89 点，形成第二个镜向波周期无极波端的隔舱结构，2007 年 10 月以最高点 6124.04 点结束第二个镜向波周期的隔舱结构。

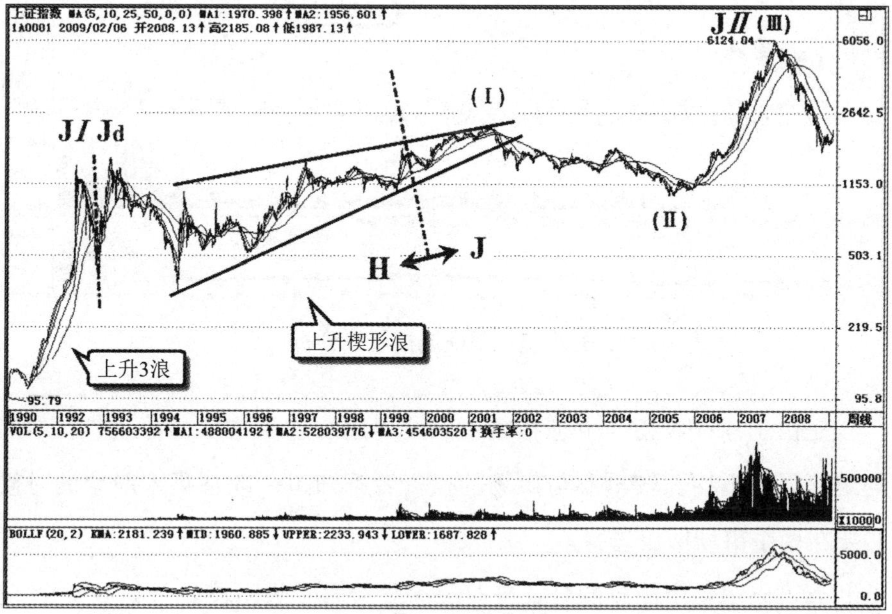

图 4–8　上证指数波浪分析

从上证指数走势图可以看到其中与道琼斯指数和恒生指数非常相似的镜向波分形结构，只不过它们的镜向波周期的弹性差异较大而已。

从图 4-9 分析，与上证指数的走势相比，深证成指镜向波周期的弹性要大很多。深证成指第一个虚拟镜向波周期结束的位置，与上证指数第二个镜向波周期结束的位置同步。

上证指数第二个完整的镜向波周期，时间跨度为 15 年，偏移的时间窗口为前后半年。而深证成指镜向波周期的时间跨度还没有确切的范围。

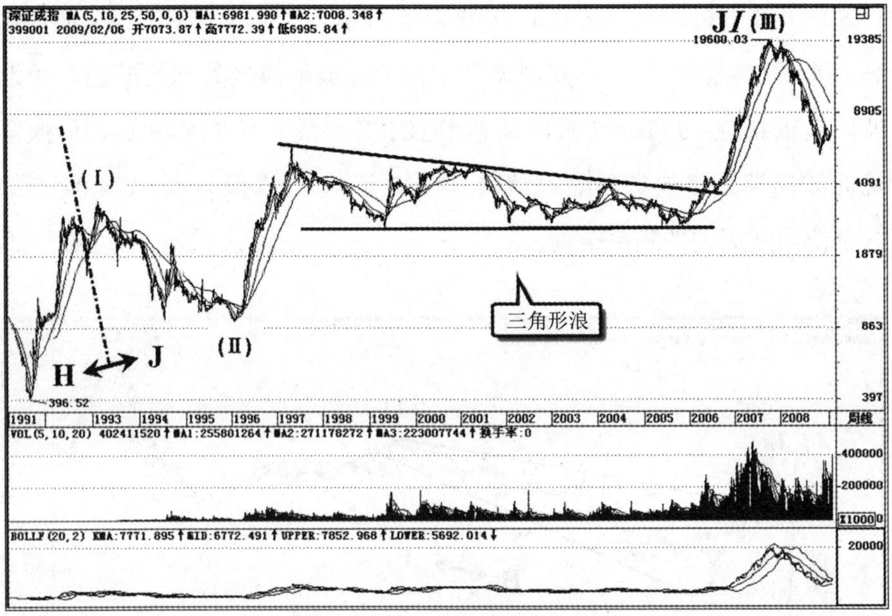

图 4–9　深证成指波浪分析

正是由于深证成指与上证指数镜向波周期的这些差异，导致二者中期行情的走势强弱不均。较早参与市场的投资者都知道，准备买入股票的时候，有必要在两个市场做出选择。

我们可以用一个简单的公式来对沪深股指做一些比较。

沪深股指的强弱比＝深证成指 / 上证指数

沪深股指的强弱比值通常在 2 ～ 4 之间，比值越大，表明深证成指的走势相对上证指数越强，反之则越弱。

沪深股指的强弱比值，在不同的中期行情中是不断变化的。通过计算沪深股指的强弱比值，可以大致判断沪深股市的走势孰强孰弱，由此制定更好的投资策略。

沪深股市中期行情周期

以上讨论了全球主要市场的镜向波周期。镜向波周期的结构，对于投资者理解市场的运行规律帮助很大。然而，对于证券市场的中期行情，还需要运用更加精细可靠的传统周期方法提高投资收益。

大家知道，虽然混沌系统的共同特征使得证券市场的价格运行趋势具有非固定周期性，但数十年以来，却有不少专家学者对证券市场的运行周期做过不懈的探索和研究，并且取得了一些令人瞩目的成就。

美国经济学家爱德华·R·杜威 (Edward R. Deway，1895—1978)，毕生致力于周期理论的研究。他试图以周期规律为重点，来剖析 1929 年和 1930 年美国经济大萧条的原因。1931 年，杜威被美国商务部任命为首席经济分析师。杜威对周期所作的定义是：循环周期理论描述事物重复出现的周期，大部分事物均会倾向于长短差不多一致的周期一再露面。

另一位周期理论的代表杰克·博恩斯坦 (Jake Bernstein)，出版了一本著作《时间之窗》。他对周期理论的运用做了精辟的解释：周期分析只可以用于观察行情的发展，而不是进行预测顶底的工具。假设分析者强行利用循环周期理论进行预测工作，对于由自然力量形成的市场走势波动，则分析必然偏于主观。分析者将无法突破自己，投资失败是必然的结果。

由上述周期理论的观点可以得出结论：证券市场的运行趋势具有一定的周期性，这种周期长短差不多一致，却不是固定不变的。周期分析只可以用于观察行情的发展，而不是可以进行预测顶底的工具。

作者对沪深股指的中期上升浪和调整浪做了深入细致的分析，发现沪深股市的波浪运行确实蕴含了非常奇妙的周期性，并由此拟定了一套新颖、独特的周期分析方法，很好地揭示了沪深股市特有的周期规律。

大家知道，任何事物的发展规律都是从无到有，由简单到复杂的。中国证券市场的周期规律也是如此。

所有置身市场的投资者，面对浩如烟海的各种投资信息和数据资料，都会有力不从心、无所适从的感觉。怎样才能抓住市场的主要脉络，从这种窘境中解脱出来呢？

我们打开上证指数的完整走势图，找出每一段具有分析意义的中期行情的高点和低点。仔细分析后，可以发现有一个重要的时间数据——2年，若隐若现地漂浮在走势图中。

2001年之前，上证指数每一段中期行情的时间跨度大约为2年。2001年之后，由于股市扩容，市场规模增大，上证指数中期行情的时间跨度大约为4年，相当于由2个市场最初中期行情的时间跨度组合而成。并且所有中期行情时间跨度，对于标准的时间周期，偏移的时间窗口为前后半年。

“2年”，发现这个如此神奇而具有特殊意义的时间数据，终于使我们在寻找中国证券市场行情周期的迷途中，渐渐地掀开了它娇羞而神秘的面纱。

伴随着中国证券市场诞生和最初的发展，上证指数的中期行情在自然演绎过程中，逐渐形成了每一段上升或者调整单元差不多持续2年的周期规律。这些自然形成的周期，我们称为市场的原生周期，其时间窗口为标准周期的前后半年。

中国证券市场在改革开放的进程中不断发展，上证指数的中期行情也经历了几度潮涨潮落的牛熊转换。从走势图看，市场中期行情依次形成的周期，如同一串首尾相连的链条。可以将这些有序排列的周期，称为市场的周期链。

中国证券市场蓬勃发展之后，上证指数的中期行情也朝着更为复杂多变的趋势演化。2001年之后，逐渐形成了差不多持续4年的周期单元。这些周期单元，由2个原生周期的时间跨度组合而成，称为市场的复合周期，其时间窗口为标准周期的前后半年。

从走势图看，在复合周期持续的时间范围内，还出现了一种酷似原生周期的游离状态周期。因为它将复合周期的波浪形态分割成相对独立的几个部分，所以称为复合周期中的分割周期。复合周期中，那些被分割后的零散片段，称为周期碎片。

深证成指中期行情的周期规律与上证指数类似。伴随着市场诞生和最初的发展，深证成指的中期行情在自然演绎过程中，逐渐形成了每一段上升或者调整单元差不多持续2年的原生周期，其时间窗口为标准周期的前后半年。

市场蓬勃发展之后，深证成指更为复杂多变的中期行情，逐渐形成了差不多持续4年，由2个原生周期的时间跨度组合而成的复合周期单元，其时间窗口为标准周期的前后半年。复合周期中的分割周期和周期碎片，也与上证指数类似。

图4-10为上证指数的中期行情周期链。

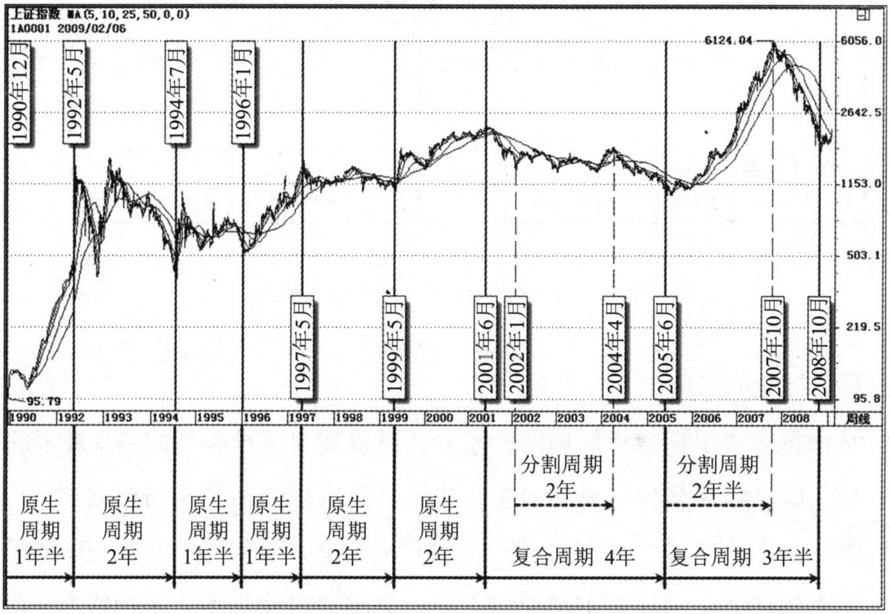

图4-10 上证指数中期行情周期链

图4-11为深证成指的中期行情周期链。

目前判别市场循环周期的通行方法，是以一组相邻波谷之间的时间跨度即完整的波浪循环来确定的。这种方法略显粗糙，对投资者实盘操作的指导意义不大。作者根据沪深股市中期行情的具体特征，以实盘操作为着重点，将A股市场的周期类型归纳为三种：上升周期、调整周期、折返周期，其中折返周期（小循环）是由中期上升浪与中期调整浪合并而成。在沪深股市的周期链中，1994年8月开始的原生周期，与2005年6月开始的复合周期，

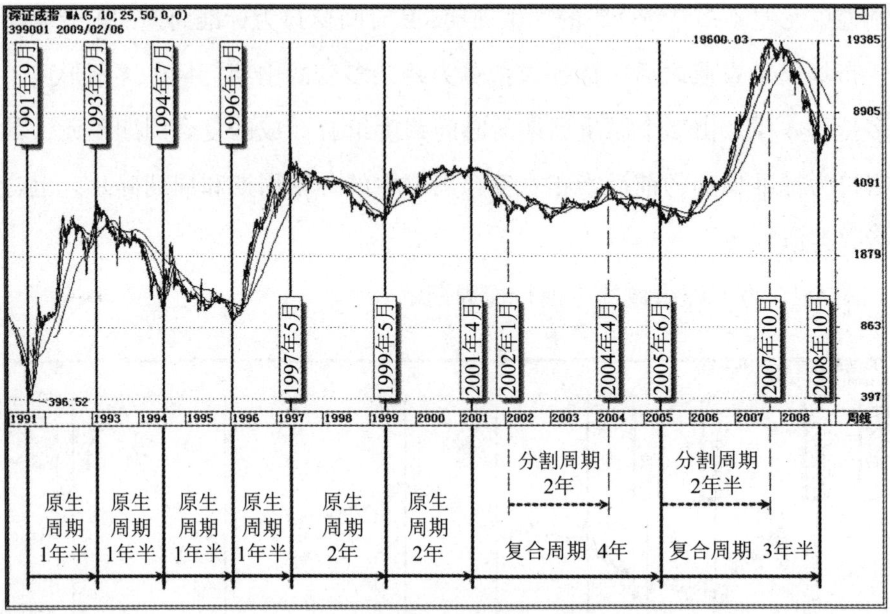

图 4–11　深证成指中期行情周期链

即是折返周期的实例。

从沪深股市中期行情的周期链划分，可以知道三种类型的周期相互衔接的特点，即市场在高位结束的周期，之后将要出现的类型是调整周期。市场在低位结束的周期，之后将要出现的类型可以是上升周期，也可以是折返周期。

本书阐述的中国证券市场独特而令人信服的周期规律，完全符合证券市场蕴含的混沌系统中的所有特征，为身处市场的投资者开启了一扇明亮的智慧之窗。这种独具特色的周期分析方法，拓展和丰富了市场通行的周期分析理论。大家掌握了它，今后参与市场投资，一定能够受益终生。

沪深股市形态周期分析法

前面已经了解了沪深股市的中期行情周期。形态周期分析法，是在沪深股市周期分析的基础上，结合中期行情的波浪分析，提高把握市场准确性和可靠性的分析方法。由于形态周期分析法是深入市场中期行情所做的技术分析，能够使投资者尽可能地避免遭遇跌势凶猛的调整浪的袭击，极大地提高入市资金的安全性。

这套形态周期分析法，将沪深股指的完整波浪形态，以模块化的方式划分为一系列蕴含市场规律的中期行情周期单元。投资者在分析的过程中，可以淡化不同周期之间波浪的相互关系，因为跨越周期的波浪级别非常复杂，即使经验丰富的专家，也需要不断地做出调整和修正。在每一个周期单元中，投资者可以考察中期波浪运行的市场特征，实时监控和预测周期单元的行情走势。

下面以上证指数1994年8月至1996年1月的中期行情周期单元为例，运用形态周期分析法做一些示范分析。

1994年7月，上证指数经过两年的充分调整，跌幅已经相当深。根据上证指数的历史走势，可以判断下一个周期单元的时间窗口已经临近（这里只是假设，因为那时这套形态周期分析法还未问世）。

图4-12为上证指数1994年8月开始的周期单元。

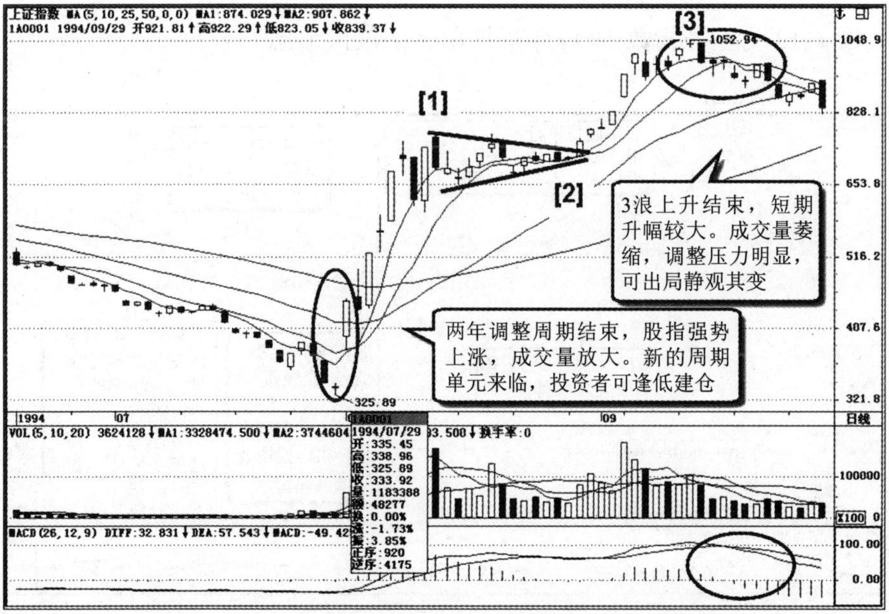
[1]
[2]
[3]
1052.94
325.89
3浪上升结束，短期升幅较大。成交量萎缩，调整压力明显，可出局静观其变
两年调整周期结束，股指强势上涨，成交量放大。新的周期单元来临，投资者可逢低建仓

图4-12 上证指数1994年8月开始的周期单元

8 月 1 日星期一，早早来到证券营业部等待开市的上海投资者，突然被眼前大幅高开的市场行情震惊了。他们好像不相信自己的眼睛，因为长期的低迷行情已经把投资者压抑得太久了。

营业部火爆了，股民们说，是“解放军”来啦！还有人说，是新股发不出去，政府开始救市了。一连几天，伴随着成交量的持续放大，上证指数大幅上扬。悬念揭晓了，新的周期单元如期而至，投资者逢低建仓的时机已到，此时不出手更待何时？

这轮突如其来的行情涨势凶猛，势如破竹，上证指数在 1 个多月的时间里，涨幅就达到了 2 倍。然而，股指以 3 浪运行的方式奋力上了两级台阶后，受到解套盘和获利盘的双重压力，出现量能不济，开始往下滑落了。当时，经典波浪理论已被介绍到国内，如果投资者笃信它的权威和神奇，期望 3 浪过后还会出现更高的第 5 浪，一定会损失惨重，懊悔不已。

如同 8 月毫无征兆地猛烈上升一样，1994 年 9 月，上证指数又突然毫无征兆地倾泻而下。这市场真是邪了门！

图 4-13 为上证指数 1994 年周期单元的波浪形态。

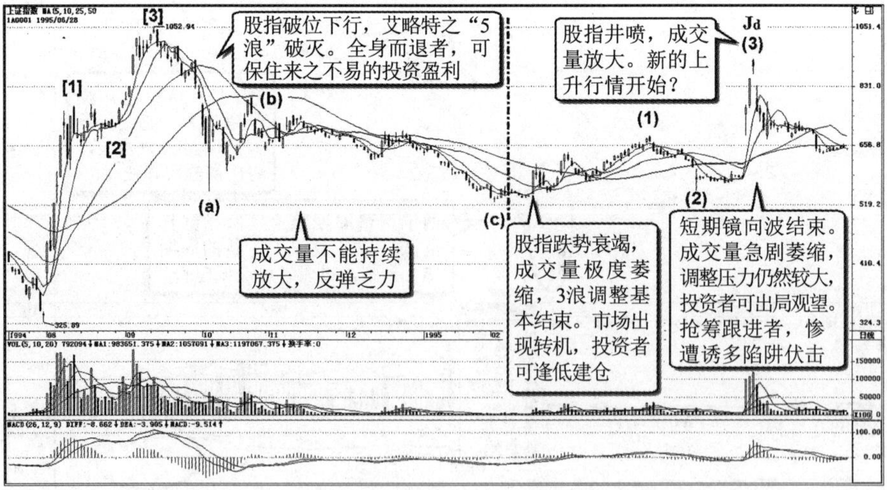
[3]
1052.94
股指破位下行，艾略特之“5浪”破灭。全身而退者，可保住来之不易的投资盈利
股指井喷，成交量放大。新的上升行情开始？
Jd
(3)
[1]
(b)
(1)
[2]
(a)
(c)
(2)
325.89
成交量不能持续放大，反弹乏力
股指跌势衰竭，成交量极度萎缩，3浪调整基本结束。市场出现转机，投资者可逢低建仓
短期镜向波结束。成交量急剧萎缩，调整压力仍然较大，投资者可出局观望。抢筹跟进者，惨遭诱多陷阱伏击
1051.4
831.0
658.8
519.2
410.4
324.3
1995

图 4-13　上证指数 1994 年周期单元的波浪形态

认真研习相对波浪理论的读者们自然明白，经过大幅上涨并且3浪上升明显结束的时候，就应该获利了结了。喜欢短线操作的朋友，还可灵活运用“逢3必出”（逢3浪必出击）的搏杀技法，尽显股市“水上漂”之倜傥风流。

市场是多变的，如果没有足够的应变手段，投资者终将被淘汰出局。相对波浪理论为读者朋友们开启了认识市场的“反隐形”雷达，熟练掌握相对波浪理论，投资者就能够在市场中做到收放自如，游刃有余。

在持续缩量的情况下，上证指数继续无精打采地往下跌落。1995年春节过后，上证指数在走势图上呈现成交量极度萎缩，3浪调整基本结束的波浪形态。随后，股指出现了温和放量、蠢蠢欲动的市场特征。“逢3必出”，“水上漂”们的机会来了。1995年5月18日，上证指数毫无征兆地再次上演了放量井喷的市场行情。敢于冲浪的“水上漂”们，着实令人羡慕地风光了一把。从时间推算，该周期单元的行程只过了一半，新的上升3浪正在如愿展开吗？

然而市场多变，又一次令投资者措手不及。放量井喷的行情只持续了3天，上证指数便毫无征兆地坠落下来。随着成交量的急剧萎缩，预期的上升3浪走势演变成反弹3浪走势，股指再创新高的希望化为了泡影。

“水上漂”们凭借“逢3必出”的搏杀技法，纷纷全身而退了。而那些眼见市场井喷，匆忙进场抢筹的股民们，却被无情地“涮”了一把。看来，上证指数的短期镜向波结束后，调整压力仍然较大。该周期单元后期的波浪形态如何运行，最终还要由市场为我们揭晓。

1995年5月，上证指数在反弹3浪结束后，又经过了超过半年之久的调整浪的煎熬。直到1996年1月，股指才止跌企稳，略有起色。这一年春节过后，开市的第一天，上证指数在成交量放大的推动下，令人振奋地拔地而起。投资者们脸上洋溢着春节的喜庆气氛，憧憬着新年股市的美好前景。新年开市大吉，之后会有期待已久的上涨行情来到吗？

下面从上证指数的走势图分析。1994年8月开始的周期单元，到1996年1月已经运行了1年半，在2年原生周期半年时间窗口的附近。股指3浪调整基本结束的波浪形态清晰可辨，市场已经具备进入下一个周期单元的条件，投资者逢低建仓的时机来临了。

倘若读者朋友们能够娴熟地运用形态周期分析法，来追踪、把握沪深股市的宏观走势，就可做到很大程度地回避市场风险，获取更多的收益了。更高的境界则是，在中国股市周期单元前后半年的时间窗口内，投资者怎样才能更加准确地判断当前中期行情结束并且下一个中期行情开始的最佳时机呢？这样至高无尚的境界，绝不是三年五载就能够轻易达到的。只有长期追踪市场走势，细心揣摩其运行规律，并且适当参考历史更为悠久的国外证券市场的走势规律，不断总结提高分析技巧，市场跳动的脉搏就会愈加清晰地展现在投资者眼前。

图4-14为上证指数1994年周期单元的形态分析。

上证指数1994年周期单元的波浪形态有些特殊，其上升3浪持续时间

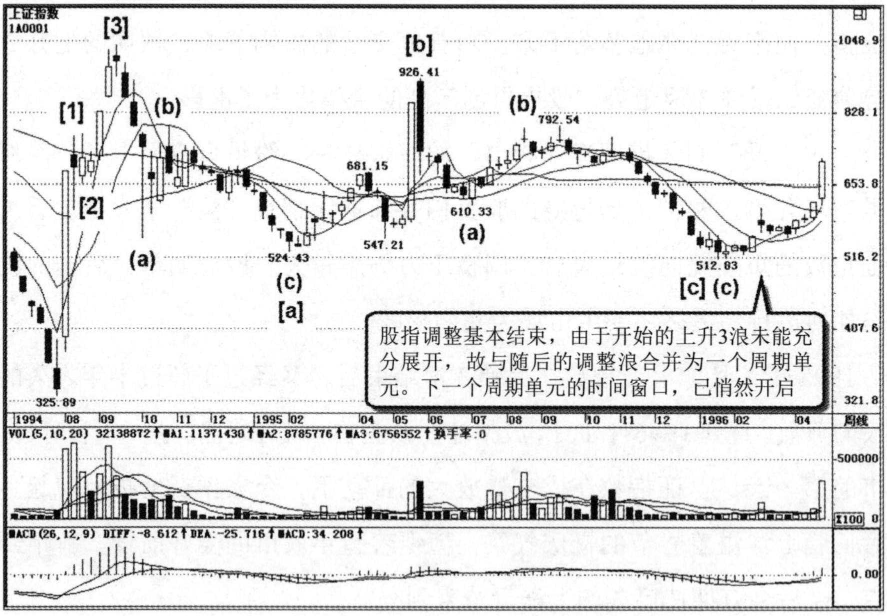

图4–14 上证指数1994年周期单元形态分析

很短，未能充分展开，要与随后的调整浪合并为一个周期单元。这种波浪形态的出现，深刻表现出市场的多样性和复杂性，丰富了周期单元的类型和投资者分析判断的依据。

沪深股市的形态周期分析法，不仅适用于市场指数的分析和预测，也同样适用于众多个股的分析和预测。由于个股的完整波浪形态非常复杂，受上市公司财务指标以及主力机构操盘的影响，个股波浪级别的复杂程度，相比市场指数来说，有过之而无不及。

对于这一套形态周期分析法，投资者逐渐掌握了市场指数的分析运用技巧后，对个股的分析和预测才会显得更加得心应手。倘若投资者把握了每一个周期单元的盈利机会，就会逐渐成为在市场中冲浪的顶级好手。

相对波浪理论分析的系统化与结构化

本书阐述的相对波浪理论，继承并且完善了艾略特经典波浪理论的系统化与结构化特点，将波浪形态的级别以及中期趋势的周期性等融合成系统化与结构化的分析方法，为投资者全面认识与把握证券市场的运行规律提供很好的帮助。希望投资者在市场交易中能够轻松愉快地应对遇到的更多挑战。

相对波浪理论的核心——形态、周期和孙子兵法

在走势图中，波浪的形态和周期是通过具体的外在方式表现出来的。孙子兵法的精髓，则是以内在的方式，潜移默化地影响和撼动着市场。

市场是有生命的。市场运行的波浪形态，如同外表的皮肤和肌肉伸展或收缩。市场的周期规律，则像人体的骨骼和关节一样，为波浪形态的运行提供了坚实可靠的保障。主力机构还将《孙子兵法》的精髓融入A股市场，使之凝聚成克敌制胜的灵魂。如此强大无比的市场，足以令任何对手都甘拜下风，心生敬畏了。相对波浪理论深入解析了中国A股市场的奥秘，并且将A股市场形态、周期和孙子兵法的精髓，提炼成为理论体系的核心。

市场如此强大，普通投资者岂不成了待宰的羔羊吗？市面上，有一些投资书籍声称，可以教会普通投资者战胜市场，战胜庄家。这些书籍的作者，将普通投资者与市场、庄家作为直接博弈的对手，其观点原本就是不妥的。

作者的观点是，普通投资者应该转换身份，将自己与市场、庄家从直接博弈的对手，转换为休戚与共的队友。通过学习相对波浪理论，经过一定阶段的磨合之后，投资者才能够在交易的过程中，从市场的波动中感受到彼此的默契，达到顺风顺水、出神入化的境界。投资者应当战胜的是人性的弱点与无知。

关于沪深股市的波浪形态和周期，本书已经作了较为详细的阐述。对于孙子兵法在市场中的详细运用，将在后续的实盘部分，结合形态周期分析法，对沪深股市的完整走势作更加全面的解析和论证。希望关注相对波浪理论的读者朋友，能够从中得到更多的收获。

点评

本章详细论述了作者原创的镜向波系统应用方法，以及沪深股市中期行情的周期规律。

迄今为止，市场中任何类型的技术分析方法，都存在一些自身难以克服的“短板”。相对波浪理论基本上是一种以市场运行趋势为主导的技术分析方法。在主要以低买高卖获取收益的牛市行情中，相对波浪理论结合一些常用的技术指标辅助分析，可帮助投资者插上翱翔蓝天的翅膀。在熊市行情中，相对波浪理论能够为投资者带来的收益是比较有限的。如果想在熊市中获取更多的收益，投资者也可以结合一些适合自己的短线技术指标指导操作，增加投资的乐趣。

本书为读者开发的形态周期分析法，可以将沪深股市中期行情的周期单元排列成一串环环相扣的周期链。在这种情况下，投资者对市场的整体把握，就好像玩积木游戏或拼图游戏一样，轻松而惬意。

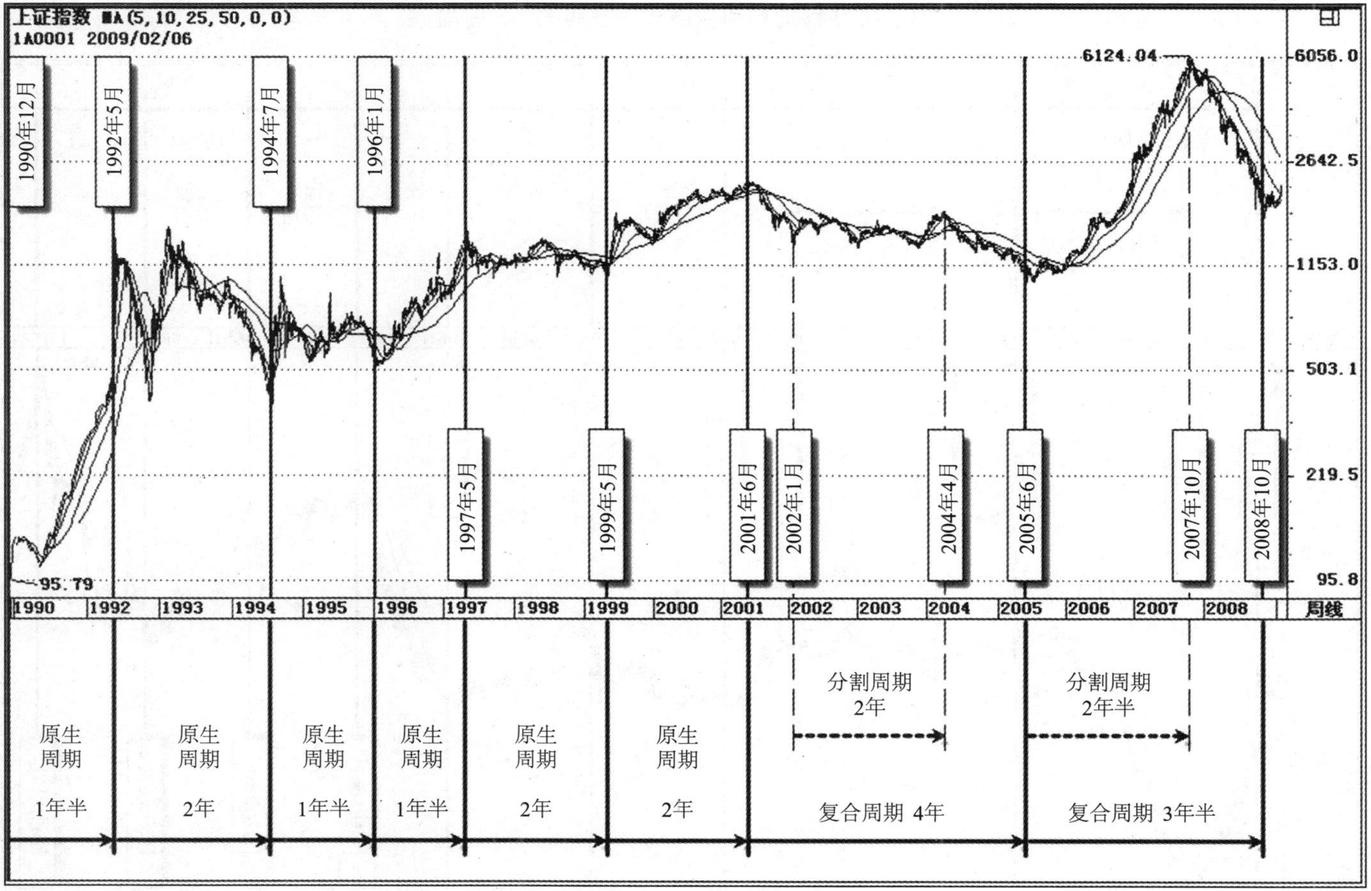

附图 1　上证指数中期行情周期链（大图）

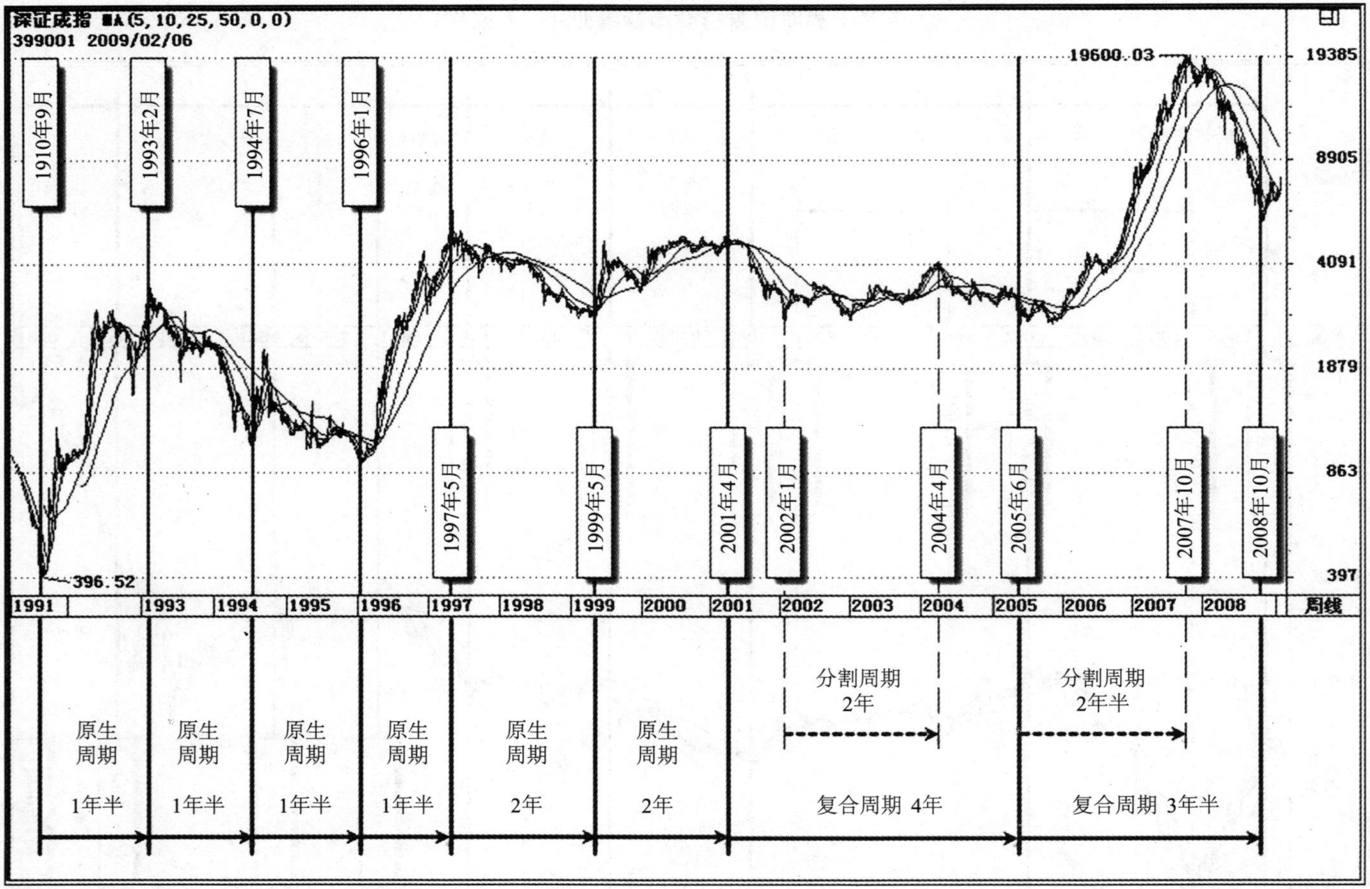

附图 2　深证成指中期行情周期链（大图）

第五章　1990 年 12 月至 1992 年 5 月：周期上升浪

《孙子兵法·作战》——故兵贵胜，不贵久。

发动战争的重要目的在于取得决定性的胜利，不宜将战事拖延过久。

20 世纪 90 年代初期，中国证券市场刚刚翻开具有历史意义的新篇章。沪深证券交易所成立之时，挂牌交易的股票很少，市场规模不大。沪深两地群众投资理财意识的增强，使得市场行情逐渐升温。

如何正确认识从西方国家借鉴而来的新事物，如何发挥证券市场应有的资源配置和融资功能，如何有效地监管市场等，这些新的难题考验着中国政府改革开放的决心与魄力。

面对如此诱人的市场，谁能不为之心动！国内各种有实力的投资机构，纷纷粉墨登场，它们绝不会甘心由普通投资者群体来掌握和支配蕴藏着巨大利益的市场主动权。一些特殊的机构也或明或暗地潜入市场，这些机构财力雄厚，并且聚集了顶尖的专业人才，它们代表政府的立场影响着市场的运行方向。股市中的硝烟开始弥漫起来，投资机构以散户为对手，如同草原上凶猛的猎食者，贪婪地追逐着充满血腥的利益。

《孙子兵法·作战》——其用战也，胜久则钝兵挫锐，攻城则力屈，久暴师则国用不足……故兵闻拙速，未睹巧之久也。夫兵久而国利者，未之有也。

股市就如一个斗智斗勇的战场。在中国证券市场诞生初期，众多机构从各种渠道筹措庞大的资金入市，如果在市场中驻留太久，就会遇到许多难以预料的麻烦，甚至在推动行情的时候力不从心。股市正在运行的行情，需要吸纳国内各方面大量的流动资金，时间久了，将对整个国家的基本建设造成影响。因此，股市中的战役常常是以资产重组股和热门题材股迅速发动，不可能等到大多数个股业绩显著增长后，才按部就班地推高行情。

众多机构资金长期滞留股市，难免会催生更多的股市泡沫，给国家的金融稳定带来风险，这种情况政府监管机构是一定会干预的。

从沪深股指的整体走势来看，上证指数镜向波周期的特性，比深证成指更加突出、明显。因此，本书讨论的市场中期趋势运行规律，都以上证指数为主线，深市股指也将作详细的对比分析和讨论。

沪深股指形态周期分析

大家现在看到的沪深股指走势图，是沪深证券交易所成立之后股指走势的K线记录。实际上，在沪深交易所成立之前的股票，已经通过柜台交易或者极不规范的场外交易存在多年了。

1990年3月以后，深圳的股票价格节节攀升，形成牛市，而上海股价在深圳股价的影响下亦步步走高。深圳的证券公司门前人山人海，场外交易已达到社会难以承受的地步。深圳市政府几度干预市场，直到1990年12月，上涨的股价才开始出现回落。

让人始料不及的是，1990年12月，肃杀的冬天与深圳股市的狂跌一起降临。股价不带喘息地连续下挫，深圳股市终于酿成了一场“股灾”。股票成交金额大幅萎缩，场外交易消失得无影无踪，就连证券公司的柜台前也异常冷清。

图 5-1 为深证成指 1991 年的调整浪。

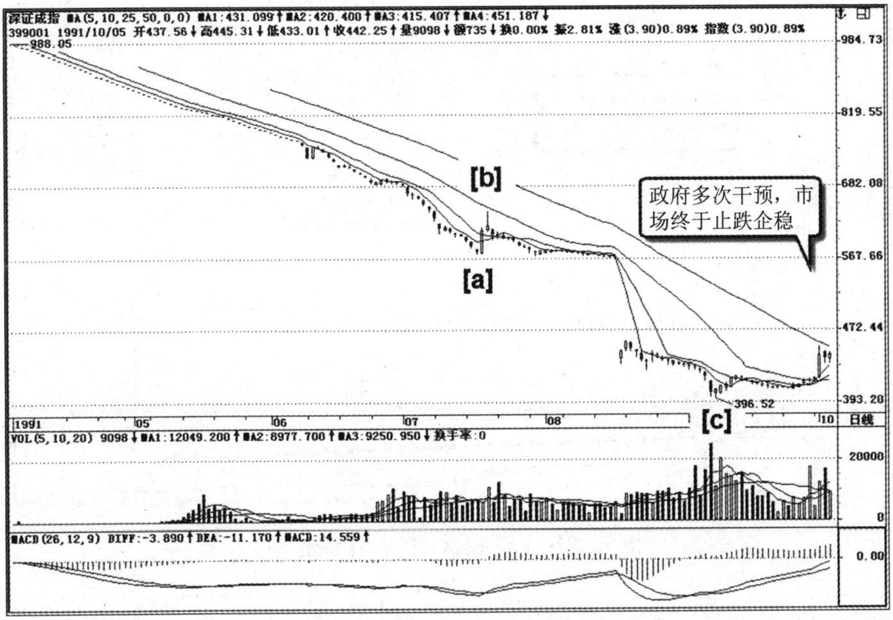

图 5–1　深证成指 1991 年调整浪

深圳股市的下跌，也殃及了上海股市。

1990 年 12 月，上海证券交易所开业之初，管理层将股价涨跌幅限制设置为 ± 5%。上海股民投资热情高涨，使市场行情呈现出小步快跑的火爆之势。然而，当时深圳股市狂跌的肃杀气氛正向上海股市袭来。为降低市场风险，管理层将股价涨跌幅限制调整为 1%。不到 1 个月，沪市的上升行情就在深市“股灾”的影响下联袂走低。深圳市政府多次干预市场，最终在上海证券管理层的共同努力下，两地股市才重新企稳回升。

图 5-2 为上证指数 1991 年的调整浪。

从走势图分析，上证指数 1991 年的调整浪为包含延伸浪的 3 浪调整形态。

行情从 135.19 点开始，至 104.96 点结束，持续时间约 4 个月，跌幅约 20%。

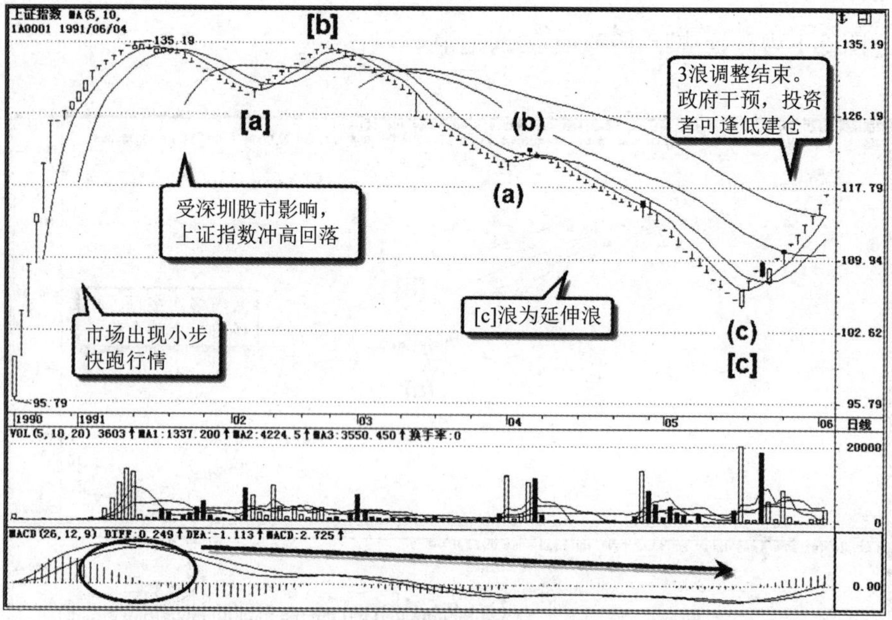

图 5-2　上证指数 1991 年调整浪

1991 年 5 月，上海股市在证券监管层的努力下，止跌回升并且不断走高，形成了蔚为壮观的牛市行情。

图 5-3 为上证指数 1991 年的上升浪。

从走势图分析，上证指数 1991 年的波浪结构为 3 浪上升形态。图中，第 [1] 浪的子浪第 (3) 浪与第 (1) 浪，都是蜈蚣风筝式上升浪，并且成为形态相似的分形浪。

1991 年 10 月，上海股市 3 浪上升之后的短期调整结束，股指再度以蜈蚣风筝式上升浪大幅走高。

1992 年 1 月下旬，中国领导人邓小平视察深圳，在了解了深圳股市情况后发表讲话："有人说股票是资本主义的，我们在上海、深圳先试验了一下，结果证明是成功的。看来资本主义有些东西，社会主义制度也可以拿过来用，

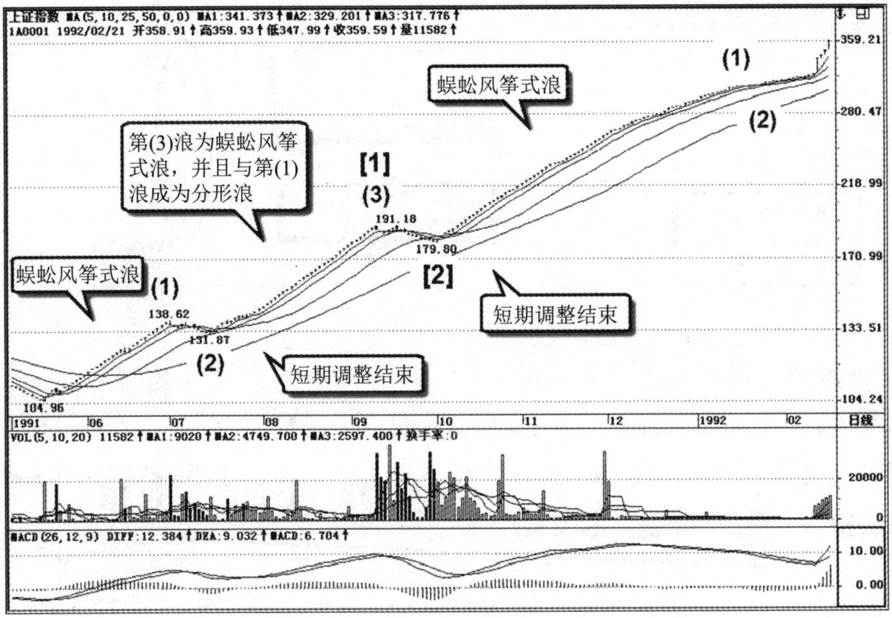

图 5-3　上证指数 1991 年上升浪

即使错了也不要紧嘛，错了关闭就是，以后再开，哪有百分之百正确的事情。”

上海证交所从 1992 年 2 月 5 日起逐步放开股价，股市交易价格开始尝试由市场引导。5 月 21 日，上海股市交易价格限制全部取消。在全面放开股价的利好刺激下，当日上证指数首度跨越 1000 点，直接跳空高开在 1260.32 点，较前一收盘日高开幅度超过 100%。全天振幅剧烈，最低 604.01 点，最高 1334.98 点，收盘为 1266.49 点，成交量有明显放大。

这一天，上海的证券公司门前人如潮涌，四周交通为之堵塞。突发的重大利好政策，在市场中恰如引爆了一枚“核弹”，亦如刮起了一场罕见的“龙卷风”。稍晚上市的 5 只新股，接替“老八股”成为市场的宠儿，当日涨幅均接近或超过 100%，其中轻工机械涨幅达 470%。5 月 21 日，同一天的深圳股市却是相当平静，全天以微幅上涨报收。

图 5-4 为上证指数 1992 年的上升浪。

或许这场罕见的“龙卷风”消耗了市场太多的能量，上证指数在随后 3

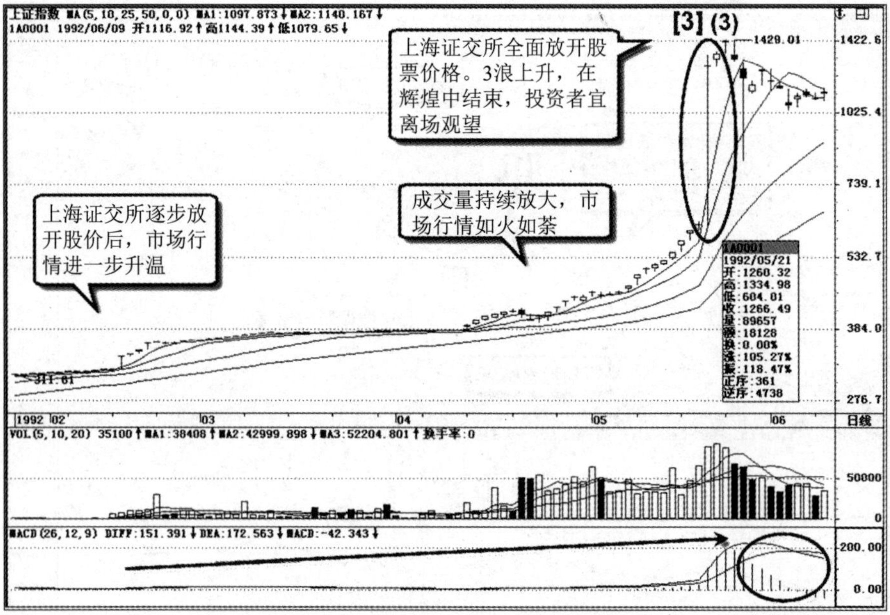
[3] (3)
上海证交所全面放开股票价格。3浪上升，在辉煌中结束，投资者宜离场观望
成交量持续放大，市场行情如火如荼
上海证交所逐步放开股价后，市场行情进一步升温

图 5-4　上证指数 1992 年上升浪

个交易日连续创出新高后，便悄然结束了首个周期单元的上升趋势。

图 5-5 为上证指数的周期上升浪。

上证指数周期上升浪的运行时间为 1990 年 12 月至 1992 年 5 月，周期约 1 年半，接近市场的 2 年原生周期。

上证指数整个上升周期单元为 3 浪上升形态，其中第 [3] 浪为延伸浪，第 [3] 浪的子浪第 (3) 浪，为长颈鹿式上升浪。行情从 95.79 点启动，至 1428.79 点结束，升幅约 1400%。

1991 年 9 月，深圳股市在政府多次干预，以及上海股市企稳回升的影响下，逐渐走出熊市的阴影，放量回升，形成了新的中期上升趋势。

下面来详细解析深证成指的分形浪。分形浪不是走势图中偶然存在的现象，而是随着市场最初的交易就开始在走势图中出现的普遍现象。从上证指数 1991 年的走势图中，可以看到一部分形态较为简单的分形浪结构。分形浪对于分析和把握市场运行规律起着举足轻重的作用。

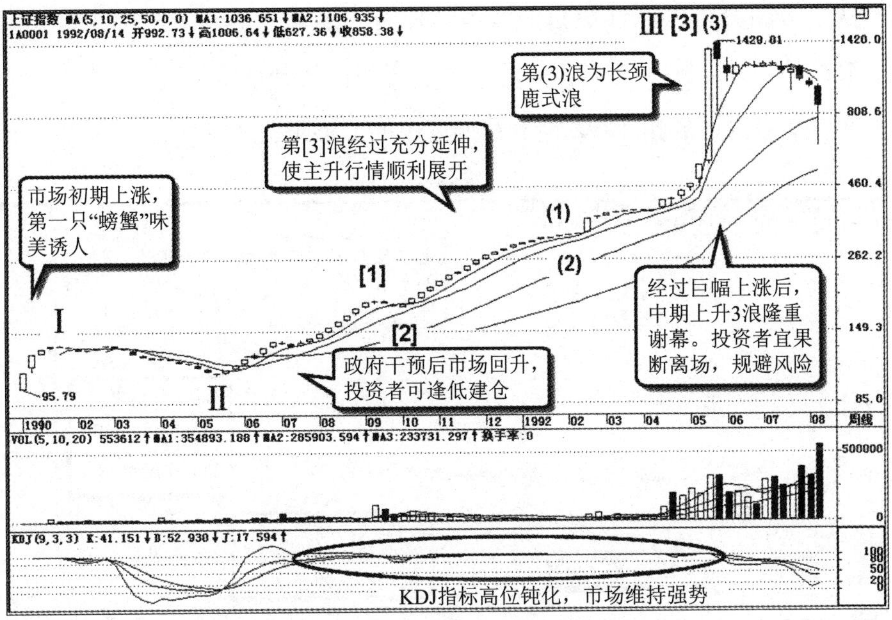
市场初期上涨，第一只“螃蟹”味美诱人
第[3]浪经过充分延伸，使主升行情顺利展开
第(3)浪为长颈鹿式浪
经过巨幅上涨后，中期上升3浪隆重谢幕。投资者宜果断离场，规避风险
政府干预后市场回升，投资者可逢低建仓
KDJ指标高位钝化，市场维持强势

图 5-5　上证指数周期上升浪

图 5-6 为深证成指 1991 年上升行情中的分形浪。

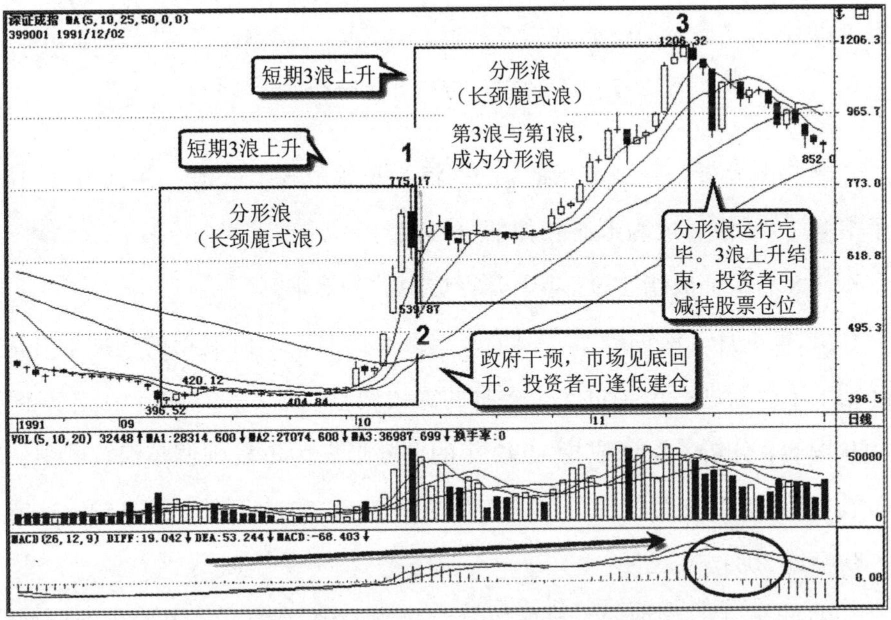
短期3浪上升
短期3浪上升
分形浪（长颈鹿式浪）
分形浪（长颈鹿式浪）
第3浪与第1浪，成为分形浪
分形浪运行完毕。3浪上升结束，投资者可减持股票仓位
政府干预，市场见底回升。投资者可逢低建仓

图 5-6　深证成指 1991 年上升行情分形浪

从走势图分析，深证成指的波浪结构为 3 浪上升形态。图中，第 3 浪与第 1 浪都是长颈鹿式上升浪，并且成为形态相似的分形浪。

图 5-7 为深证成指 1992 年上升行情中的分形浪。

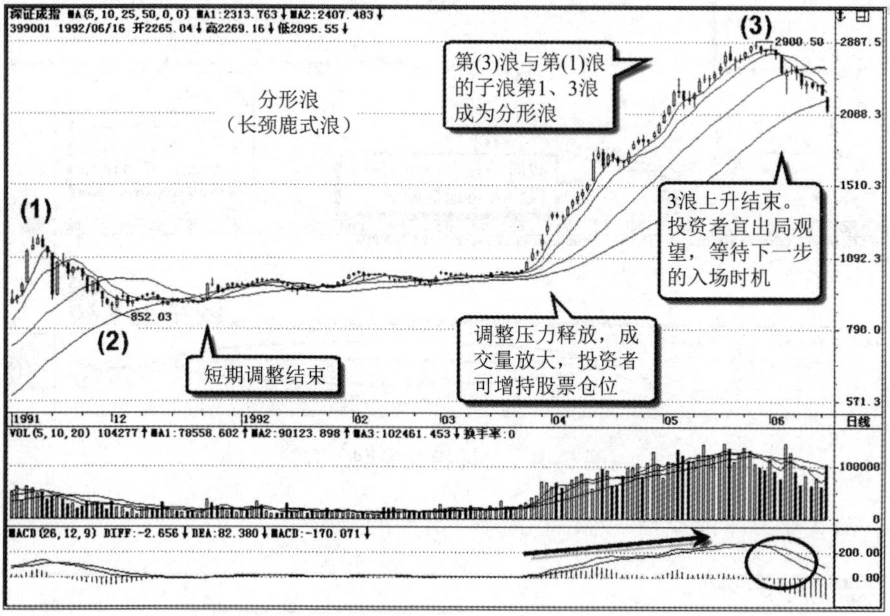
(3)
2900.50
第(3)浪与第(1)浪的子浪第1、3浪成为分形浪
分形浪
（长颈鹿式浪）
(1)
(2)
852.03
短期调整结束
调整压力释放，成交量放大，投资者可增持股票仓位
3浪上升结束。投资者宜出局观望，等待下一步的入场时机
2887.5
2088.3
1510.3
1092.3
790.0
571.3
日线
100000
200.00
0.00

图 5–7　深证成指 1992 年上升行情分形浪

从走势图分析，深证成指的第 (3) 浪为长颈鹿式上升浪，并且与第 (1) 浪的子浪第 1、3 浪，成为形态相似的分形浪。

图 5-8 为深证成指 1993 年上升行情中的分形浪。

1992 年 5 月，深圳股市 3 浪上升结束。此时，上海股市的周期上升浪也已经结束了。深圳股市经过 5 个多月的深幅调整，于 1992 年 11 月止跌企稳。

从图 5-8 分析，深证成指 1992 年的调整形态为不规则调整浪。图中，(c) 浪与 (a) 浪成为形态相似的分形浪。行情从 2900.50 点开始，至 1529.21 点结束，跌幅约 50%。

1992 年 11 月，深圳股市再度放量上升，股指持续走高，并突破前期高位。

1993 年 2 月，深圳股市成交量逐渐萎缩，上升乏力，悄然结束了首个周期单元的上升趋势。

平行分形浪

平行分形浪是指表现为一组波浪形态相似，并且通常在相邻的不同短期趋势中（上升趋势或者调整趋势）出现的一种分形浪。因为不同的运行趋势，它们的终止目标位是不同的，所以平行分形浪之间的关系不是“步调一致”地前进，只是一场漂亮的“模仿秀”而已。

图 5-8 中，上升趋势的第 [3] 浪，与调整趋势第 [2] 浪的子浪 (b) 浪，成为形态相似的平行分形浪。这两段分形浪，自身都应当是相同的 3 浪结构。而经典波浪理论的追随者，则会“循规蹈矩”地把它们定义为反弹的 3 浪结构和上升的 5 浪结构，岂不滑稽可笑。

从图 5-8 可以深刻地认识到，市场中那些激动人心的上升浪，并不是被

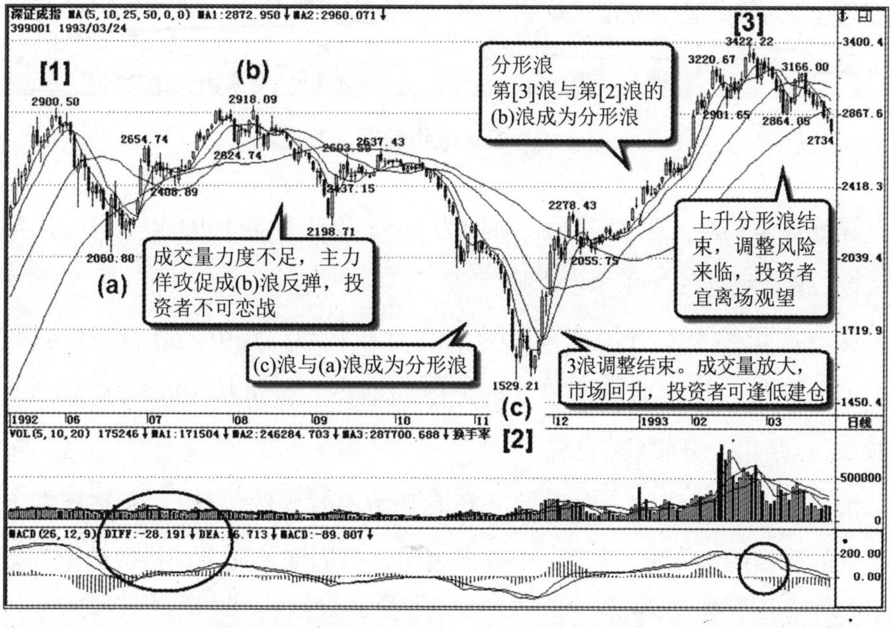

图 5-8　深证成指 1993 年上升行情分形浪

赋予了神奇的“5 浪”结构才脱颖而出的。与上升趋势相伴的成交量，才是决定行情如何发展，并且是否形成上升浪的主要动力。

图 5-9 为深证成指的周期上升浪。

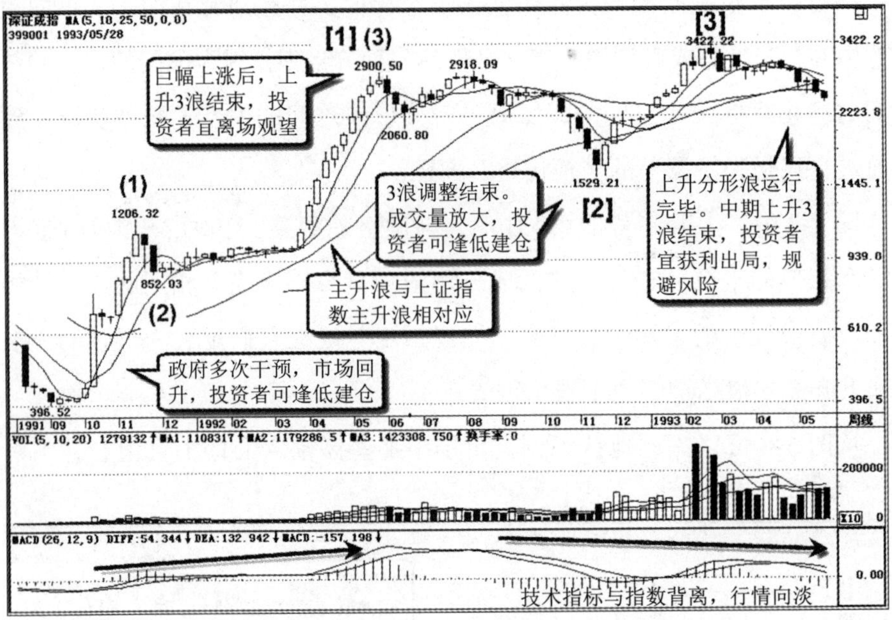

图 5-9　深证成指周期上升浪

深证成指周期上升浪的运行时间为 1991 年 9 月至 1993 年 2 月，周期约 1 年半，接近市场的 2 年原生周期。

深证成指整个上升周期单元为 3 浪上升形态，其中，第 [1] 浪与第 [3] 浪中的分形浪，形态差异明显。整个中期趋势，行情从 396.52 点启动，至 3422.22 点结束，升幅约 750%。

沪深股指的强弱比，在周期上升浪开始的时候约为 4.1，而在周期上升浪结束的时候约为 2.4，从另一个侧面表明，该周期单元上证指数的上升幅度大于深证成指。

图 5-9 中的深证成指走势，粗看起来非常接近于艾略特经典波浪理论的

5 浪上升模式。然而，从前面几幅子浪结构的走势图观察，整个上升周期单元都是由 3 浪结构的分形浪组成。

上证指数从行情启动的 95.79 点，至 1992 年 5 月 20 日的 616.99 点，升幅约 550%。深证成指从行情启动的 396.52 点，至 1992 年 5 月 20 日的 2661.33 点，升幅约 550%，与上证指数的升幅相当。然而，上证指数 5 月 21 日的“龙卷风”行情，将两个市场的这种平衡关系打破了，沪深股指的强弱对比也有了明显的改变。从此，两个市场指数在相当长的一段时期内，按照各自中期趋势的规律运行着。

上海股市 1992 年 5 月 21 日的“龙卷风”行情，充分表明中国证券市场的主力庄家开始显露峥嵘，其操作手法之凶悍，气势之凌厉，不是一般的投资机构能望其项背的。其操作特点，充分体现了孙子兵法“兵贵胜，不贵久”的思想精髓。

《孙子兵法 · 虚实》——夫兵形象水，水之行避高而趋下，兵之形避实而击虚；水因地而制流，兵因敌而制胜。

主力机构运作市场指数或个股，就如同水流动时的规律一样。水在流动的时候，是绕开高处而往低处流淌。主力机构运作行情，是避开上方抛压较重的个股，出击上方阻力较轻的个股。水根据地形来确定流动的途径，主力机构则根据个股筹码的分布情况来制定运作行情的方案。

5 • 21 行情的主力庄家，避开抛压较重的“老八股”，选择稍晚上市的 5 只没有充分炒作的新股发动行情，成功掌握了决定股市命运的“话语权”，在获得又一笔丰厚利润的时候，继续掩护自己在“老八股”中的出货行动。其操作手法，正是应用了孙子兵法避实击虚、因敌制胜的思想原则。

其实，在 5 • 21 主力庄家现身之前，从 1990 年 3 月的股市暴涨，到 1990 年 12 月的股市暴跌，两个市场的政府部门为稳定股市曾多次干预过市场。1991 年 7 月 15 日，延中实业突然一改往日的疲软之态起跳反弹，带领沪市走出深市“股灾”的阴影。有人猜测，那是上海管理层的“救市”手法。

1991年9月7日，深圳市政府筹集了2亿元资金秘密入市，买进深发展稳定龙头股，使深发展的股价缓缓回升，带动市场逐步恢复人气，最终化解了深市长达9个多月的漫漫“熊市”。

有市场远见的人士一定明白，随着两地证券市场规模的不断扩大，地方政府对股市的影响力逐渐减弱。所以，5·21主力庄家的莅临，乃是中国证券市场在发展过程中的必然现象。沪深两个市场指数走势的差异，也表明在一定时期内，主力庄家的实力还不能够同时兼顾到两个市场。

个股实盘分析

沪深证交所成立之初，挂牌交易的股票只有沪市“老八股”与深市“老五股”，供求关系严重失衡。后来按照国际惯例，将股票面额拆细并送红配股后，市场又迎来波澜壮阔的牛市行情，老股票的涨幅相当惊人。新中国最早投资股市而成就的第一批百万富翁，就在这个具有历史意义的时代诞生了。

上海股市“老八股”中的真空电子，在这一时期比较具有代表性。

图5-10为真空电子（广电电子）经过复权，在上海股市上升周期单元中的波浪形态。

从走势图分析，真空电子在沪市上升周期单元中的走势，3浪上升结构是很明显的。图中的第[3]浪为长颈鹿式上升浪，该股总的上升幅度约600%。

1991年上半年，深圳股市遭遇“熊市”，行情一片萧条景象。在这样的市场背景下，众多个股纷纷沉寂蛰伏，任何投资理念和技巧，任何神奇有效的技术指标，都变得毫无意义。很多关于股市“秘笈”的图书，罗列了名目繁多的图谱，并且声称炒股的高招是“不看指数看个股”，仿佛记住了那些图谱，就足以称霸江湖了。这些图谱剥离了市场背景，仅仅关注个股走势，因此按照这种图谱进行操作，是相当危险的。实际上，市场背景为个股表演提供了舞台。不重视市场背景，要想在个股中掘金，岂不就像头脑冲动的赌徒在赌场胡乱押注一样。

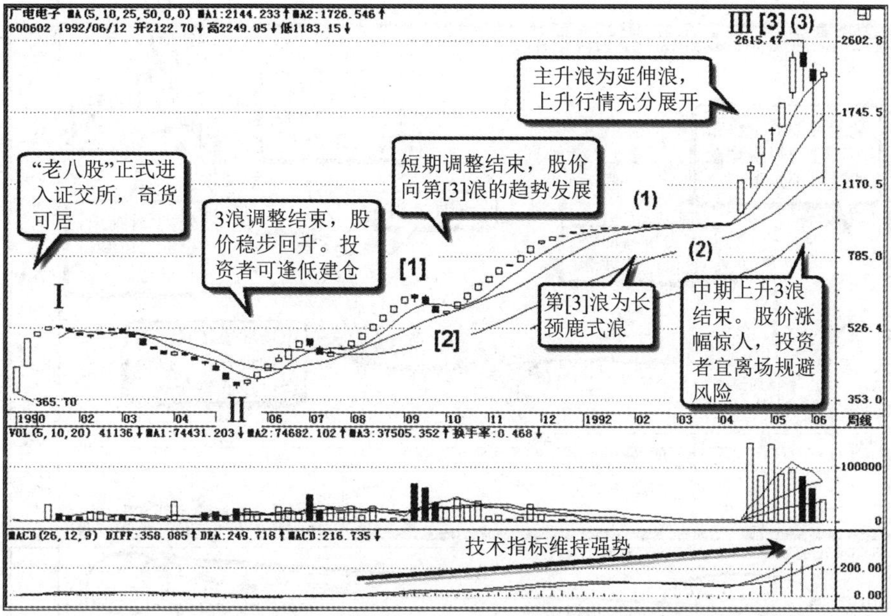
“老八股”正式进入证交所，奇货可居
3浪调整结束，股价稳步回升。投资者可逢低建仓
短期调整结束，股价向第[3]浪的趋势发展
主升浪为延伸浪，上升行情充分展开
第[3]浪为长颈鹿式浪
中期上升3浪结束。股价涨幅惊人，投资者宜离场规避风险
技术指标维持强势

图 5-10 真空电子（广电电子）1990 年中期上升浪

1991 年下半年，深圳股市止跌回升，市场中的个股也开始渐渐苏醒过来。这个时候，投资者惯用的技术指标和分析技巧才有了用武之地。深市“老五股”中深安达的走势，在市场中颇具代表性。

图 5-11 为深安达（国农科技）1991 年的上升浪。

1991 年 7 月，深安达股价在 3.1 元开始躁动。10 月以后，深圳股市开始走强，该股以分形浪的方式展开了 3 浪上升行情。图中，第 3 浪的子浪第 *[1]* 浪与第 *[3]* 浪，都是长颈鹿式上升浪，并且成为形态相似的分形浪。

图 5-12 为深安达（国农科技）经过复权后 1992 年的上升浪。

深安达上冲 16 元后，便随着市场的调整回落了。1991 年 12 月，深安达止跌企稳。1992 年 3 月，深安达随着深圳股市的走强再次放量上升。图中，第 (3) 浪为长颈鹿式上升浪，并且与第 (1) 浪的子浪第 *[1]*、*[3]* 浪成为形态相似的分形浪。

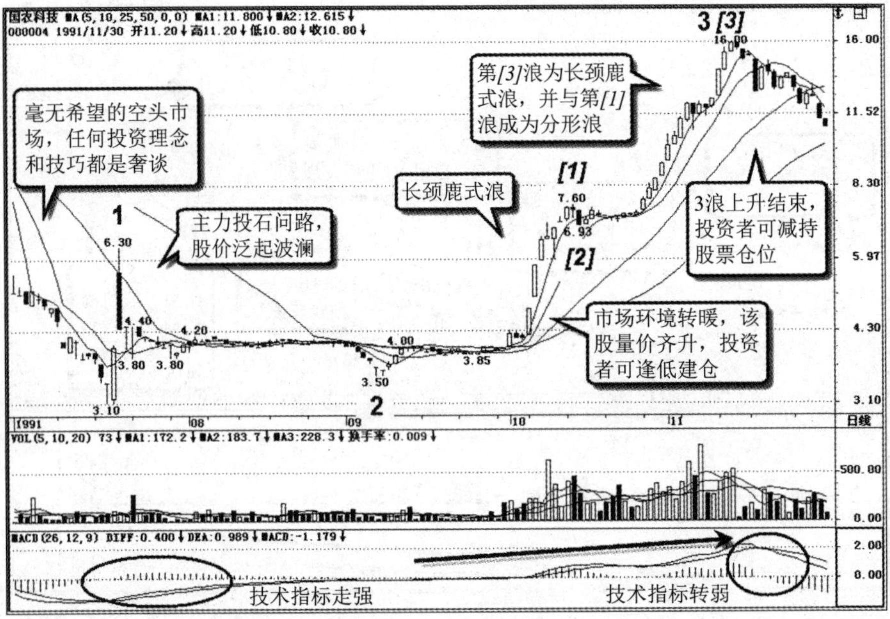

图 5-11　深安达 (国农科技)1991 年上升浪

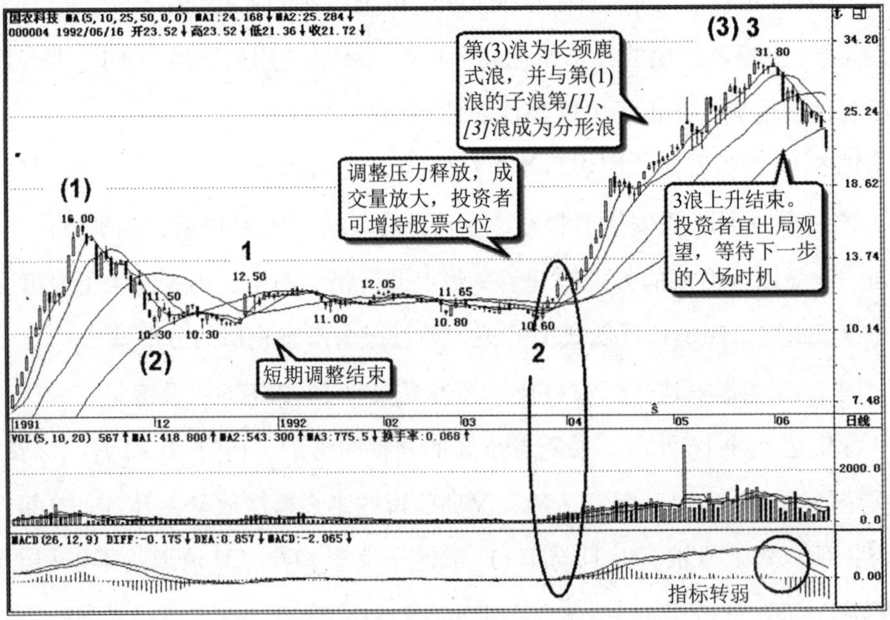

图 5-12　深安达 (国农科技)1992 年上升浪

图 5-13 为深安达（国农科技）经过复权后 1993 年的上升浪。

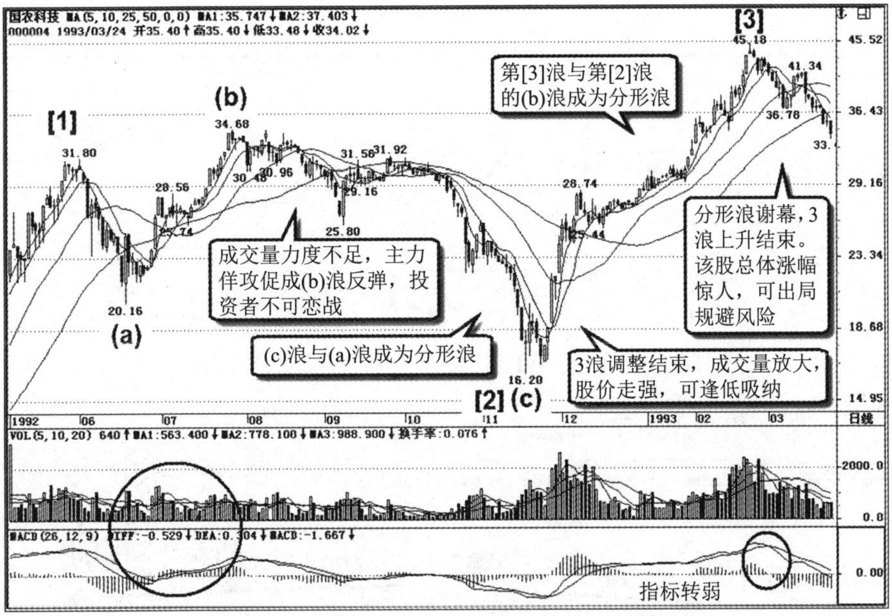
[1]
(b)
[3]
第[3]浪与第[2]浪的(b)浪成为分形浪
成交量力度不足，主力佯攻促成(b)浪反弹，投资者不可恋战
(a)
(c)浪与(a)浪成为分形浪
[2] (c)
3浪调整结束，成交量放大，股价走强，可逢低吸纳
分形浪谢幕，3浪上升结束。该股总体涨幅惊人，可出局规避风险
指标转弱

图 5–13　深安达 (国农科技)1993 年上升浪

深安达股价涨到 31.8 元后，深市股指的上升幅度也已超过 600%。市场经过如此大幅的上涨，已经积累了很大的风险因素。1991 年上半年“熊市”的伤痛，仿佛被投资者们遗忘了。

然而，证券市场隐藏的自身法则再一次显露峥嵘，一轮幅度较大的调整终于降临。在这轮调整中，深安达跌幅接近 50%，波浪形态为不规则调整浪。图 5-13 中，调整浪 (c) 浪与 (a) 浪成为形态相似的分形浪。

经过大幅调整，风险释放之后，1992 年 11 月深安达的成交量稳步放大，其股价也在多头买盘的推动下节节走高。深安达以第 [2] 浪的子浪 (b) 浪为模型，展开了一段形态相似的平行分形浪，将第 [3] 浪的上升行情推向高潮。当深安达从 45 元的高位回落时，平行分形浪基本运行完毕。此时，深圳股市的上升周期单元也宣告结束了。

图5-14为深安达（国农科技）经过复权，在深圳股市上升周期单元中的波浪形态。

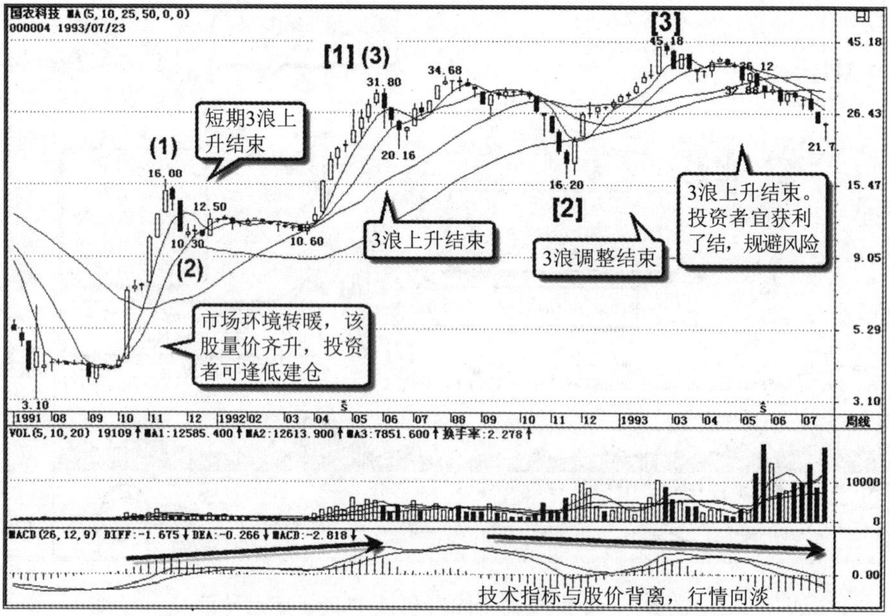

图5-14 深安达(国农科技)1991年中期上升浪

回顾深安达在深市上升周期单元中的走势，其3浪上升和分形浪的结构是非常明显的。该股总的上升幅度约为1350%。投资者如果能够坚持“逢3必出”的操作原则，在喧嚣的股市中获取收益，也会感到非常轻松惬意。

点 评

沪深股指的周期上升浪，运行周期均为1年半。虽然深证成指从“股灾”后重新走牛的时间较上证指数晚了9个月，但并未因此改变它应有的运行周期。从走势图看，深证成指的第[3]浪创出新高，而技术指标却与之背离，也预示上升行情的能量已经耗尽。夕阳落下，夜幕就会降临。

沪深股指的首个上升周期单元，在时间上出现了一些错位，与道氏理论强调的“相互印证”原则不吻合。然而，沪深股市在中国经济的大背景下，它们的主升浪还是同步运行的，只不过上证指数的主升浪是第Ⅲ浪，而深证成指的主升浪是第[1]浪而已。沪深股指的这种差异，就好比古典音乐中运用的复调手法，两种旋律相互独立而又和谐统一地进行。真正明白了这种音律的奥妙，你才懂得如何更好地欣赏它。

在沪深股市起步阶段，投资者入市操作的策略，基本上是依据自己懵懵懂懂的感觉，以及政府对股市表明的态度。实实在在地懂得一些专业技术分析的人士，可谓凤毛麟角。

蜈蚣风筝式上升浪和长颈鹿式上升浪，在市场的中期上升趋势中是两种表现抢眼的波浪形态。沪深股市首个上升周期单元频频现身的长颈鹿式上升浪，更是将投资者们的热情不断推向高潮，也为中国证券市场蓬勃发展的良好势头奏响了一段华丽的乐章。

从波浪形态上看，若按3浪上升的原则实施操作，投资者的回报率是相当高的。上证指数周期上升浪的最高点，与深证成指主升浪的最高点基本同步，之后调整浪出现的跌幅，让人难以承受。投资者不能期待艾略特经典波浪理论虚幻的第5浪（或者只是一个失败的第5浪），这样才能保证自己的投资收益不会付诸东流。

第六章 1992年5月至1994年7月：周期调整浪

《孙子兵法·军争》——故用兵之法，高陵勿向，背丘勿逆……

指挥作战的原则是，敌方占据有利的高地，我方不宜强攻。敌方倚仗高地向我方进攻，我方不宜迎击。

1992年，沪市的“5·21”行情仅仅持续了3天，在成交量明显放大后，市场主力反手做空，上证指数调整周期的时间窗口开启了。深证成指跟随其后，也开始了周期上升浪第[2]浪的调整走势。

沪深股指形态周期分析

1992年5月21日，上海股市全面放开股票交易价格。市场经过大幅震荡后，在1000点上方维持了1个月的平台休整，最终没有像以往那样，受到均线系统的支撑往上运行，而是掉头往下，以令人恐惧的方式逐波走低。

从上海证交所开业至1992年5月，投资者对股票异乎寻常的热情，促使上海股市的管理层加快了新股发行的步伐。一级市场新股发行的中签率居高不下，二级市场买盘的力量日渐衰落。管理层快速扩容的节奏，为股市的下跌不经意地推了一把力。

图 6-1 为上证指数 1992 年的调整浪。

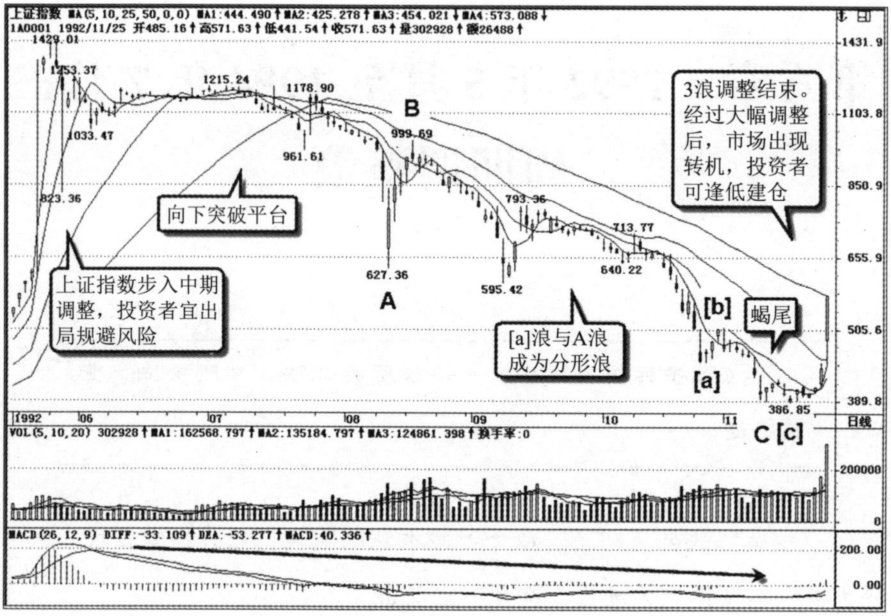

图 6-1　上证指数 1992 年调整浪

上证指数 1992 年的调整浪持续时间约 6 个月，行情从 1428.79 点开始，至 386.85 点结束，跌幅约 70%。

从走势图分析，上证指数的波浪结构为分形浪加“蝎尾”的 3 浪调整形态。图中，[a] 浪与 A 浪成为形态相似的分形浪，[c] 浪为分形浪末端的“蝎尾”。

如此血腥的大幅调整，令上海股市的投资者们终于尝到了“股灾”的滋味。覆巢之下焉有完卵？投资者的损失和教训是刻骨铭心的。

孙子兵法“高陵勿向，背丘勿逆”的用兵策略，对于 1992 年的上海股市再合适不过了。战争中敌我双方的阵营泾渭分明，然而投资市场中多空力量却是经常变化的。市场主力在推高行情时，带领中小散户一路冲关夺隘。最后，在股价屡创新高，没有任何空头阻力的时候，自己却改旗易帜，反手做空，成为诱杀中小散户的大鳄。

“高陵勿向，背丘勿逆”，用在股市中就是，当股价大幅上涨后，投资者必须保持冷静，不要轻易进场追高。当股价从高位回落时，也不要贪图便宜，轻易进场布局。

1992 年 11 月，上海股市的调整已经相当充分，各种技术指标也显示空头能量逐渐衰竭。当时的市场规模较小，股指在底部盘整 2 周后，迅速以一根放量大阳线突破均线系统的压制。从走势图分析，主力庄家在高位平台附近兑现了大部分筹码，获得丰厚利润之后，尝试再发动一轮攻势。

图 6-2 为上证指数 1992 年的反弹浪。

上海股市的反弹，在市场成交量持续放大的驱动下顺利展开。整个反弹行情持续时间约 3 个月，并且刷新了历史高点，行情从 386.85 点开始，至

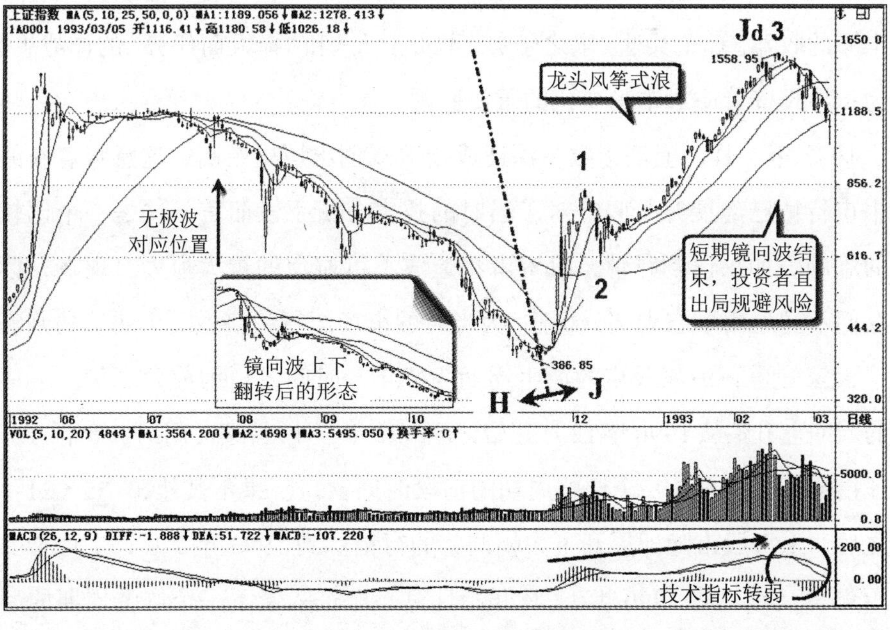

图 6-2 上证指数 1992 年反弹浪

1558.95点结束，升幅约300%。

同步运行的深证成指上升周期第[3]浪，从1529.21点开始，至3422.22点结束，升幅约100%。这一轮上攻行情，延续了沪强深弱的市场格局。

从图6-2分析，上证指数的强势反弹以短期镜向波的方式展开，其形态兼有常规分形与镜向分形的特点。整个反弹行情为3浪上升结构，波浪形态为龙头风筝式上升浪。

《孙子兵法·兵势》——故善战者，求之于势，不责于人，故能择人而任势。

在市场起伏跌宕中巧妙周旋的投资者，胜算的主要因素在于对市场运行趋势作出正确判断，不必苛责具体操作上的琐碎得失。这样，投资者才能根据自己的风格，力所能及地获取市场有利趋势带来的回报。

1992年5月，上海股市步入中期调整趋势。市场经过大幅上涨之后，投资者采取的主要策略是离场观望，防范风险。1992年11月，市场放量回升，全身而退的投资者又获得了逢低入场的良机。

涨幅巨大的龙头风筝式上升浪，为有备而来的投资者和短线投机者带来了丰厚的收益。孙子兵法“求之于势，不责于人”和“择人而任势”的作战思想，成为指导投资者应对市场变化的重要原则。

1993年2月，上证指数与深证成指双双创出历史新高，这意味着新的一轮牛市行情已经展开了吗？对于当时的技术分析手段而言，这是一个比较棘手的难题。如果误判行情，投资者将造成不可避免的重大损失。现在，读者朋友们不妨运用形态周期分析法，为当时的市场运行趋势做一个明确的判断。

大家知道，沪深股市的原生周期为2年，时间窗口为前后半年。上证指数的周期上升浪从1990年12月开始，至1992年5月，持续时间约1年半。此时，上证指数开始进入下一个调整周期的前段时间窗口。果不其然，“5·21”行情之后，上海股市随即展开了大幅调整的行情。到1993年2月，上证指数刷新历史高点时，从1990年12月开始计算，已进入了下一个调整周期的后段时间窗口。

天下无不散之筵席，沪深股市后期的走势，已经表明市场主力认定了 2 年原生周期的合理性。在 3 个月左右的时间，市场主力以短期镜向波的方式发动超级反弹行情，获取了相当可观的盈利。孙子兵法“兵贵胜，不贵久”，以及“兵久而国利者，未之有也”的用兵原则，再一次闪耀出智慧的光芒。对于投资者来说，“逢 3 必出”的操作策略，则是他们躲避风险，保住盈利的制胜法宝。

1993 年 2 月，上海证交所发出通知，开始禁止市场中的信用交易。随后，全行业“银证脱钩”与处罚违规信用交易的举措实施。

上海股市在龙头风筝式反弹浪结束之后，随着市场成交量的逐渐萎缩，股指重新开始往下运行，并跌破均线系统的支撑，如逝水东流，滚滚而去。如果投资者牢记孙子兵法“高陵勿向，背丘勿逆”的用兵原则，此时就可以避免重蹈覆辙的悲剧。

图 6-3 为上证指数 1993 年的调整浪。

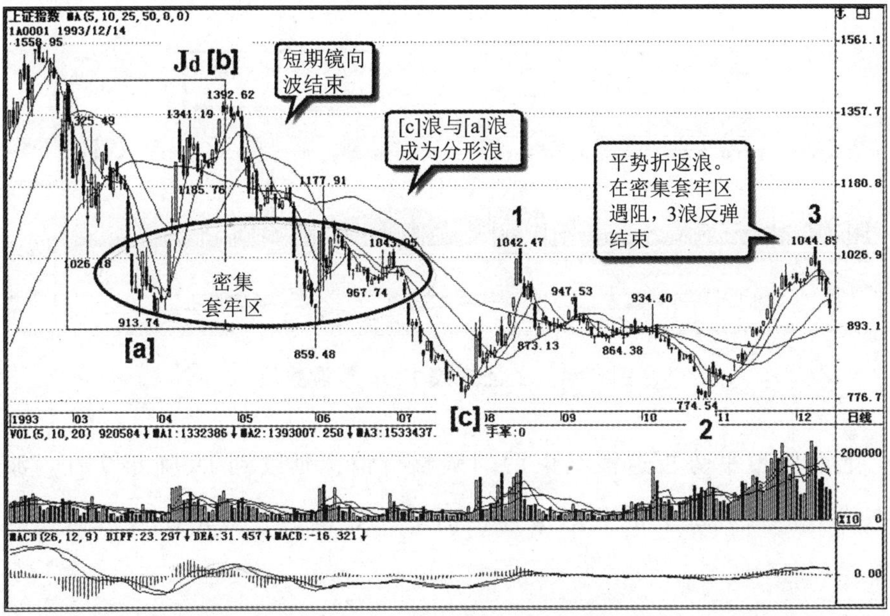

图 6-3 上证指数 1993 年调整浪

上海股市 1993 年 2 月开始的调整浪波涛汹涌，气势逼人。从图 6-3 分析，上证指数的波浪结构为 3 浪调整形态，其中，[c] 浪与 [a] 浪成为形态相似的分形浪。

1993 年 7 月，上海股市企稳反弹。由于上行阻力较大，反弹以平势折返浪的方式展开。调整趋势的中继浪平势折返浪，与上升趋势的中继浪平势调整浪形态相反。1993 年 12 月，上海股市的平势折返浪运行结束，市场再度回到中期调整趋势之中。

图 6-4 为上证指数 1994 年的调整浪。

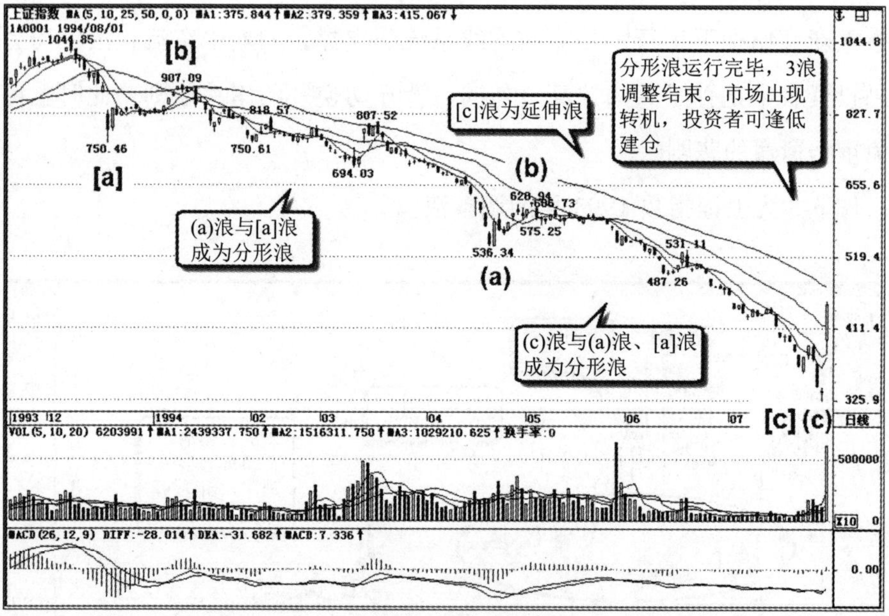

图 6–4　上证指数 1994 年调整浪

上海股市平势折返浪结束后的调整行情，延续到 1994 年 7 月。波浪形态由 3 段疯狂肆虐的分形浪连接而成，如铁链一般困住苦苦挣扎的投资者。

从走势图分析，延伸浪 [c] 浪的子浪 (a) 浪与 [a] 浪成为形态相似的分形浪，

并且 (c) 浪与 (a) 浪、[a] 浪也成为形态相似的分形浪。形态简捷的 [a] 浪，看似不足为惧，而延伸浪中的 (a) 浪与 (c) 浪则张牙舞爪，将 [a] 浪的夸张形态演绎得令人恐惧，其分形浪的合力就更加邪恶、毒辣了。这还只是调整趋势的一部分，再加上 1993 年的调整浪，横扫市场的血腥与杀气，足以将任何负隅顽抗的势力打入万劫不复的深渊。

1994 年 8 月 1 日，上海股市高开之后放量大涨，持续了 2 年之久的调整周期单元宣告结束。

图 6-5 为上证指数的周期调整浪。

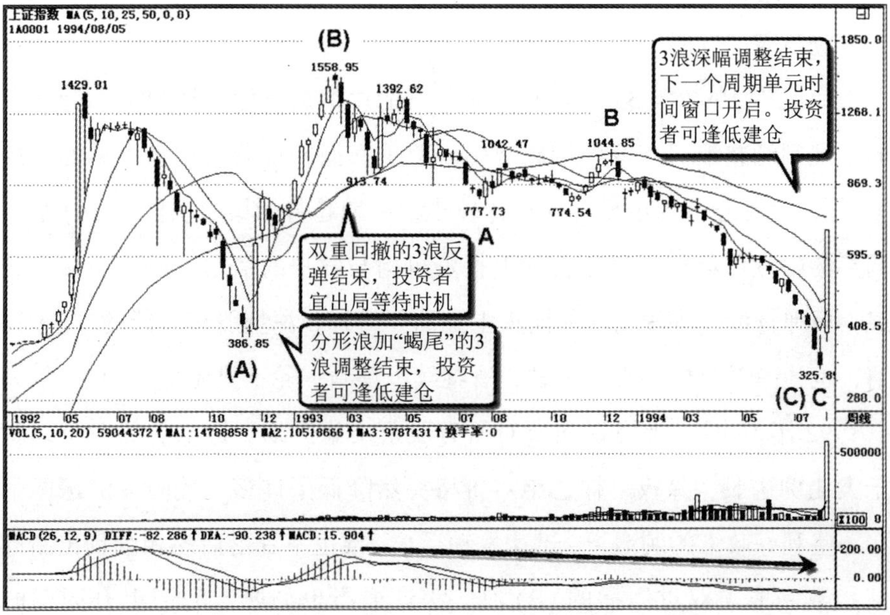

图 6-5 上证指数周期调整浪

上证指数周期调整浪的运行时间为 1992 年 5 月至 1994 年 7 月，周期约 2 年，贴近市场的 2 年原生周期。

上证指数整个调整周期单元为 3 浪结构的不规则调整形态。行情从 1428.79 点开始，至 325.89 点结束，跌幅接近 80%。

双重回撤

艾略特经典波浪理论中提到，主要走势中的延伸浪结束后，波浪形态会以双重回撤 (Double Retracement) 的方式出现。英语中的 Double，有“一双一对”以及“对折”之意，即双重回撤的波浪形态，将会接连出现两个不同方向的回撤走势。

具体情况分为两种。其一，在主要趋势中途运行的延伸浪之后的双重回撤，将成为新的上升趋势的一部分，其意义比较平常，在市场中可考察验证。其二，在主要趋势末端运行的延伸浪之后的双重回撤，将会以不规则调整浪的形态出现。这种双重回撤的性质，与形态趋势分析理论中的双顶形态类似，投资者应当谨慎对待。

上海股市 1992 年 5 月至 1994 年 7 月的周期调整浪，波浪形态为双重回撤的不规则调整浪。市场中期趋势出现双重回撤的现象是相当少见的。1992 年 11 月，上海股市的市场规模还比较小，中期趋势的第一次回撤 (A) 浪，市场调整的幅度已经相当充分，加上投资机构与散户的信用（透支）交易比较普遍，反弹行情一旦发动就如同火上浇油。另外，深圳股市平淡的“5 • 21”行情，也让一部分机构心有不甘，有继续酝酿新一轮上升走势的要求。

1992 年 12 月，上海证交所对所有股票实施拆细。拆细后的股价，就相当于大比例送股、除权一样，绝对价格突然降低了许多。此时，沪深两个市场在一些利好政策的刺激下，迅速发动反攻，谁也不甘落后地相继创出新高。上证指数完成了双重回撤的 (B) 浪，深证成指也如愿走完了上升周期的第 [3] 浪。

《孙子兵法 · 虚实》——因形而措胜于众，众不能知。人皆知我所以胜之形，而莫知吾所以制胜之形。故其战胜不复，而应形于无穷。

市场主力依据基本面与技术面的具体情况，成功地做出一轮快节奏的反攻行情。面对 K 线图上的凌厉走势，大多数没有经过认真分析的投资者，是不会明白其中的道理的。投资者都知道 K 线图上做出了双重回撤的不规则调整浪，或者标准的双顶形态，却不知道市场主力是在怎样的情况下运作出这种图形的。主力机构运作行情的手法不会完全重复，投资者要根据市场不同的具体情况，来分析把握行情的发展和变化。

1993 年 2 月，深圳股市的上升周期单元运行结束，市场中的空头力量逐渐加大。逐波走低的调整行情一直延续到了 1993 年 7 月，深证成指的下跌幅度超过 50%。

图 6-6 为深证成指 1993 年上半年的调整浪。

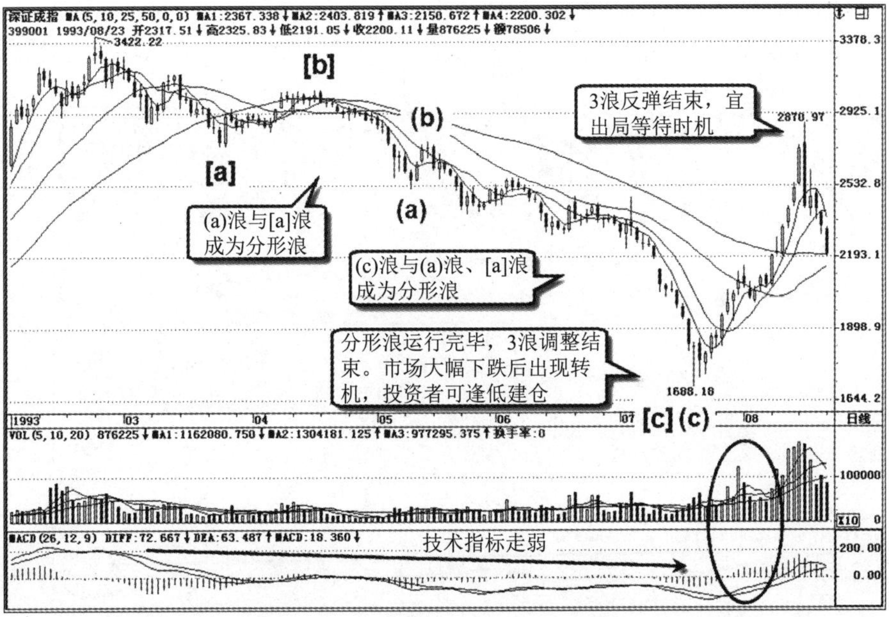
[b]
(b)
[a]
(a)
(a)浪与[a]浪成为分形浪
(c)浪与(a)浪、[a]浪成为分形浪
3浪反弹结束，宜出局等待时机
分形浪运行完毕，3浪调整结束。市场大幅下跌后出现转机，投资者可逢低建仓
[c] (c)
技术指标走弱
3422.22
2878.97
1688.18

图 6-6　深证成指 1993 年调整浪

从走势图分析，深证成指的调整结构是以分形浪的方式展开的。图中，调整浪 [c] 浪的子浪 (a) 浪与 [a] 浪成为形态相似的分形浪，并且，(c) 浪与 (a) 浪、[a] 浪，也成为形态相似的分形浪。整个调整浪为包含延伸浪的 3 浪调整形态。

孙子兵法“高陵勿向，背丘勿逆”的训诫，再次在市场中发挥作用。但愿从暴跌中回归理性的投资者，能够吸取足够的教训。

1993 年 7 月，深圳股市 3 浪结构的调整分形浪运行结束。在成交量放大的驱动下，市场展开了快速有力的反弹。不到 1 个月，深证成指的反弹幅度竟超过了 60%。然而，随着买盘力量的减弱，深圳股市又迅速地回落了。1993 年 8 月，深圳股市结束反弹，重新回到中期调整趋势之中。

图 6-7 为深证成指 1993 年下半年的调整浪。

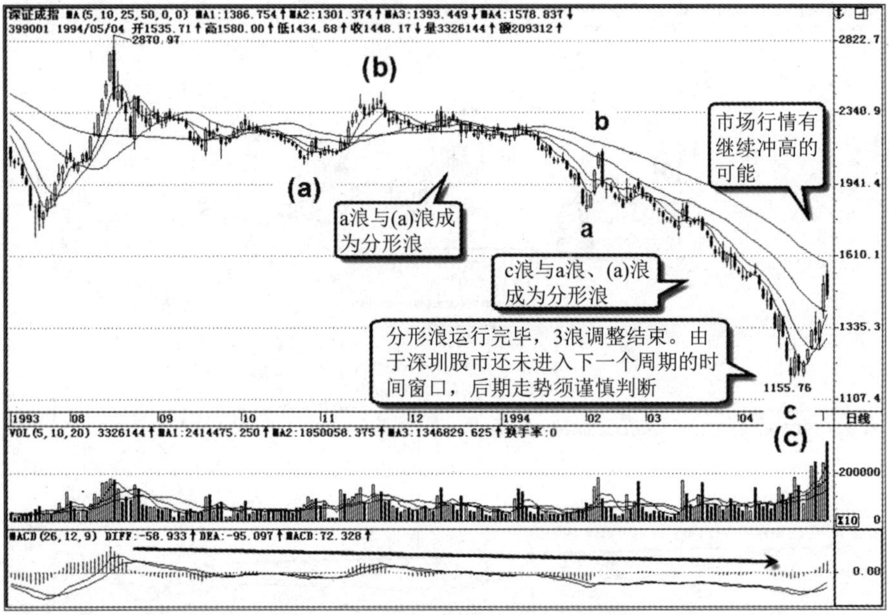

图 6-7　深证成指 1993 年调整浪

深圳股市的中期调整行情，从 1993 年 8 月一直延续到了 1994 年 4 月，股指从反弹之后又下跌了近 60%。

从图 6-7 分析，深证成指 1993 年 8 月开始的调整结构，是以分形浪的方式展开的。图中，调整浪 (c) 浪的子浪 a 浪与 (a) 浪成为形态相似的分形浪，c 浪与 a 浪、(a) 浪也成为形态相似的分形浪。整个调整浪为包含延伸浪的 3

浪调整形态。深证成指1993年下半年的调整浪与上半年的调整浪，也成为形态相似的分形浪。深圳股市如此惨烈的下跌走势，足以表明分形浪在调整趋势中的惊人杀伤力了。

1994年4月，深圳股市两段令人恐惧的调整分形浪运行结束，股指出现了放量走高、脱离底部的回升趋势。深圳股市的调整周期单元结束了吗？市场的后期走势将会如何运行呢？

让我们回顾一下，深证成指的调整周期单元从1993年2月开始，到1994年4月，持续时间不足1年半，还没有进入2年原生周期前后半年的时间窗口。那么，此时市场出现的回升行情该怎样认定呢？

证券市场的运行趋势，在演绎过程中具有模糊性和不确定性，短时间内无法琢磨透彻。有时候，我们不得不放下所有的分析方法，怀着敬畏的心情，来观察市场如何“表演”。经过一段时间的煎熬之后，市场运行的轨迹和轮廓才会渐渐清晰起来。

市场果然给投资者开了一个玩笑，深证成指分形浪结束后的回升走势，在成交量逐渐萎缩的情况下，被一段运行于下降通道内的调整浪淹没了。

图6-8为深证成指1994年的调整浪。

旋转分形浪

旋转分形浪是指表现为一组波浪形态中的某一段或几段，经过旋转180° 的技术处理之后，头尾调换，并且保持原有波浪运行的趋势，而与参照模型的波浪形态成为形态相似的分形浪。旋转分形浪的隐蔽性极强，在分形浪未运行完毕之前，投资者不易作出正确的识别。旋转分形浪的出现，充分表明了波浪形态具有隐蔽性和复杂性的特性。

从图6-8分析，这一段运行于下降通道内的调整浪，成为前面两段大型分形浪末端的“蝎尾”。而且这段“蝎尾”也不简单，它自身又暗藏了一组分形浪结构。“蝎尾”的(c)浪与(a)浪，成为形态相似的旋转分形浪。

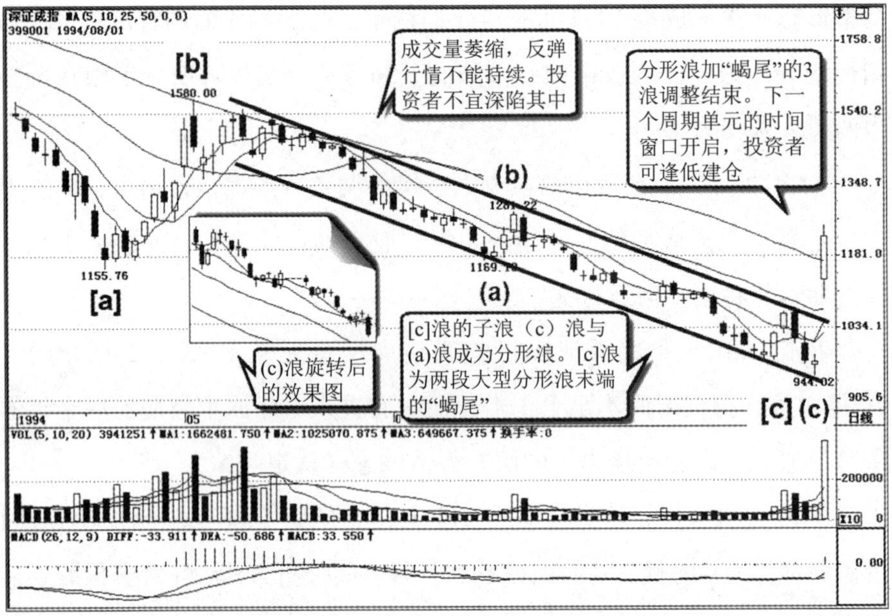

图 6-8　深证成指 1994 年调整浪

深圳股市凶悍的中期调整趋势，运行至 1994 年 7 月已经是强弩之末。从时间计算，深证成指接近了 2 年原生周期的前段时间窗口。1994 年 8 月 1 日，一根放量大阳线迅速穿越调整浪下降通道的上轨，下一个周期单元的序幕正式拉开了。

图 6-9 为深证成指的周期调整浪。

深证成指周期调整浪的运行时间为 1993 年 2 月至 1994 年 7 月，周期约 1 年半，接近市场的 2 年原生周期。

深证成指整个调整周期单元为分形浪加“蝎尾”的 3 浪调整形态，行情从 3422.22 点开始，至 944.02 点结束，跌幅约 70%。

沪深股指的强弱比，在周期调整浪开始的时候约为 2.4，而在周期调整浪结束的时候约为 2.9。该周期单元上证指数的调整幅度大于深证成指。

上证指数与深证成指的上升周期单元，开始和结束的时间都不同步，而到 1994 年 7 月调整周期单元结束的时候，其节点已趋于同步了。

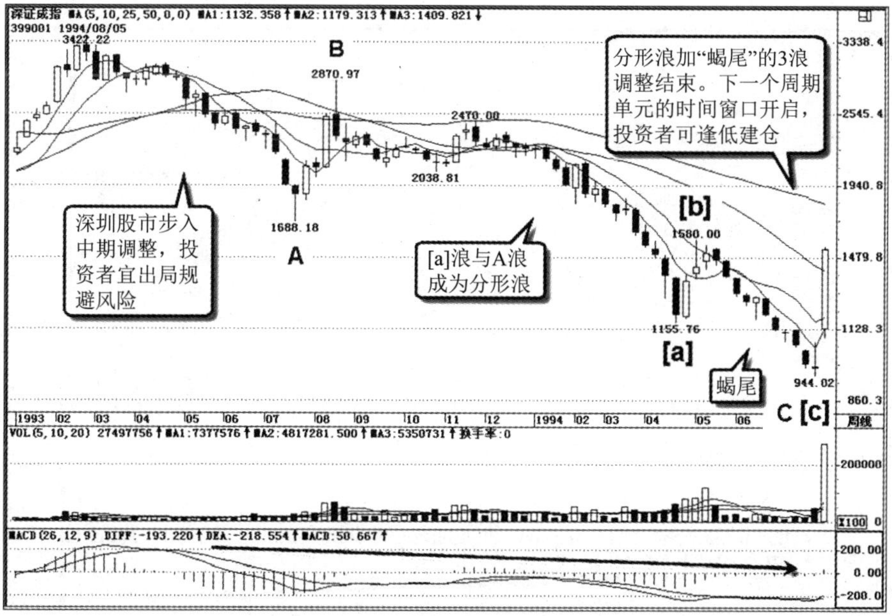
深证成指
分形浪加“蝎尾”的3浪调整结束。下一个周期单元的时间窗口开启，投资者可逢低建仓
深圳股市步入中期调整，投资者宜出局规避风险
[a]浪与A浪成为分形浪
蝎尾
B
A
[b]
[a]
C [c]

图 6-9　深证成指周期调整浪

个股实盘分析

上海股市在调整周期单元的 (A) 浪运行期间，虽然有些个股还顽强地创出新高，但市场中的风险却一步步逼近了投资者。

投资者若懂得孙子兵法“高陵勿向，背丘勿逆”的道理，克服自身的盲从与贪婪，应当能够回避这一期间的巨大风险，并且为下一步投资做好准备。然而，当时国内的投资者知识与经验还相当匮乏，多数人只能靠运气在市场中沉浮，被迫交出高昂的“学费”。

图 6-10 为轻工机械（汇通能源）1992 年的调整浪。

轻工机械的波浪结构为分形浪加“蝎尾”的 3 浪调整形态，其中，(c) 浪的子浪 a 浪与 (a) 浪成为形态相似的分形浪，c 浪为“蝎尾”。该股的调整幅度超过 80%。

图 6-11 为冰箱压缩（海立股份）1993 年的上升浪。

上海股市在调整周期单元的 (B) 浪运行期间，市场超跌之后强劲回升，

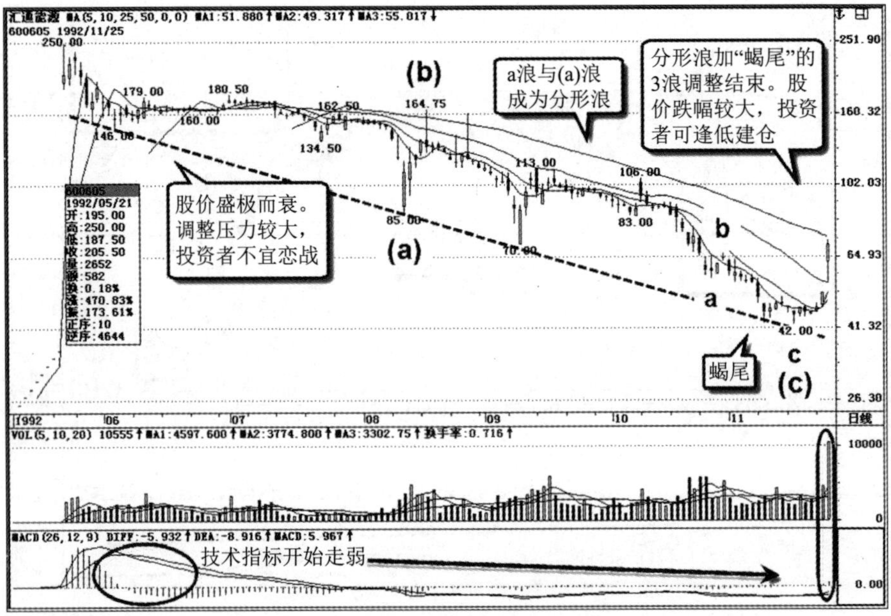
分形浪加"蝎尾"的3浪调整结束。股价跌幅较大，投资者可逢低建仓
a浪与(a)浪成为分形浪
股价盛极而衰。调整压力较大，投资者不宜恋战
蝎尾
技术指标开始走弱
(a)
(b)
(c)
a
b
c

图 6-10　轻工机械（汇通能源）1992 年调整浪

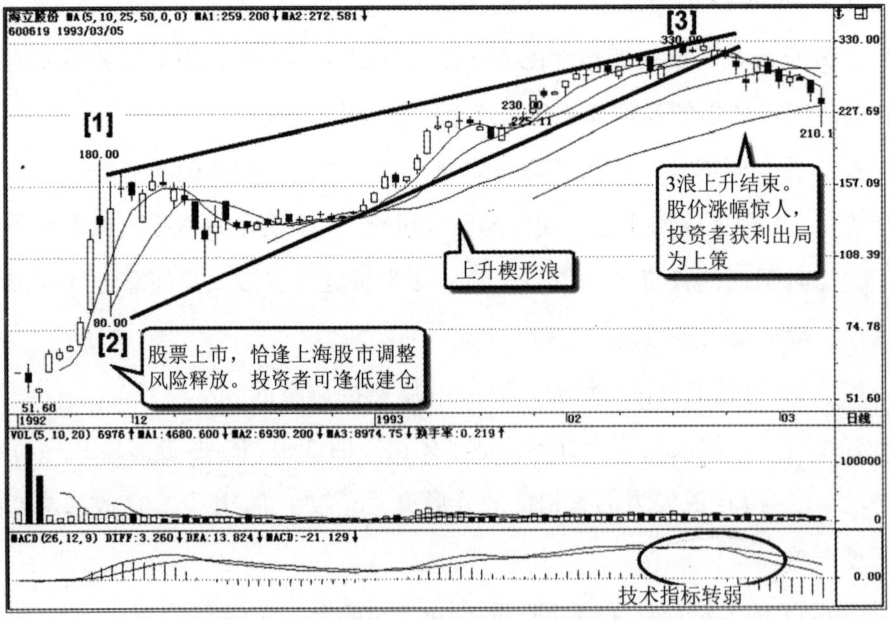
[1]
[2]
[3]
3浪上升结束。股价涨幅惊人，投资者获利出局为上策
上升楔形浪
股票上市，恰逢上海股市调整风险释放。投资者可逢低建仓
技术指标转弱

图 6-11　冰箱压缩（海立股份）1993 年上升浪

为个股创造了绝地反击的条件。此时上市的新股冰箱压缩表现尤为突出。

冰箱压缩的波浪结构（图 6-11）为 3 浪上升形态，其中，第 [3] 浪为上升楔形浪。该股的上升幅度超过 500%。

上海股市在调整周期单元的 (C) 浪运行期间，恶劣的市场氛围使众多个股惨遭无情的打击。生不逢时的第一百货，也是在劫难逃。

图 6-12 为第一百货（百联股份）经过复权后 1993 年的调整浪。

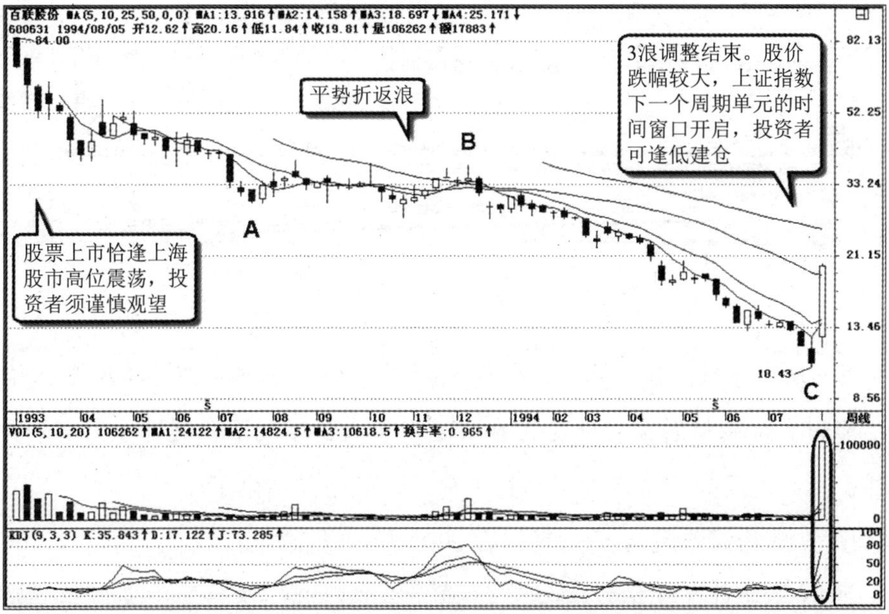
平势折返浪
3浪调整结束。股价跌幅较大，上证指数下一个周期单元的时间窗口开启，投资者可逢低建仓
股票上市恰逢上海股市高位震荡，投资者须谨慎观望
A
B
C
84.00
10.43

图 6–12　第一百货 (百联股份)1993 年调整浪

第一百货的波浪结构为 3 浪调整形态，其中，B 浪为平势折返浪。该股的调整幅度接近 90%。

深圳股市的周期调整浪，与上海股市周期调整浪的 (C) 浪同步运行。深圳股市在调整周期单元运行期间，市场中的个股亦难独善其身。

图 6-13 为深华发 A 经过复权后 1993 年的调整浪。

1993 年 2 月，深华发 A 股价从高位回落，之后的调整趋势延续到了 1993

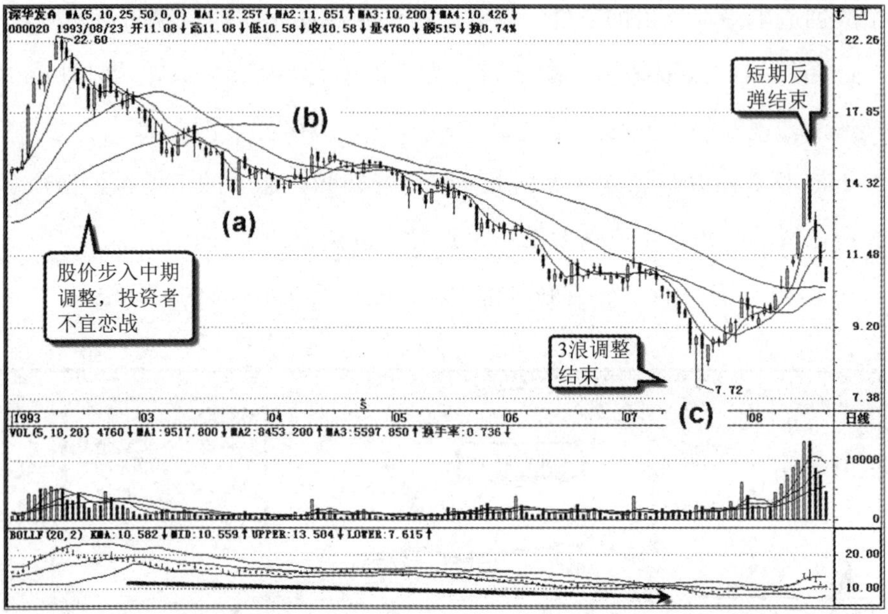
短期反
弹结束
(b)
(a)
股价步入中期
调整，投资者
不宜恋战
3浪调整
结束
(c)

图 6–13　深华发 A 1993 年调整浪

年 7 月。从走势图分析，深华发 A 的波浪结构为 3 浪调整形态，跌幅约 65%。

经过大幅调整后，深华发 A 在成交量放大的驱动下，展开了力度较大的反弹。然而，反弹行情持续了不到 1 个月，就匆匆结束了。

图 6-14 为深华发 A 经过复权后 1993 年的调整浪。

1993 年 8 月，深华发 A 结束反弹，逐波走低。这一段中期调整趋势延续到了 1994 年 4 月，反弹之后跌幅约 70%。从图 6-14 分析，深华发 A 的波浪结构为 3 浪调整形态。图中，调整浪 a、b、c 浪，与图 6-13 中的调整浪 (a)、(b)、(c) 浪，成为形态相似的分形浪。

3 浪结构的调整分形浪结束之后，深华发 A 企稳回升。然而这一次反弹行情力度较弱，未能突破均线系统的压制就悄然结束了。

图 6-15 为深华发 A 经过复权后 1994 年的调整浪。

1994 年 5 月，深华发 A 结束反弹，再次回到中期调整趋势之中。这一段调整行情延续到了 1994 年 7 月。深华发 A 的波浪形态为分形浪末端的“蝎

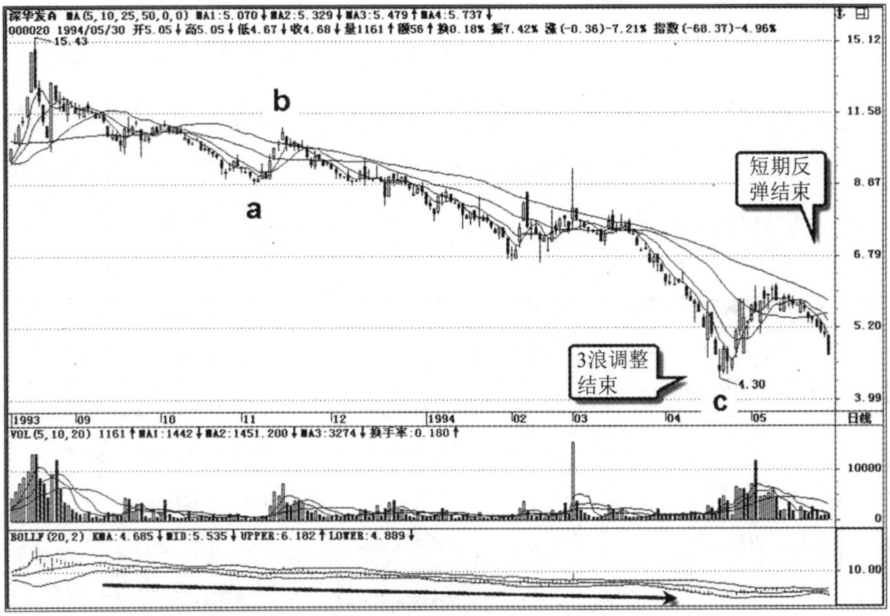

图 6-14 深华发 A 1993 年调整浪

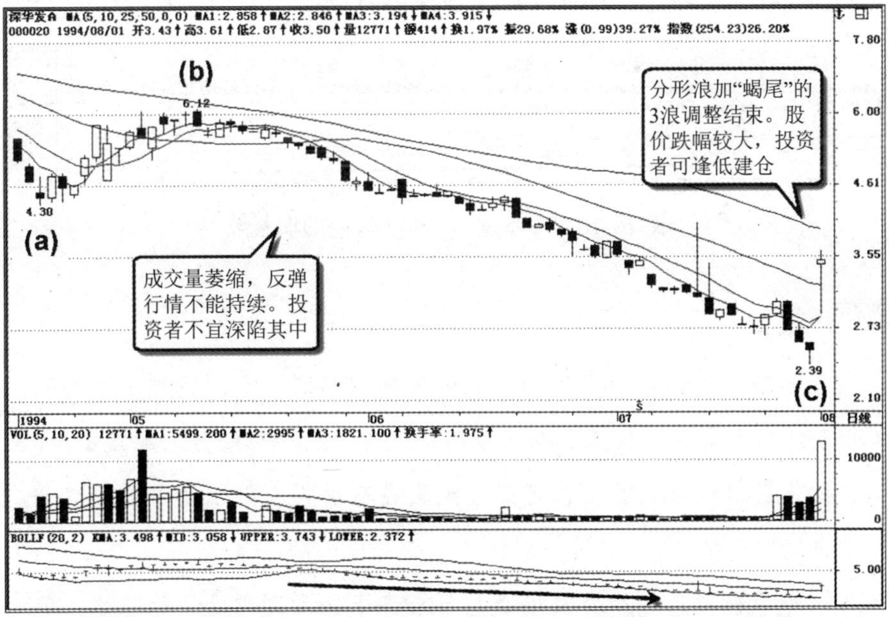

图 6-15 深华发 A 1994 年调整浪

尾”，反弹之后跌幅约 60%。

图 6-16 为深华发 A 经过复权后在深圳股市调整周期单元中的波浪形态。

深华发 A 中期调整浪的波浪结构，为分形浪加“蝎尾”的 3 浪调整形态。图中，(a) 浪与 [a] 浪成为形态相似的分形浪，(c) 浪为“蝎尾”。该股总的调整幅度接近 90%。

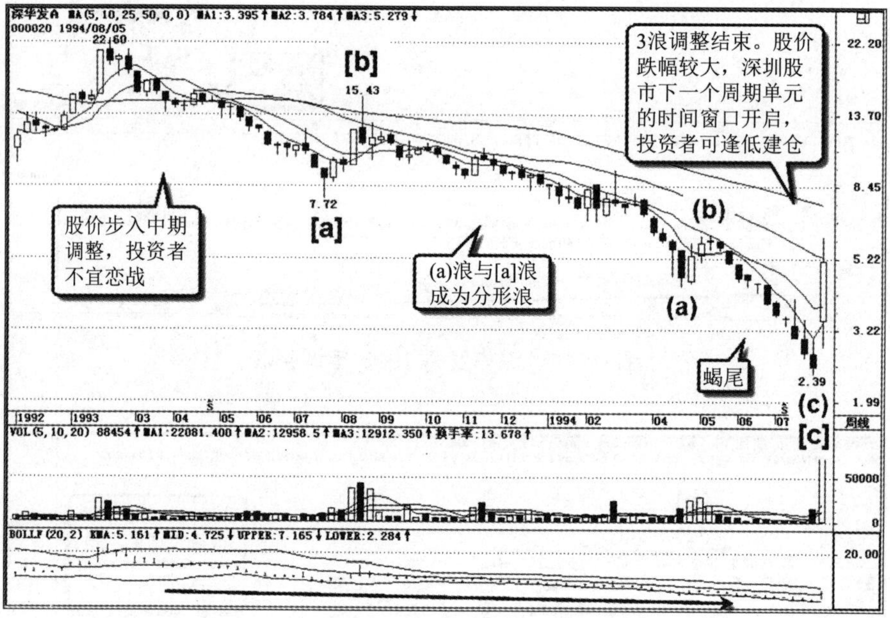

图 6–16　深华发 A 1993 年中期调整浪

点　评

分形浪对波浪形态顶部和底部特征的判断，已经得到了市场的检验。形态周期分析法，也成为判断市场中期运行趋势的最佳手段。熟练掌握这些分析方法，可以让大家在激动人心的市场中游刃有余地进行投资操作。

相对波浪理论用 3 浪模式判断市场上升和调整的运行规律，解除了艾略特经典波浪理论困扰投资者的诸多疑难问题，很好地契合了市场内在的波动规律。

上证指数和深证成指，如同一对技艺高超的舞者，在市场演奏的“华尔兹舞曲”中翩翩起舞，步法优雅精湛，进退自如。参与这场盛大舞会的投资者，若分辨不清场内的音律和节奏，如何能心情愉快地融入其中呢？

第七章　1994 年 8 月至 1996 年 1 月：周期折返浪

《孙子兵法·兵势》——故善战者，其势险，其节短。势如扩弩，节如发机。

擅长作战的将领，在发动进攻的时候，攻势凶猛凌厉，进攻的时机和距离非常精准、紧凑。凶猛的攻势，就像张开的弓弩一样充满了力量，精准、紧凑的进攻时机，则像击发弓弩一样快捷迅速。

沪深股指形态周期分析

1993 年 2 月至 1994 年 7 月，沪深股市持续约 1 年半的大幅下挫，让市场中的所有人深感不安。从走势图上看，此时沪深两市的调整已是强弩之末了。

1994 年 7 月 30 日，管理层推出了停发新股、允许券商融资等重大利好政策。8 月 1 日，沪深股市突然转身大幅高开，并放量上涨。新的周期单元如旭日初升，喷薄而出。

《孙子兵法·九地》——敌人开阖，必亟入之，先其所爱，微与之期，践墨随敌，以决战事。

市场主力借助利好政策，将股指高开以试探卖盘压力，之后放量上攻，卖盘力量减弱，全天收出大阳线，并且一举突破了均线系统的层层压制。此时，投资者应根据基本面和技术面的判断果断进场，买入超跌的潜力股，并做好应对各种突发事件的准备。然后观察主力机构的操盘思路，进一步判定本轮行情应该采取的策略。

图 7-1 为上证指数 1994 年的上升趋势浪。

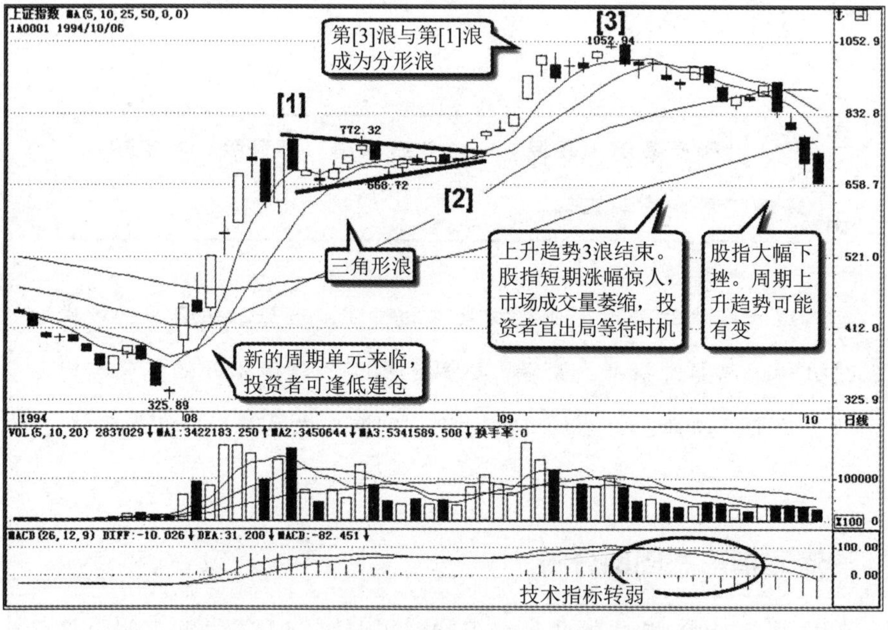

图 7–1 上证指数 1994 年上升趋势浪

从上海股市的走势分析，市场主力本轮行情的操作手法与 1992 年 11 月的反攻行情类似。然而，此时的市场规模已与往日不同，股票数量增加了好几倍。市场主力手擎救市政策的尚方宝剑，能将上升行情推向新高吗？

随着上攻行情如火如荼地展开，上海股市的成交量也比以前大了好几倍，创出新高似乎指日可待。然而，从上攻行情的第 [3] 浪观察，市场成交量却好似捉襟见肘，股指上升力度也明显减弱了。

或许是券商和中小投资者的新增资金有限，终究敌不过大扩容后市场的卖方压力，上海股市经过 1 个多月的上涨后，在上方的密集套牢区受阻，重新往下回落。

从图 7-1 分析，上证指数的上升趋势浪为 3 浪上升形态。行情从 325.89 点启动，至 1052.94 点结束，持续时间约 1 个月，升幅约 200%。

市场主力发动的本轮上升趋势浪，恰好在管理层推出重大利好政策后的 8 月 1 日启动，所以被国内投资者戏称为“解放军”救市行情。

1994 年 8 月，深圳股市的救市行情与上海股市类似。

图 7-2 为深证成指 1994 年的上升趋势浪。

从走势图分析，深证成指的上升趋势浪为 3 浪上升形态。行情从 944.02 点启动，至 2162.75 点结束，持续时间约 1 个月，升幅约 100%。

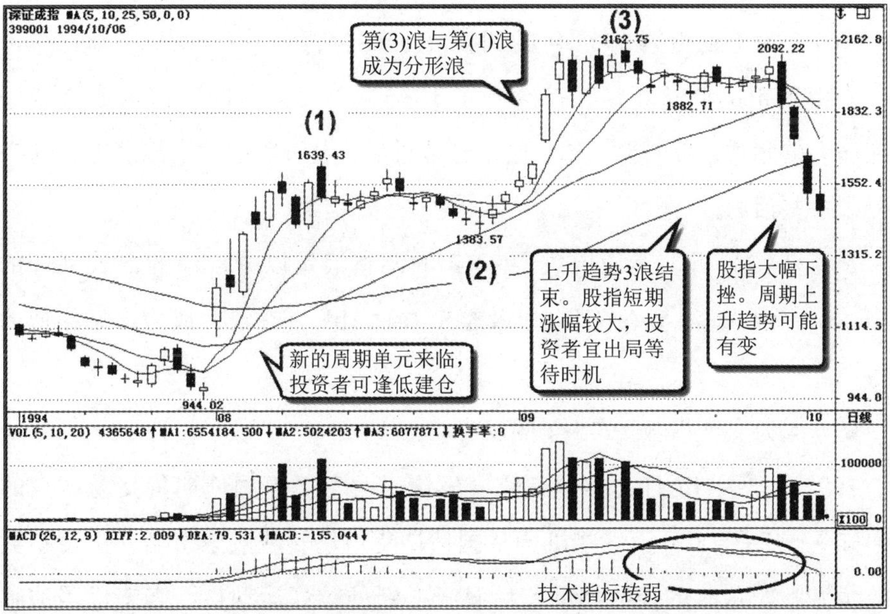

图 7–2　深证成指 1994 年上升趋势浪

沪深股指的强弱比，在上升趋势浪开始的时候约为2.9，而在上升趋势浪结束的时候约为2。该周期单元，上证指数上升趋势浪的升幅大于深证成指。沪深两个市场再次呈现沪强深弱的局面。

《孙子兵法·九地》——入人之地深，背城邑多者，为重地……重地则掠。

1994年8月，主力机构在市场超跌之后发动的“解放军”救市行情如神兵天降，短期之内即已攻城掠地，深入空头驻扎、布防的重地。然而，此时市场获利盘和解套盘的压力越来越大，不宜久战。对于上方套牢压力大的复杂情况，比较稳妥的策略是，采取迅雷不及掩耳的战术，突击超跌个股，获取丰厚盈利，以补充自己的实力。

从时间计算，沪深两市本轮周期只持续了1个多月，市场形成的2年原生周期的运行规律是否还会延续下去？看来这些难解的迷局，只有等待市场来为我们释疑了。

上海股市经过1个多月的强劲回升后，再次大幅走低。面对风向多变的市场，投资者该何去何从呢？

图7-3为上证指数1994年的调整浪。

上海股市的调整行情，持续到了1995年2月。当时，市场成交量好像重症病人的脉搏，微弱得可怕。这年春节过后，上海股市才走出萎靡的状态，恢复了一些活力。

从走势图分析，上证指数1994年的调整浪是以分形浪的方式展开的，其中，调整浪(c)浪与(a)浪，以及整个(a)、(b)、(c)浪，成为形态相似的分形浪。

图7-4为上证指数1995年的反弹浪。

1995年5月17日，中国证监会发出《关于暂停国债期货交易试点的紧急通知》。5月18日，一些机构从国债期货市场转战股票市场，上证指数突然放量井喷。这时的指数如助跑后纵身一跃的跳高运动员，姿态优美地腾空而起，在投资者的惊呼声中冲向高处。横杆在哪儿？第一目标——1994年救

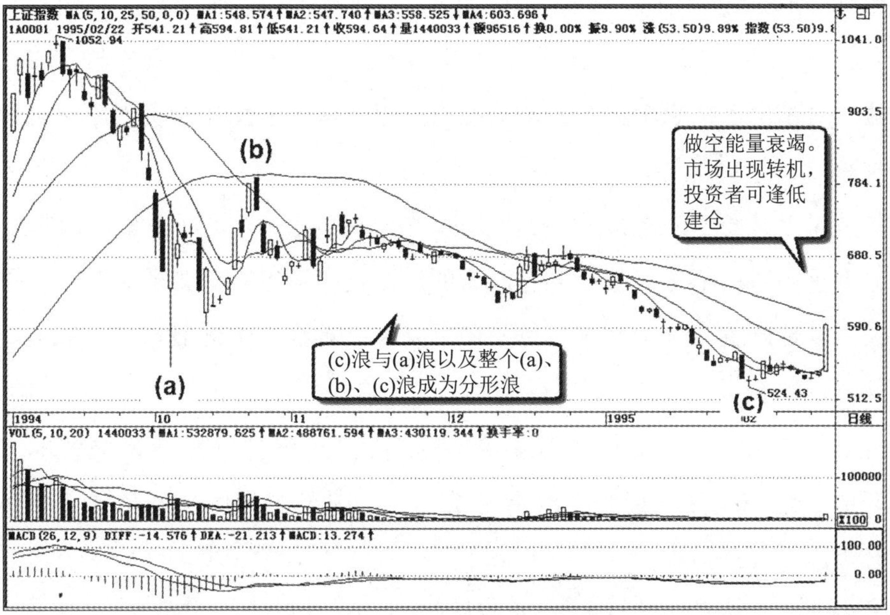

图 7-3　上证指数 1994 年调整浪

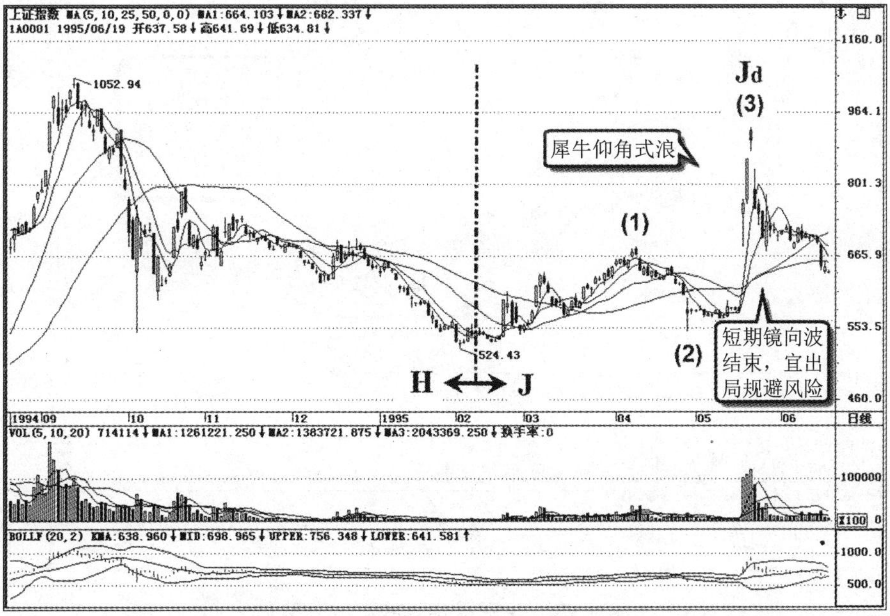

图 7-4　上证指数 1995 年反弹浪

市行情的 1052.94 点！

1995 年 5 月 22 日，国务院证券委宣布，当年新股发行规模将在二季度下达。对于患上“恐新症”还未治愈的股市，这一消息让投资者不由得惊出一身冷汗。

放量上升的上证指数，眼看就要过“杆”了，在一声突如其来地重喝之下，便失去重心坠落下来。唉，再有能耐的运动员，还得听裁判的哨音啊！仅仅几天，管理层就开出了两张截然不同的处方，重症未愈的股市，又如何经得起这般折腾。

从图 7-4 分析，上证指数 1995 年的反弹形态是以短期镜向波的方式展开的。整个反弹行情为 3 浪上升结构，波浪形态为犀牛仰角式（独角）上升浪。

图 7-5 为深证成指 1994 年的调整浪。

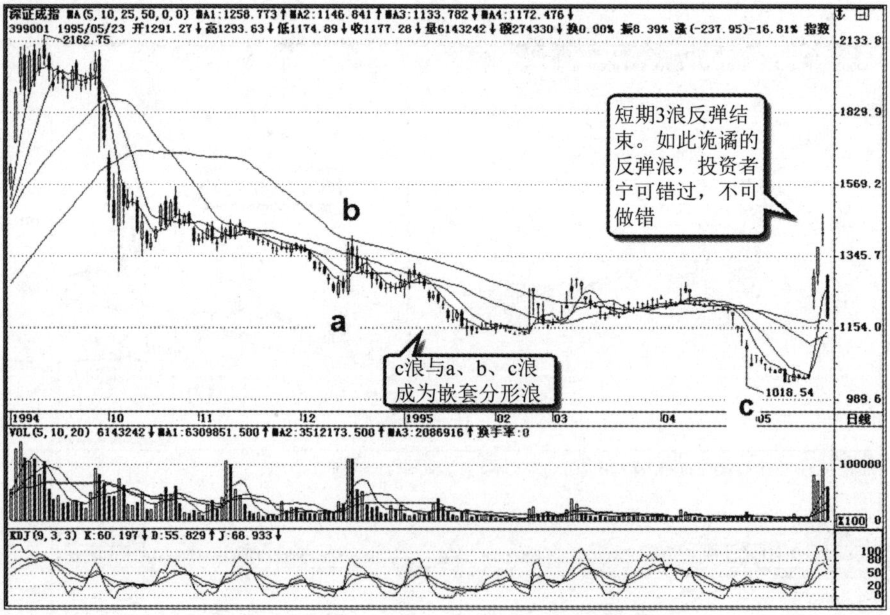

图 7-5　深证成指 1994 年调整浪

1994 年 9 月，深圳股市持续 1 个多月的救市行情结束之后，市场再次大幅走低。

嵌套分形浪

嵌套分形浪是指表现为一组形态相似而长度递减（或者递增）的波浪结构，层层嵌套在一起，共同拥有一个终止（或者起始）部分，由此形成的分形浪。嵌套分形浪，是包容分形浪的一个子集。这种结构特殊的分形浪层层嵌套在一起，隐蔽性极强，投资者不易作出正确的识别。

从图 7-5 分析，深证成指 1994 年的调整浪即是一组嵌套分形浪。图中，c 浪与 a、b、c 浪成为形态相似的分形浪。

深圳股市 1995 年的反弹浪，较上海股市晚了许多，而且更加仓促、诡谲，难以捉摸。投资者稍有不慎，便会身处险境。

1995 年 5 月，沪深股市经过短暂的井喷式反弹之后，又陷入了一片迷茫之中。图 7-6 为上证指数 1995 年的调整浪。

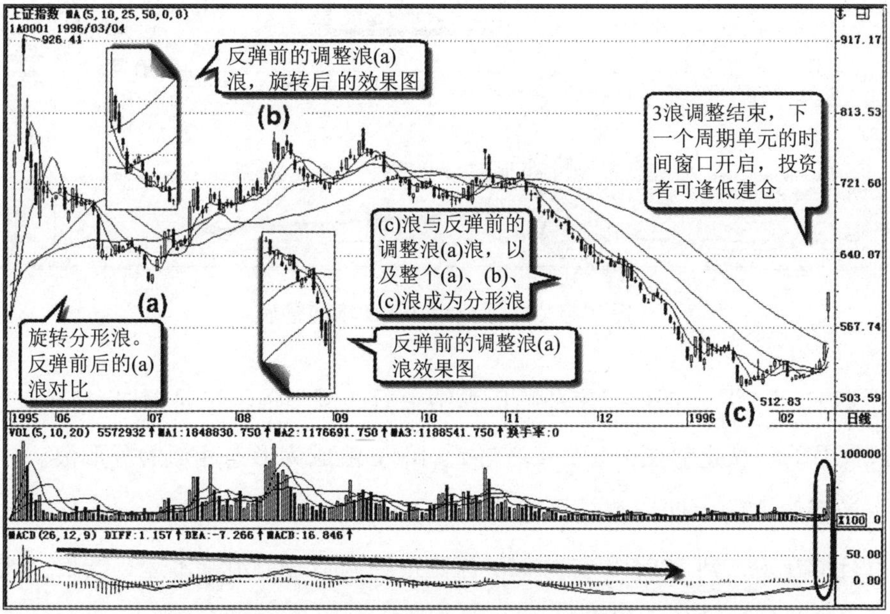

图 7-6　上证指数 1995 年调整浪

从走势图分析，上证指数1995年的调整浪是以分形浪的方式展开的。图中，井喷式反弹后的调整浪(a)浪与反弹前的调整浪(a)浪，成为形态相似的旋转分形浪。图中的旋转分形浪，是主力机构用来欺骗和干扰投资者对市场作出正确分析使出的花招。

图7-6中，调整浪(c)浪与反弹前的调整浪(a)浪，以及整个(a)、(b)、(c)浪，成为形态相似的分形浪。

图7-7为深证成指1995年的调整浪。

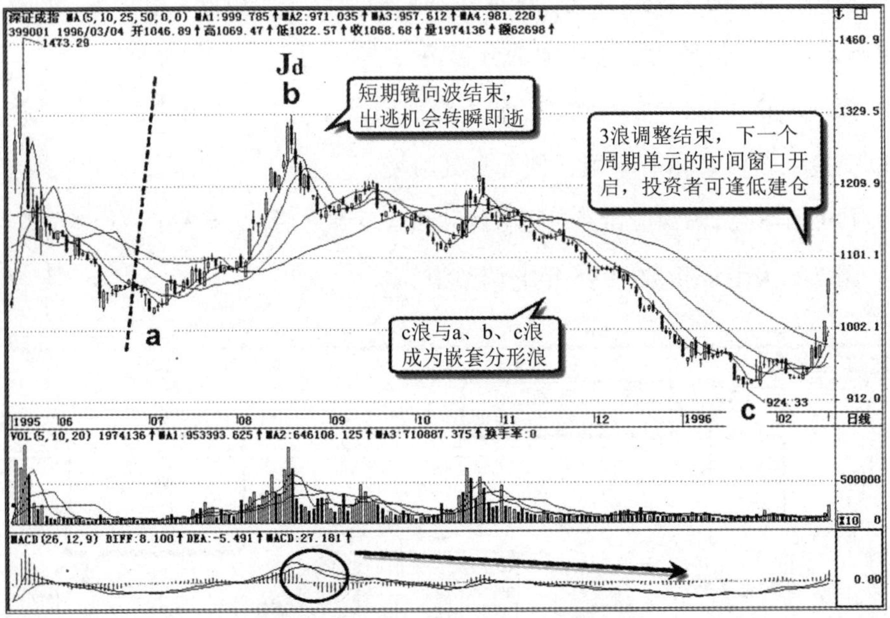

图7-7 深证成指1995年调整浪

1995年5月，深圳股市井喷反弹结束后的调整浪，也是以嵌套分形浪的方式展开的。从走势图分析，c浪与a、b、c浪成为形态相似的分形浪。

沪深股市的中期调整趋势延续到了1996年1月。从1994年8月1日的救市行情开始，到1996年1月，沪深两市的调整分形浪基本运行结束，该周期单元已经持续了约1年半。

1996 年初，沪深股市在底部附近维持了近 1 个月的盘整蓄势。春节后开市的第 1 天，沪深两市突然高开高走，奋力摆脱均线系统的层层封锁。下一个周期单元的时间窗口开启了。

图 7-8 为上证指数的周期折返浪。

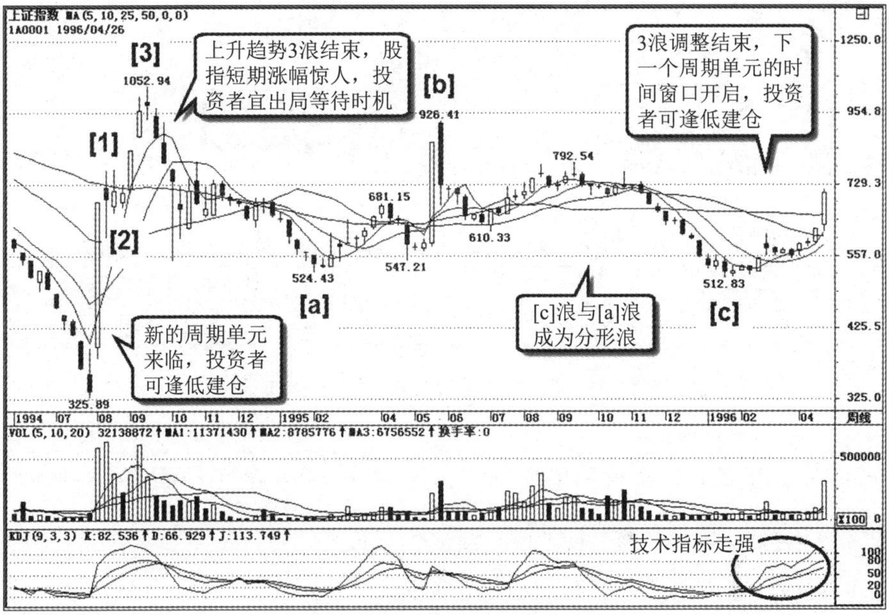

图 7–8　上证指数周期折返浪

上证指数折返浪的波浪结构为 3 浪调整形态，其中，调整浪 [c] 浪与 [a] 浪成为形态相似的分形浪。行情从 1052.94 点开始，至 512.83 点结束，持续时间接近 1 年半，跌幅约 50%。

图 7-9 为深证成指的周期折返浪（过渡浪）。

深证成指折返浪的波浪结构为 3 浪调整形态。行情从 2162.75 点开始，至 924.33 点结束，持续时间接近 1 年半，跌幅约 60%。

沪深股指的强弱比，在折返浪开始的时候约为 2，而在折返浪结束的时候约为 1.8。该周期单元，深证成指折返浪的调整幅度大于上证指数。

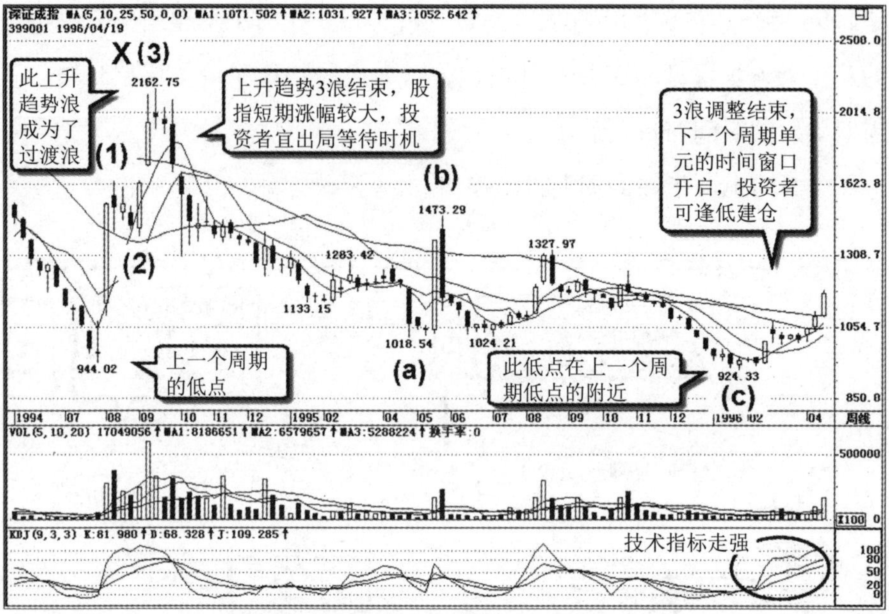

图 7–9　深证成指周期折返浪（过渡浪）

沪深股指整个周期折返单元的运行时间为 1994 年 8 月至 1996 年 1 月，周期约 1 年半，接近市场的 2 年原生周期。

沪深股市该周期单元与以往的周期单元有些不同，两个市场的上升趋势浪运行时间很短，在走势图的时间坐标方向呈现为压缩状态。波浪形态未能充分展开的上升趋势浪，加上跟随其后的折返浪，运行时间与市场 2 年原生周期前后半年时间窗口的规律基本相符。

由于该周期单元在上升趋势浪之后，跟随了同一周期的折返浪，所以该周期单元的波浪形态称之为周期折返浪。相对于以周期上升浪和周期调整浪形成的完整波浪循环，周期折返浪可以看作是将时间轴压缩了的较小的波浪循环。周期折返浪的出现，充分表明证券市场具有混沌系统所蕴含的复杂性和多样性。

该周期单元，上证指数虽然未能突破历史高位，但成功扭转了空头横行的市场环境，管理层救市的目的也已基本达到。主力机构运用孙子兵法“其势险，其节短。势如扩弩，节如发机”的进攻策略，如风卷残云一般扫荡了市场中盘踞的空头势力，为市场的休养生息创造了有利条件。

个股实盘分析

1994 年 8 月，沪深股市在利好政策的支持下，展开了一轮快速上攻的火爆行情。上海股市嘉丰股份在这一轮行情中的表现颇为抢眼。

图 7-10 为嘉丰股份（金丰投资）1994 年的上升浪。

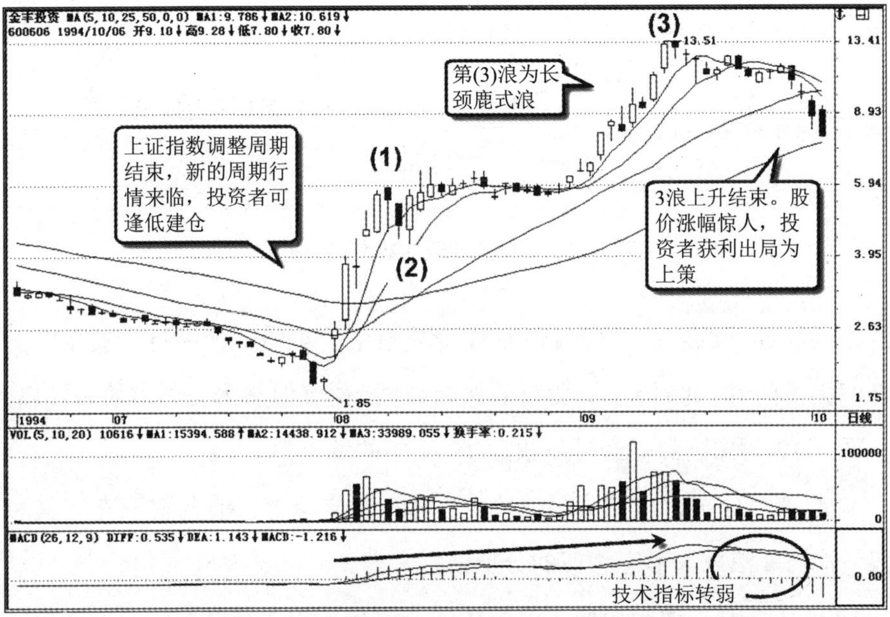
(3)
第(3)浪为长颈鹿式浪
上证指数调整周期结束，新的周期行情来临，投资者可逢低建仓
(1)
(2)
3浪上升结束。股价涨幅惊人，投资者获利出局为上策
技术指标转弱

图 7–10　嘉丰股份（金丰投资）1994 年上升浪

从走势图分析，嘉丰股份的波浪结构为 3 浪上升形态，升幅约 600%。

1994 年 1 月，深原野经过重组更名为世纪星源，出现在深交所的行情板上。1994 年 8 月，世纪星源在深圳股市的快速反弹行情中一鸣惊人。

图 7-11 为世纪星源经过复权，1994 年的上升浪。

从走势图分析，世纪星源的波浪结构为 3 浪上升形态，升幅约 700%。

1994 年 9 月，沪深股市如火如荼的救市行情忽然偃旗息鼓。对于潮起潮

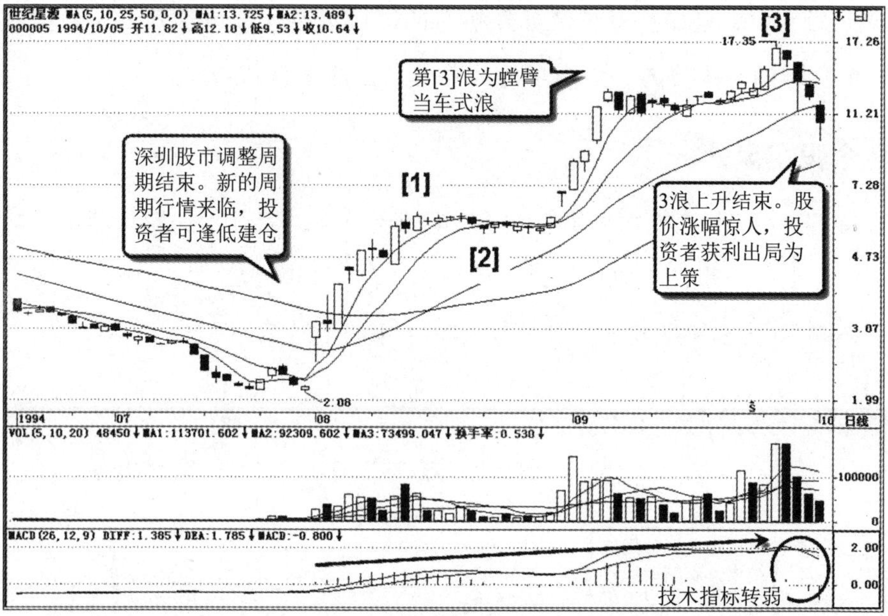
[3]
第[3]浪为螳臂当车式浪
深圳股市调整周期结束。新的周期行情来临，投资者可逢低建仓
[1]
[2]
3浪上升结束。股价涨幅惊人，投资者获利出局为上策
技术指标转弱

图 7-11　世纪星源 1994 年上升浪

落的市场，起伏跌宕的个股就像是惊涛骇浪中的小船，让手持“船票”的投资者们去留两难。此时，上海股市的豫园商城，便好似怒涛汪洋中的一叶扁舟。

图 7-12 为豫园商城经过复权后 1994 年的调整浪。

从走势图分析，豫园商城 1994 年的波浪结构为 3 浪调整形态，其中调整浪 c 浪与 a 浪成为形态相似的分形浪。

1995 年 2 月，豫园商城 3 浪结构的调整分形浪运行结束，股价开始震荡回升。从图 7-12 分析，整个 3 浪反弹的波浪形态为犀牛仰角式（独角）上升浪。

图 7-13 为豫园商城经过复权后 1995 年的调整浪。

1995 年 5 月，豫园商城 3 浪反弹结束，股价掉头往下，重新回到中期调整的趋势之中。这一段调整行情持续到了 1996 年 1 月。从图 7-13 分析，豫园商城的波浪结构，为包含延伸浪的 3 浪调整形态。其中，延伸浪 c 浪的子浪，*[c]* 浪与 *[a]* 浪，成为形态相似的分形浪。

1996 年春节过后，豫园商城放量走高，新的中期行情来临了。

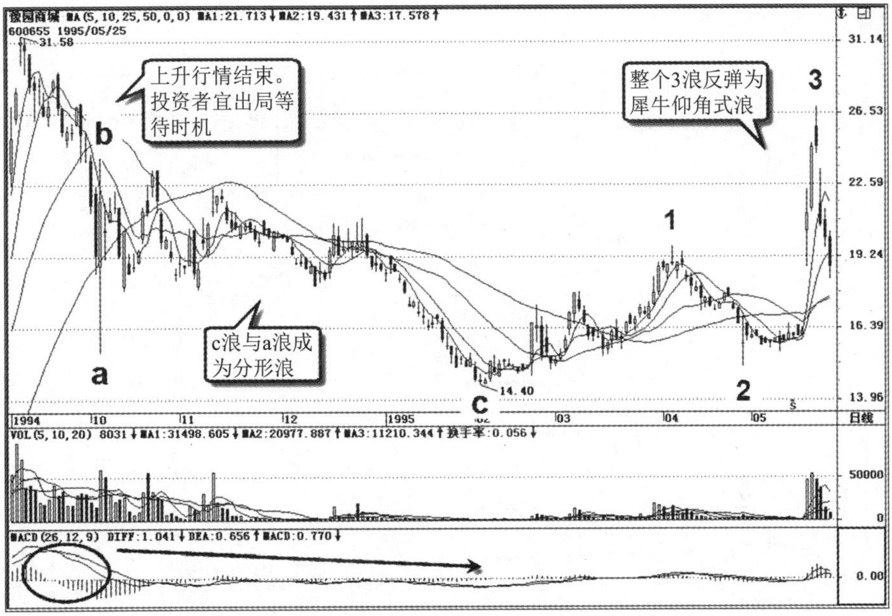

图 7-12　豫园商城 1994 年调整浪

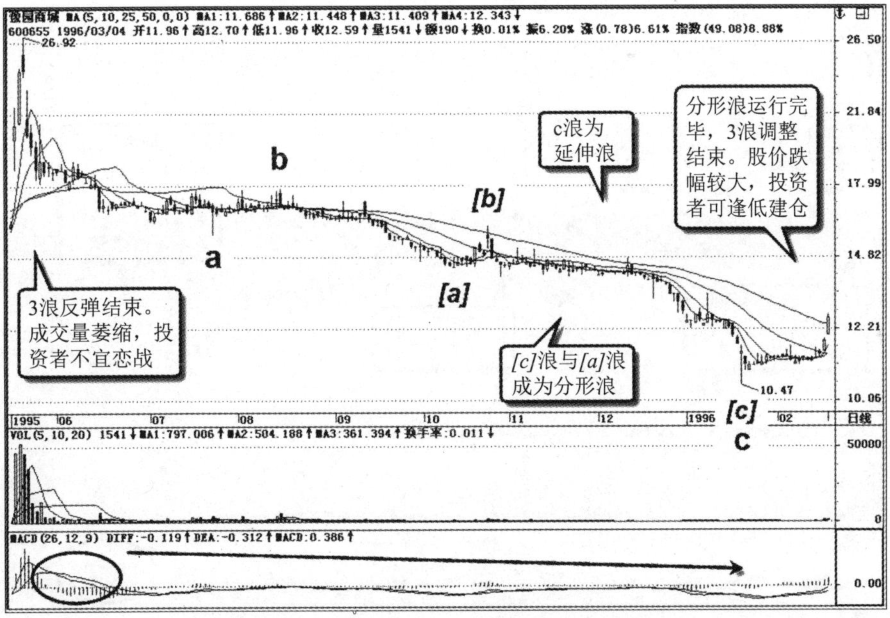

图 7-13　豫园商城 1995 年调整浪

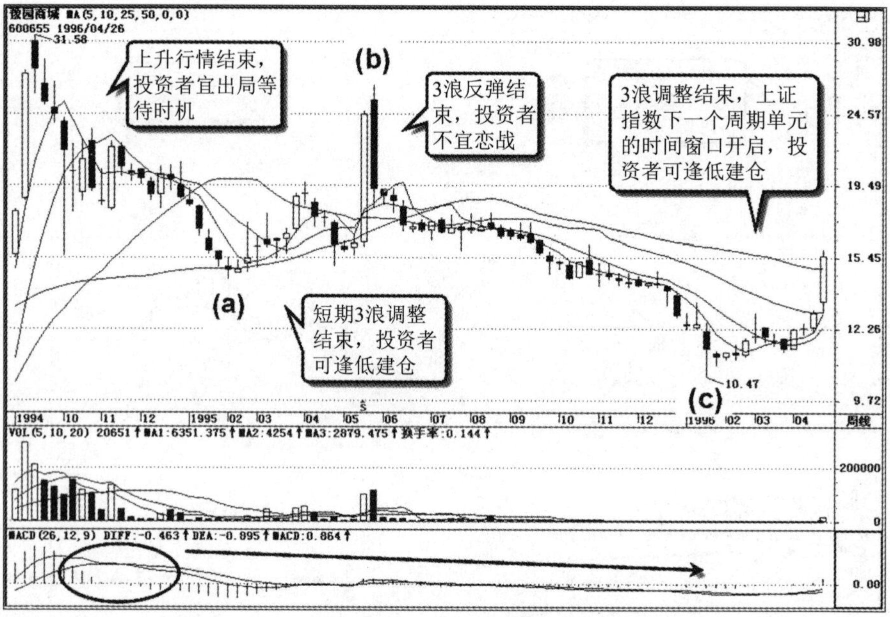
上升行情结束，投资者宜出局等待时机
(b)
3浪反弹结束，投资者不宜恋战
3浪调整结束，上证指数下一个周期单元的时间窗口开启，投资者可逢低建仓
(a)
短期3浪调整结束，投资者可逢低建仓
(c)

图 7-14　豫园商城 1994 年折返浪

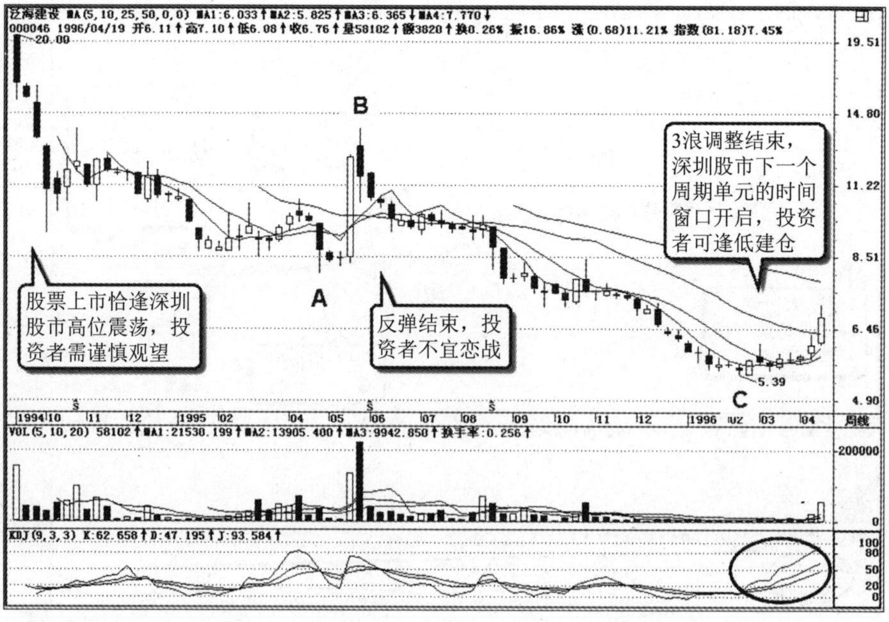
B
3浪调整结束，深圳股市下一个周期单元的时间窗口开启，投资者可逢低建仓
A
股票上市恰逢深圳股市高位震荡，投资者需谨慎观望
反弹结束，投资者不宜恋战
C

图 7-15　深南物 (泛海建设)1994 年调整浪

图 7-14 为豫园商城经过复权，1994 年的折返浪。

从走势图分析，豫园商城折返浪的波浪结构为 3 浪调整形态，跌幅约 70%。

1994 年 9 月，深圳股市的救市行情忽然结束。恰好在此时上市的深南物不幸遭遇深圳股市的折返浪，被无情地卷入中期调整的漩涡之中。

图 7-15 为深南物（泛海建设）经过复权后 1994 年的调整浪。

从走势图分析，深南物的波浪结构为 3 浪调整形态，跌幅约 70%。

点评

至 1996 年 1 月，沪深股市三种类型的周期（上升周期、调整周期和折返周期）依次出现，为投资者分析和把握市场运行规律提供了很好的实例。

证券市场的运行方式具有混沌系统的复杂性和多变性。A 股市场 1994 年 8 月的救市行情，与以往的上升行情有很大的不同。这一波行情来势迅猛而且短暂，让人感到措手不及，难以适应。

在当时的情况下，能够较准确地把握行情底部和顶部的投资者，恐怕是屈指可数的。主力机构这种强悍的操盘手法，让人无限敬畏，同时又感慨万千。

该周期单元，主力机构较好地运用了孙子兵法“其势险，其节短”和“重地则掠”这两种策略，基本达到了预期目的，为市场后期的运行做好了相应的准备。

相对波浪理论的 3 浪运行模式，对于市场的中期趋势和短期趋势同样适用。短期趋势的 3 浪上升结束后，经过适当调整，若无延伸浪或者下一波短期趋势的 3 浪上升出现，则市场行情不能够深入展开。投资者可“逢 3 必出”，静观其变，保住自己的投资收益，回避不可预料的市场风险。

沪深两市1994年8月的“解放军”救市行情，解救了许多被套的投资者，也使反应迅速的跟随者获利不菲。3浪上升的波浪走势，再次得到市场的验证。摈弃艾略特理论5浪上升的陈旧思维，将使你快乐地收获每一段行情的丰厚回报。

第八章 1996年1月至1997年5月：周期上升浪

《孙子兵法·兵势》——凡战者，以正合，以奇胜。故善出奇者，无穷如天地，不竭如江海。

作战的一般原则是，用敌方比较重视的我方正面力量与之相抗衡，伺机发动奇袭，出奇制胜。不局限于常规手段，善于发掘新奇战术的将领，能够把用兵的方法演绎得像天地万物一样无穷无尽，像江河大海一样永不枯竭。

1994年8月，在一轮恢复性的救市行情之后，又经过约1年半的折返走势，沪深股市做空能量已经羸弱无力。调整周期那股凶神恶煞般的蛮力，仿佛被折返周期以巧胜拙的“太极神功”恰到好处地化解了。

沪深股指形态周期分析

1996年初，沪深股市在底部区域维持了近1个月的盘整蓄势。这一年春节后开市的第1天，股指突然高开高走，奋力摆脱均线系统的层层封锁。市场传达的积极信号正在悄悄地告诉投资者，新的周期行情来临了。

转向分形浪

转向分形浪是指表现为市场中新周期单元开始的波浪形态，与上一个周期单元中的某个片段形态相似而成为具有转向特征的一种分形浪。

图 8-1 为深证成指 1995 年折返周期调整浪片段。

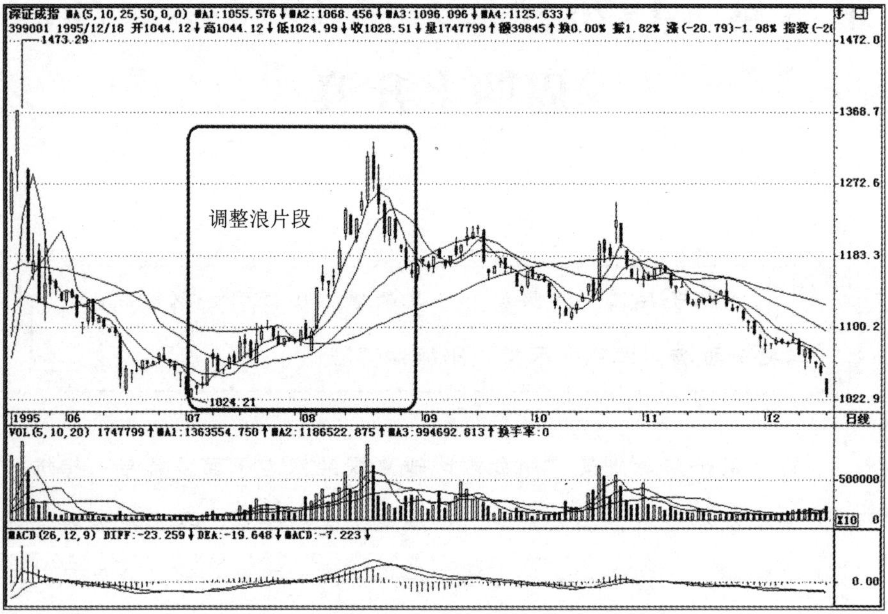

图 8-1　深证成指 1995 年调整浪片段

图 8-2 为深证成指 1996 年的转向分形浪。

深圳股市春节开市冲高后，经过短暂的休整，继续放量走高。

从图 8-2 分析，深证成指 1996 年 1 月至 4 月的波浪结构为 3 浪上升形态。深证成指从底部开始的上升形态，与折返周期调整浪片段（图 8-1），成为形态相似的转向分形浪。

在图 8-1 中，深证成指反弹后的向下调整绵延不绝。而 1996 年初的深证成指，以图 8-1 调整浪的一个片段为模型运行的转向分形浪，上升之后的向

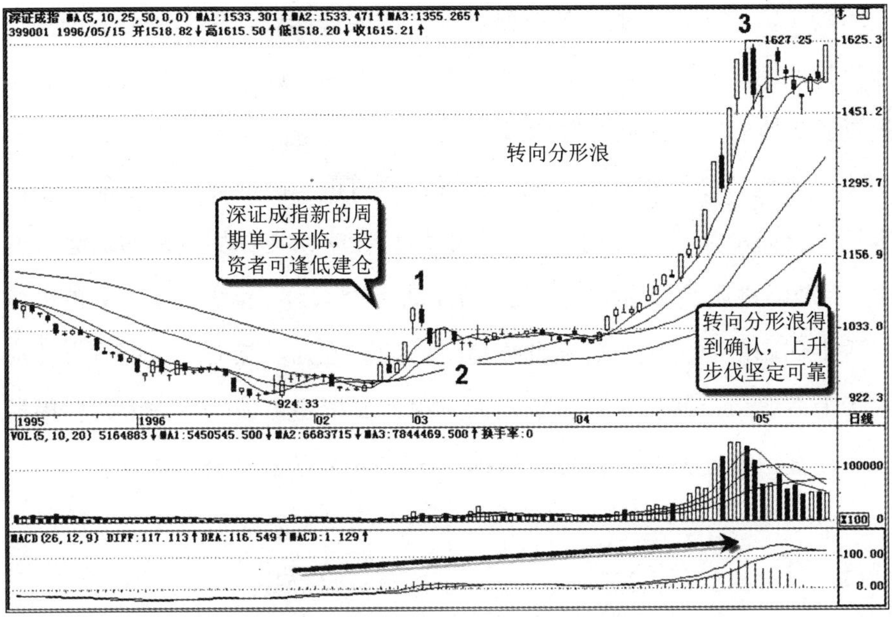

图 8-2 深证成指 1996 年转向分形浪

下调整只持续了短短几天。由此可见，此时的市场环境已经发生了沧海桑田般的变化。

这一年，一项潜在的利好因素正在悄悄地影响着深圳股市。从 1997 年 7 月 1 日起，中国政府开始对香港恢复行使主权。香港特别行政区经历了百年沧桑，将要回到祖国的怀抱。鉴于深圳经济特区与香港特别行政区在地理和经济方面的密切关系，香港回归成为提振深圳股市的一项重大利好。

《孙子兵法·始计》——兵者，诡道也。故能而示之不能，用而示之不用，近而示之远，远而示之近。

市场主力在谋划行情的时候，大多不会按照常规的方式来运作。市场有能力做大行情，表现出来的样子却软弱无力。主力机构已经重仓介入的个股，却看不出有多大的动静。将要发动行情的个股，其消息面和走势却平静得像一潭死水。看似活跃的个股，投资者一旦介入，往后的表现又平平淡淡。

市场主力对于深圳股市的战略思维是深谋远虑的。考虑到自身的实力，主力机构此前一直在着重经营上海股市，而把深圳股市的机会留在最容易激起投资者热情的“香港回归”情节上。

主力机构巧妙运用孙子兵法“兵者，诡道也。故能而示之不能，用而示之不用，近而示之远，远而示之近”的用兵谋略，在深圳股市的弱势折返周期中，大肆吸进质优价廉的成长股，为发动一轮惊天行情做好了充分的准备。

香港回归的官方消息，在此之前早已妇孺皆知。然而，深圳股市此前一直弱于上海股市，甚至于在折返周期，深证成指还击破了前一个调整周期的最低点。直到临近香港回归的1996年，这一利好消息才终于爆发了。

1996年5月，深圳股市在转向分形浪结束之后，便展开了下一阶段的主升行情。

图8-3为深证成指1996年的上升浪。

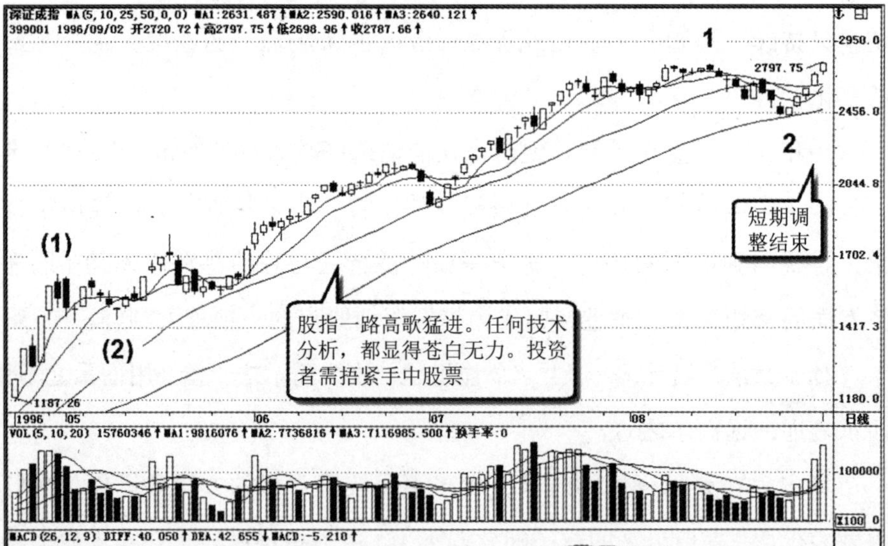

图8–3 深证成指1996年上升浪

深圳股市主升浪的第1浪延续到了1996年8月。从走势图看，深证成指涨多跌少，一路高歌猛进，过关斩将。此时的市场行情，任何技术分析都显得苍白无力。投资者应该做的，就是捂紧手中的股票，让财富像滚雪球一样越滚越多。

回顾中国经济的大环境，1993年下半年以来，我国实施了以治理通货膨胀为首要任务的宏观调控。经过3年的努力，到1996年，宏观调控取得显著成效，国民经济朝着“软着陆”的目标平稳运行。经济增长率平稳回落到适度区间，物价上涨率也回落到适度水平，通货膨胀得到了有效抑制，同时又保持了经济的适度快速增长。

从沪深股指的走势图看，调整周期单元之后的折返周期单元，可以算作与国民经济一致的“软着陆”了。沪深股市的一轮大牛市，就是在这样的历史背景下振奋人心地展开了。

这个时候，全球经济也呈现出一片繁荣景象。IT业的后起之秀美国微软公司，告别DOS时代的Windows95视窗操作系统迅速普及，与其相关的软硬件厂商亦盈利大增。美国资本市场道琼斯指数和纳斯达克指数步入快速上升的轨道。

1996年，以道琼斯指数和纳斯达克指数为代表的美国股市中，绩优蓝筹股的投资理念被市场主力引入到国内沪深股市之中。这一轮行情，主力机构重点出击深圳股市。深证成指也改变了以往屡屡弱于上证指数的尴尬局面，出人意料地走出了轰轰烈烈的大牛市。沪深两市以绩优蓝筹股和高成长科技股为代表的新的投资理念，开创了中国股市价值投资的新时代。

1996年，沪深股市波澜壮阔的牛市行情，引来了各界媒体的广泛关注。各行各业的中国老百姓，从广播、电视、报刊，逐渐领略到资本市场的神奇魅力。人们相聚在一起，谈起股市散发出来的财富效应，无不春风拂面，意气风发。

1996年8月，深圳股市经过短期调整后继续走高。

图 8-4 为深证成指 1996 年的上升浪。

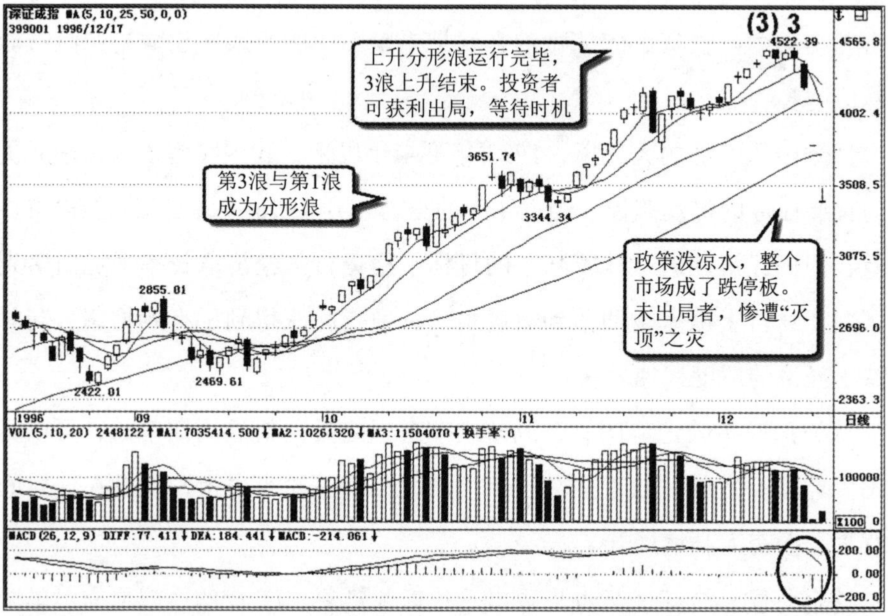

图 8-4 深证成指 1996 年上升浪

从走势图分析，深证成指 1996 年 8 月至 12 月的上升浪，是以 5 月至 8 月的上升浪为模型展开的形态相似的分形浪，它们共同构成了深圳股市最具爆发力的主升浪。1996 年 12 月，深证成指以 3 浪结构为特征的上升分形浪，以及转向分形浪和上升分形浪共同构成的复合上升 3 浪，基本运行完毕。

1996 年，深圳股市火爆的上升行情从年初一直持续到年末，举国上下沐浴着改革开放的春风，处处是一片欣欣向荣的景象。深圳股市不断地刷新历史高点，市场累积的涨幅到了令人吃惊的程度。

熟悉相对波浪理论的读者一定会明白，此时"逢 3 必出"的操作原则，才是投资者应该选择的最佳策略。然而，面对市场红红火火、激情澎湃的景象，又有多少人愿意放手离开呢？

这一年的祥和气氛，同样感染了世界各国的投资者。然而，有一位在全球金融市场举足轻重的人物，却对牛气冲天的股市意外地发表了不太和谐的评论。1996年12月5日，时任美联储主席的格林斯潘在一次讲演中提到，美国股市近期出现了“非理性的繁荣”。

1996年下半年，中国各地随处可见的“全民炒股”现象，开始引起管理层的警觉。10月以后，管理层陆续出台了一系列促使股市降温的措施和政策。但这些措施和政策，对于热情高涨的股市就如同杯水车薪，收效甚微。然而，国内的投资者谁也没有料到，格林斯潘评论美国股市的余音未落，中国股市就突然刮起了一场风暴！

1996年12月16日星期一，《人民日报》发表特约评论员文章《正确认识当前股票市场》。文中给股市定性：“最近一个时期的暴涨，则是不正常和非理性的。”经中国证监会同意，上交所和深交所决定从即日起，对在该两地上市的股票、基金类证券交易，实行价格涨跌幅10%限制和T+1交易制度。

12月12日、13日，沪深股市已经出现了两天比较正常的调整。《人民日报》特约评论员的文章，就好似突然给肠胃不适、消化不良的股市服下了一副猛药。16日、17日两天，深证成指以从未有过的跌停板收市。大多数没有来得及卖出股票的投资者，已经错过逃离的机会，被迅速退潮的市场搁浅了。

图8-5为深证成指1996年短期镜向波。

从图8-5分析，1996年深圳股市在成交量持续放大的推动下，以镜向波结构的方式不断走高。至1996年12月，短期镜向波的火爆行情正式宣告结束的时候，深证成指镜向分形的回溯波已经拟合到了上一个折返周期的最高位。

图8-6为上证指数1995年折返周期调整浪片段。

图8-7为上证指数1996年的转向分形浪。

1996年初，上证指数走势图也出现了转向分形浪，预示新的周期行情正在积极酝酿之中。

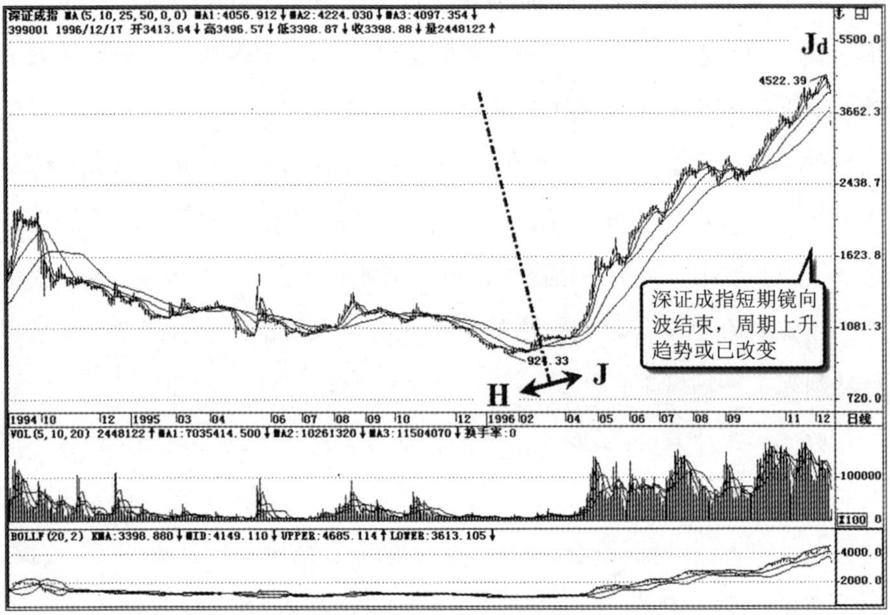

图 8-5　深证成指 1996 年短期镜向波

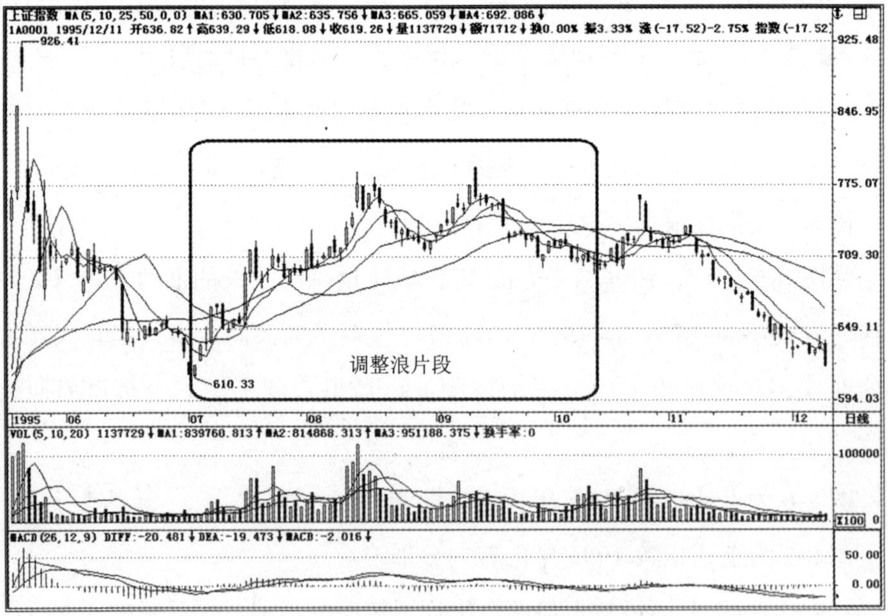

图 8-6　上证指数 1995 年调整浪的片段

1996年初,上海股市在春节开市冲高后,经过短暂的调整,继续放量走高。

从图 8-7 分析，上证指数 1996 年 1 月至 4 月的波浪结构为 3 浪上升形态。上证指数从底部开始的上升形态，与折返周期调整浪的片段（图 8-6），成为形态相似的转向分形浪。

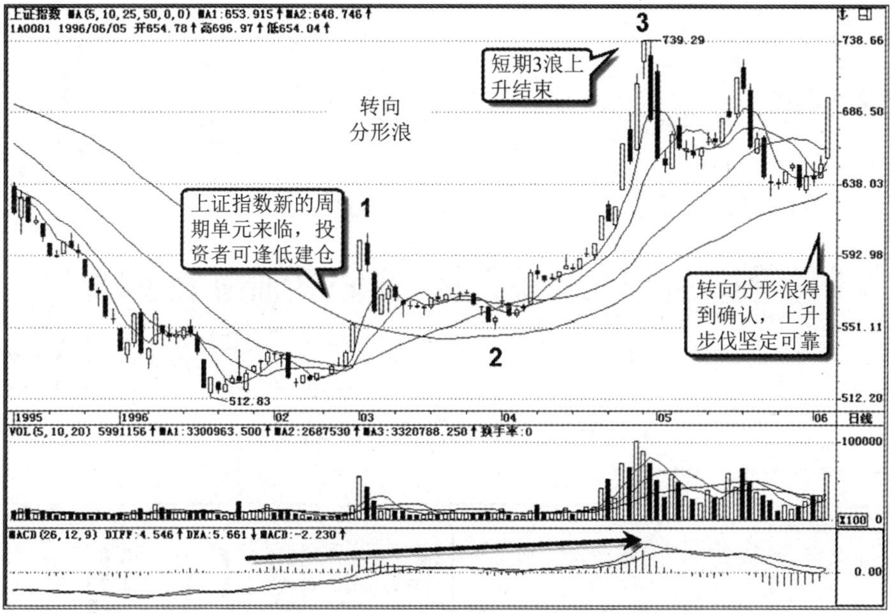

图 8–7　上证指数 1996 年转向分形浪

在图 8-6 中，上证指数反弹后的向下调整绵绵无期。而 1996 年初的上证指数，以图 8-6 调整浪的一个片段为模型运行转向分形浪，冲高后的向下调整持续的时间较短，成功走出了反转形态。市场发出了明确反转信号，表明此轮周期上升行情可以坚信无疑了。

上海股市在转向分形浪结束之后，也开始了下一阶段的主升行情。

图 8-8 为上证指数 1996 年的上升浪。

从走势图分析，上证指数主升浪的第 1 浪，以及随后的第 2 浪，也是由折返周期调整浪的片段演绎、变化而来。投资者可以根据市场的强弱转换，适当调整所持股票的仓位。

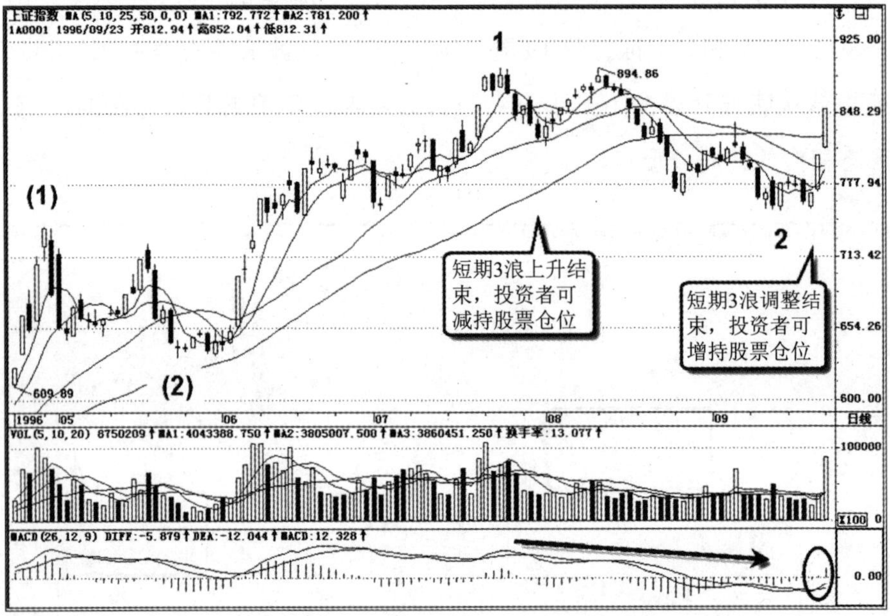

图 8-8　上证指数 1996 年上升浪

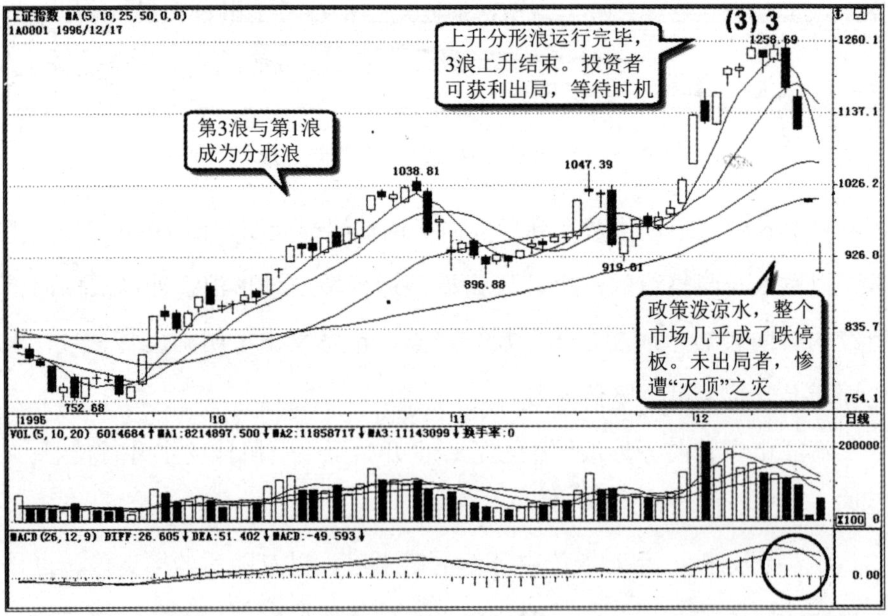

图 8-9　上证指数 1996 年上升浪

图 8-9 为上证指数 1996 年的上升浪。

图 8-10 为上证指数 1996 年短期镜向波。

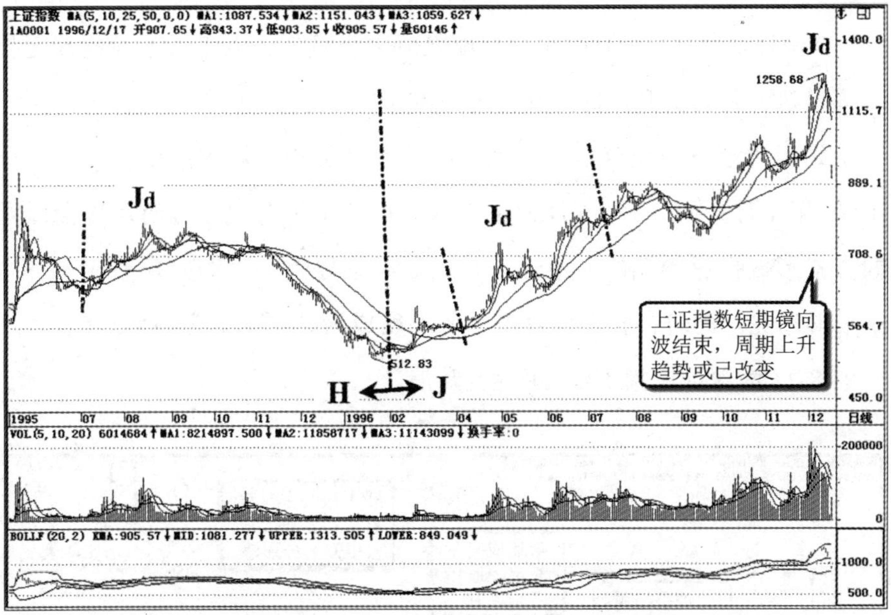

图 8–10 上证指数 1996 年短期镜向波

1996 年 9 月，上海股市的短期 3 浪调整结束。股指在底部蓄势后，开始放量回升。

从图 8-9 分析，上证指数 1996 年 9 月至 12 月的上升浪，是以 5 月至 7 月的上升浪为模型展开的形态相似的分形浪，它们共同构成了上海股市的主升浪。1996 年 12 月，上证指数以 3 浪结构为特征的上升分形浪，以及转向分形浪和上升分形浪共同构成的复合上升 3 浪基本运行完毕。

1996 年，上海股市的涨幅比起深圳股市逊色许多。上证指数虽然未能创出历史新高，但市场总体涨幅较大，"逢 3 必出"的操作原则应该是投资者的最佳策略。12 月 16 日《人民日报》特约评论员的文章，导致市场深幅下挫，来不及卖出股票的投资者叫苦不迭。

从图8-10分析，1996年，上海股市在成交量放大的推动下，以镜向波结构的方式不断走高。至1996年12月，短期镜向波的上升行情正式宣告结束。

1996年末，沪深股市在政策干预之下遭受重创，以迅雷不及掩耳之势坠落。该周期单元的上升行情就此宣告终结了吗?

不妨运用形态周期分形法来做一些必要的分析。该周期单元的上升行情从1996年1月开始，到12月为止，只运行了1年左右。后期走势会以调整浪的方式形成折返周期的波浪形态，还是继续以上升浪的方式形成上升周期的波浪形态呢？此时，管理层对市场的态度成为重要的决定因素。

图8-11为深证成指1997年的上升浪。

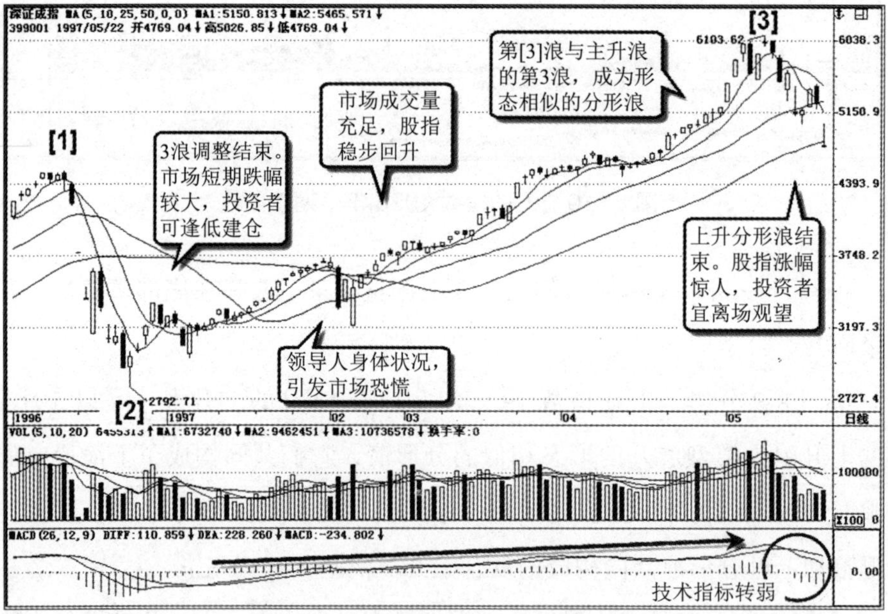
[1]
[2]
[3]
2792.71
6103.62
3浪调整结束。市场短期跌幅较大，投资者可逢低建仓
市场成交量充足，股指稳步回升
第[3]浪与主升浪的第3浪，成为形态相似的分形浪
上升分形浪结束。股指涨幅惊人，投资者宜离场观望
领导人身体状况，引发市场恐慌
技术指标转弱

图8-11　深证成指1997年上升浪

1996年12月，深圳股市连续两天跌停后，继续进行着惊心动魄的大震荡。1周之后，笼罩在市场中的恐怖气氛才渐渐散去。深证成指这一次上屋抽梯

式的调整，下跌幅度约 40%。

1997 年 1 月，深圳股市在成交量的配合下开始逐渐回升。春节过后，市场受利空消息的影响，再次出现大幅震荡。此时，市场成交量始终保持充足、稳定的状态。利空出尽后，香港回归的重大利好因素仍在朦胧地引导着市场。深圳股市顽强地继续回升，并且逐渐演变成与主升浪上升分形浪的第 3 浪形态相似的分形浪（将图 8-4 的第 3 浪中间与相邻的尾部对换）。

1997 年 4 月、5 月，深圳股市不断地刷新历史高点，将整个上升周期单元的行情演绎得淋漓尽致，令人叹为观止。

1997 年 5 月 9 日，国务院发出通知，决定从 5 月 10 日起，将证券交易印花税税率由 3‰调整为 5‰。随后几天，深圳股市迅速回落。

从图 8-11 和图 8-12 判断，该上升周期单元宣告结束。

图 8-12 为深证成指中期镜向波。

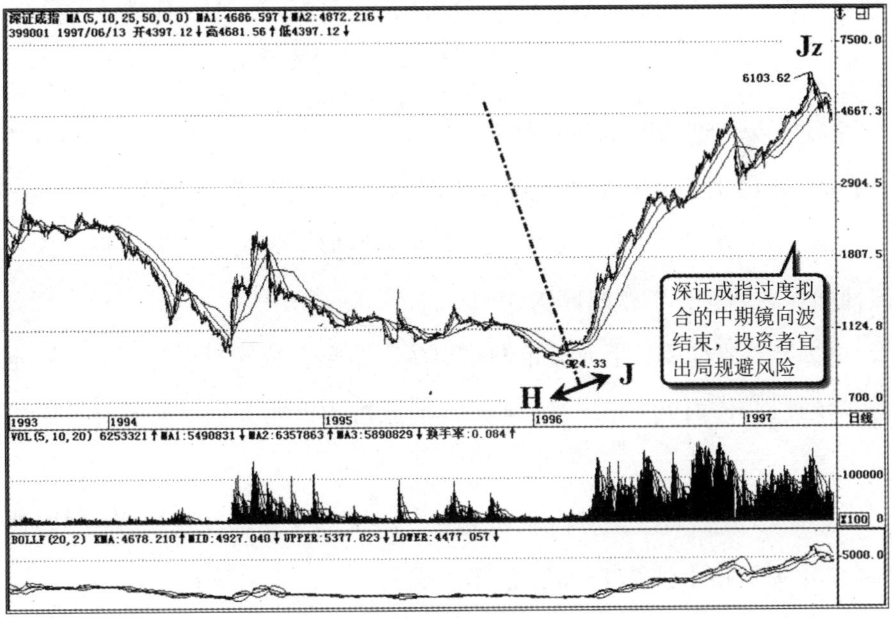

图 8–12　深证成指中期镜向波

图8-13为上证指数1997年的上升浪。

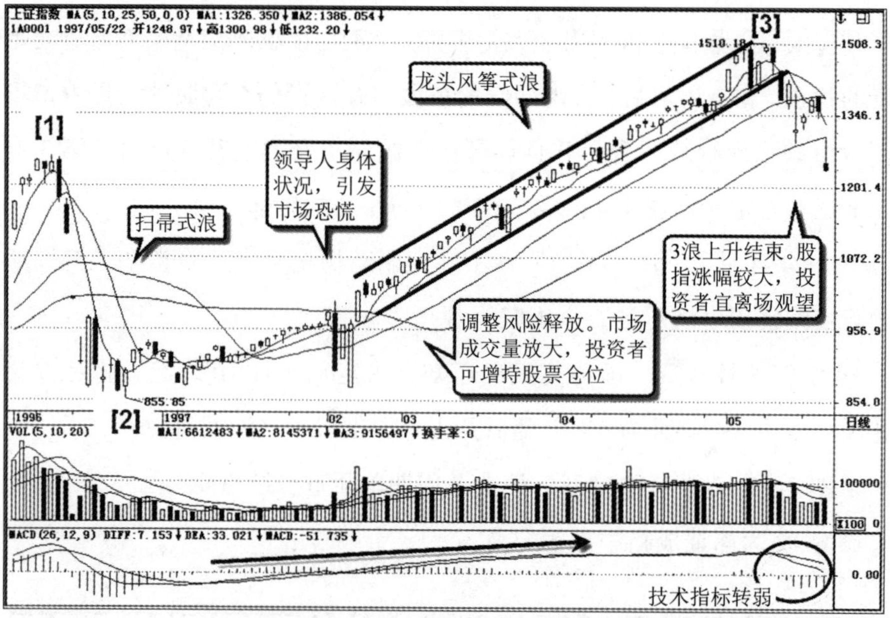
[1]
[2]
[3]
扫帚式浪
领导人身体状况，引发市场恐慌
龙头风筝式浪
调整风险释放。市场成交量放大，投资者可增持股票仓位
3浪上升结束。股指涨幅较大，投资者宜离场观望
技术指标转弱
1510.18
855.85
1508.3
1346.1
1201.4
1072.2
956.9
854.0
日线

图8-13　上证指数1997年上升浪

图8-14为上证指数中期镜向波。

1996年12月，上海股市连续两天深幅下挫之后，跌势趋缓。

从图8-13分析，上证指数第[2]浪的波浪形态为扫帚式调整浪。这一次上屋抽梯式的调整，下跌幅度约30%。

1997年春节过后，上海股市利空出尽，市场在成交量保持充足、稳定的状态下持续回升。1997年3月、4月，上证指数以龙头风筝式上升浪的形态不断走高。

1997年5月9日，国务院发出通知，将证券交易印花税税率由3‰调整为5‰。上海股市上涨至1500点后迅速回落。

从图8-13和图8-14判断，该上升周期单元宣告结束。

沪深股市的上升周期单元，从1996年1月开始，至1997年5月结束，

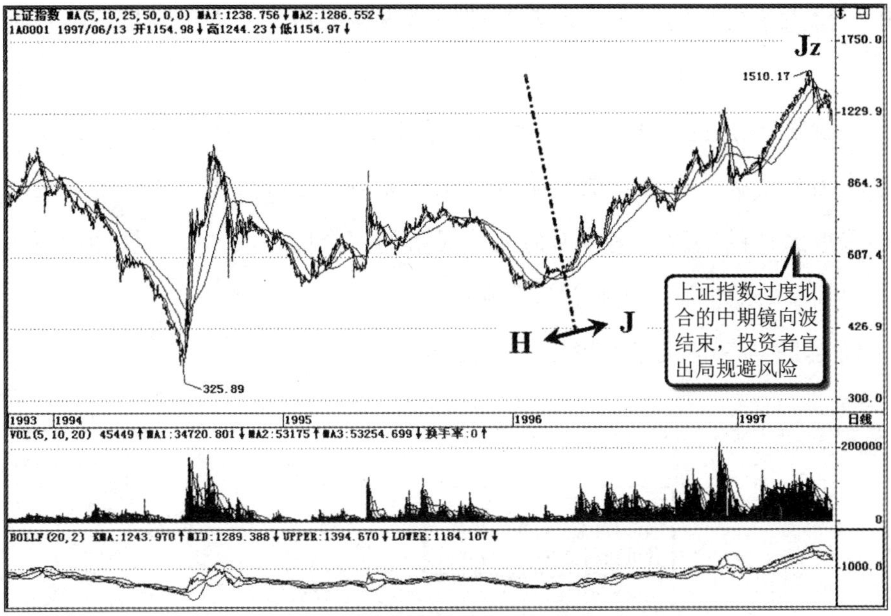

图 8-14　上证指数中期镜向波

持续时间较市场 2 年原生周期前后半年的时间窗口还提前了 2 个月。证券市场具有混沌系统的复杂性特征，这种沪深股市的周期规律中，发生的略微偏离时间窗口的现象，称为时间窗口的漂移。众多机构投资者对深圳股市异常浓烈的热情，在该周期单元得到了毫无保留的宣泄，导致管理层调控市场的力度加大，该周期单元持续的时间略微偏离正常范围，还是可以理解和接受的。

沪深股市 1996 年末的惊悚一幕，让无数老股民至今回想起来仍为之色变。但令人疑惑的是，管理层调控股市的意愿如此强烈，为何对 2 个月后市场重新走牛又采取默认的态度呢？

《孙子兵法 · 地形》——故战道必胜，主曰无战，必战可也；战道不胜，主曰必战，无战可也。

股市中的机会与风险是一对矛盾的统一体。当市场中的机会大于风险的时候，即使管理层欲调控股市，主力机构也会坚持既定的多头思路。当市场中的风险大于机会的时候，即使管理层欲提振股市，主力机构也会消极地按兵不动。

沪深股市遭遇1996年末的政策性调整，之后又重回上升轨道，是因为市场主力深谙孙子兵法“战道必胜，主曰无战，必战可也”的道理。之后管理层采取默认的态度，是否因为充斥股市的“全民炒股”、违规炒股现象，已经得到有效的抑制，无须过问了呢？

图8-15为深证成指的周期上升浪。

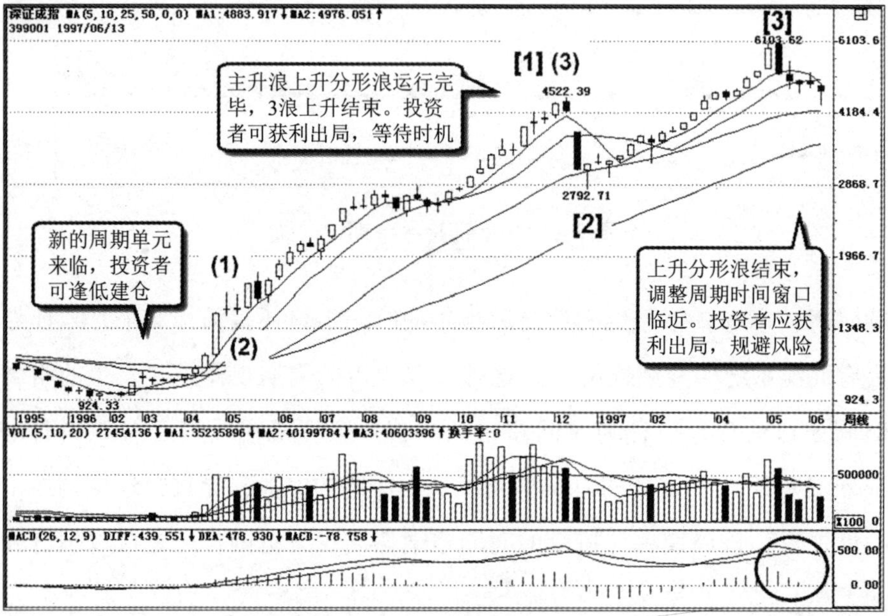
主升浪上升分形浪运行完毕，3浪上升结束。投资者可获利出局，等待时机
新的周期单元来临，投资者可逢低建仓
上升分形浪结束，调整周期时间窗口临近。投资者应获利出局，规避风险
[1] (3)
[2]
[3]
(1)
(2)
4522.39
2792.71
6103.62
924.33

图8–15　深证成指周期上升浪

深证成指周期上升浪的运行时间为1996年1月至1997年5月，周期约1年半，接近市场的2年原生周期。

深证成指整个上升周期单元为3浪上升形态，其中第[1]浪的第(3)浪为主升浪。行情从924.33点启动，至6103.62点结束，升幅约550%。

图8-16为上证指数的周期上升浪。

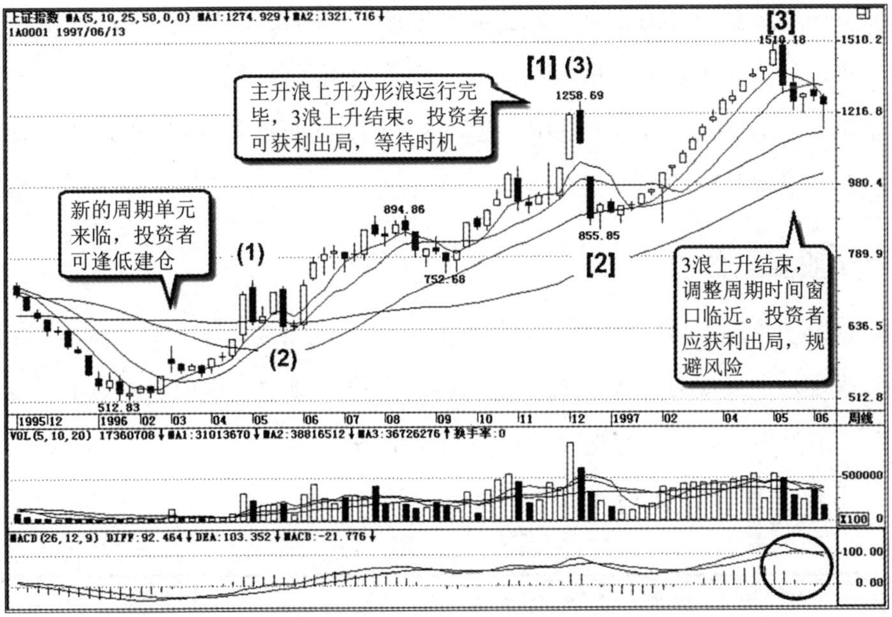

图 8-16 上证指数周期上升浪

上证指数周期上升浪的运行时间为 1996 年 1 月至 1997 年 5 月，周期约 1 年半，接近市场的 2 年原生周期。

上证指数整个上升周期单元为 3 浪上升形态，其中第 [1] 浪的第 (3) 浪为主升浪。行情从 512.83 点启动，至 1510.18 点结束，升幅约 200%。

沪深股指的强弱比，在周期上升浪开始的时候约为 1.8，而在周期上升浪结束的时候约为 4。该上升周期单元改变了以往沪强深弱的市场模式，首次呈现深强沪弱的新局面。

1996 年的上升周期单元，深圳股市的成交量和上升幅度远远超过上海股市。那些长年在上海股市交易的老股民，望着深圳股市越涨越高的股价，心中的酸楚和惆怅无以言表。

市场主力根据自己的实力，以相对较少的资金，运作历来一直作为主战场的上海股市，起到掩人耳目、烘托气氛的作用。主力把主要的资金出人意料地投入历年表现疲弱的深圳股市，彻底颠覆投资者以往的价值判断，充分挖掘市场中蕴藏的潜力，巧妙地获取到更加丰厚的投资利润。

市场主力对沪深股市的战略布局，充分运用了孙子兵法“兵者，诡道也。故能而示之不能，用而示之不用，近而示之远，远而示之近”，以及“凡战者，以正合，以奇胜”的军事谋略。

个股实盘分析

1996 年的深圳股市，深圳本地股百舸争流，异常火爆，板块优势得到了充分体现。“发展才是硬道理”这句时代用语，似乎为深发展这只权重龙头股注入了浮想联翩的神奇魔力，令其身价倍增。

图 8-17 为深发展 1996 年的初始上升浪。

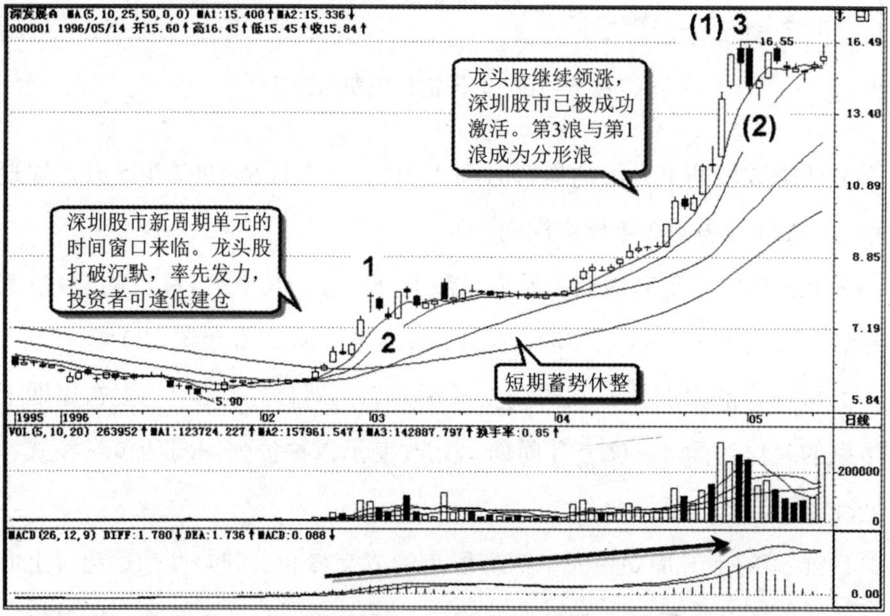

图 8-17　深发展 1996 年初始上升浪

1996 年 2 月，深发展在长期低迷的市场行情中成交量温和放大，悄悄拉出了几根小阳线，走势图中的技术指标也开始有了回暖的迹象。春节过后，深发展股价经过强势震荡休整，于 4 月再度放量，大幅走高。

从走势图分析，该股 3 浪上升的形态非常明显。图中，第 3 浪与第 1 浪都是长颈鹿式上升浪，并且成为形态相似的分形浪。

图 8-18 为深发展经过复权，1996 年的上升浪。

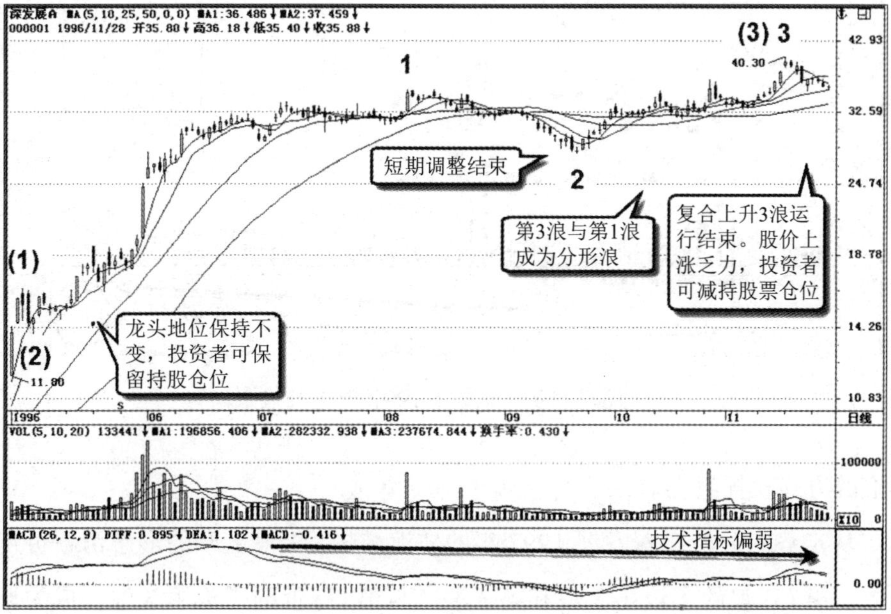

图 8–18　深发展 1996 年上升浪

深发展的股价经过初始上升浪构成的第 (1) 浪后，略微休整，再次发力上攻。

从图 8-18 分析，深发展的波浪结构为 3 浪上升形态。图中，第 (3) 浪的子浪第 3 浪与第 1 浪，成为形态相似的分形浪。

图 8-19 为深发展经过复权后 1997 年的上升浪。

深发展的股价经过两轮分形浪构成的复合上升 3 浪，涨幅已经相当可观。年末，恰逢管理层高调出台调控政策，该股不可避免地重挫下跌，短期跌幅约 30%。

1997 年初，深发展股价逐渐企稳。春节过后，该股再度放量走高，以分

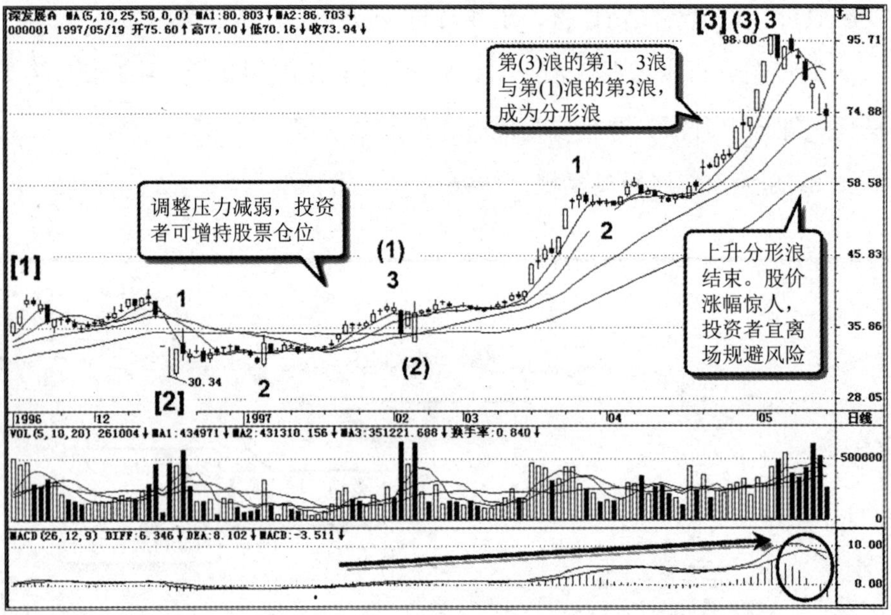

图 8–19　深发展 1997 年上升浪

形浪的方式扶摇直上。

从走势图分析，深发展 1997 年的波浪结构，3 浪上升的形态清晰可辨。其中，第 (3) 浪的子浪第 1 浪和第 3 浪，与第 (1) 浪的子浪第 3 浪，成为形态相似的分形浪。

1997 年 5 月，深发展的上升分形浪运行结束。此时，深证成指下一个调整周期单元的时间窗口也已经临近了。

从图 8-19 和图 8-20 判断，深发展的中期上升浪宣告结束。

图 8-20 为深发展经过复权的中期镜向波。

图 8-21 为深发展经过复权，在深圳股市上升周期单元中的波浪形态。

1996 年，深发展被主力机构甄选为龙头股，初始上涨即进入主升浪，成为鼓舞市场的一面旗帜。

回顾深发展在深市上升周期单元中的走势，虽然波浪形态有些复杂，其 3 浪上升和分形浪的结构还是很明显的。该股总的上升幅度约为 1550%。

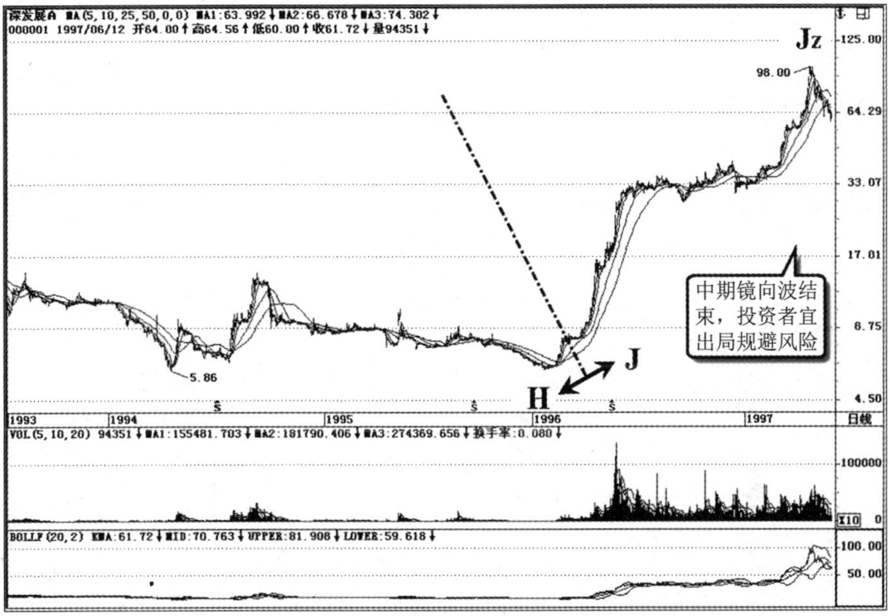
中期镜向波结束，投资者宜出局规避风险
Jz
98.00
5.86
H
J

图 8-20 深发展中期镜向波

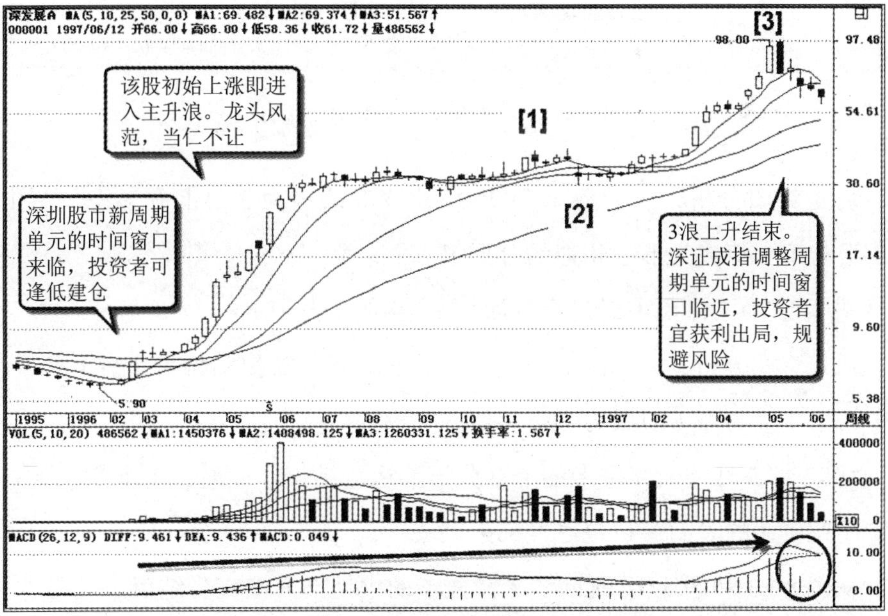
该股初始上涨即进入主升浪。龙头风范，当仁不让
深圳股市新周期单元的时间窗口来临，投资者可逢低建仓
[1]
[2]
[3]
98.00
5.90
3浪上升结束。深证成指调整周期单元的时间窗口临近，投资者宜获利出局，规避风险

图 8-21 深发展 1996 年中期上升浪

1996年上海股市中天津磁卡的走势，其3浪上升和分形浪的结构也非常具有典型性。

图8-22为天津磁卡经过复权后1996年的上升浪。

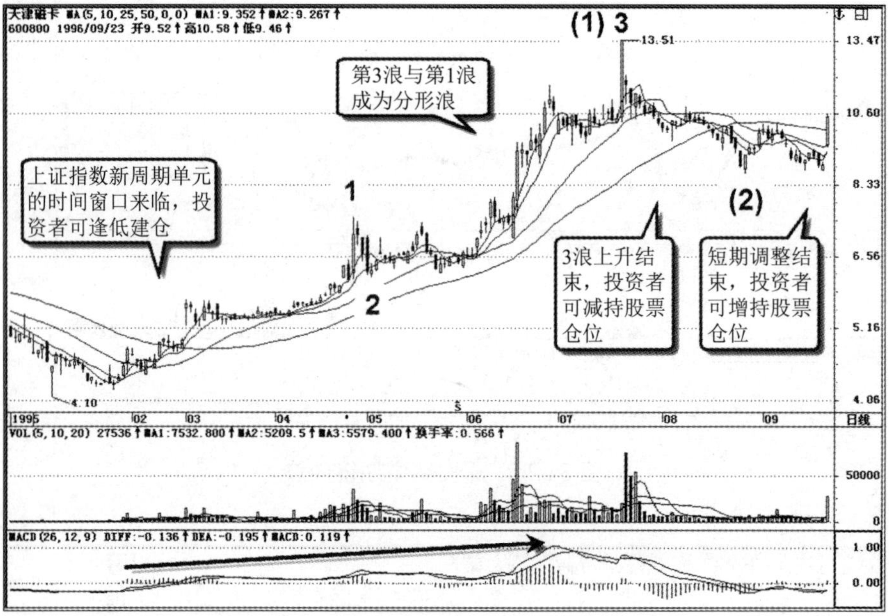
(1) 3
第3浪与第1浪成为分形浪
上证指数新周期单元的时间窗口来临，投资者可逢低建仓
1
2
3浪上升结束，投资者可减持股票仓位
(2)
短期调整结束，投资者可增持股票仓位

图8-22　天津磁卡1996年上升浪

从走势图分析，天津磁卡1996年的波浪结构为3浪上升形态。图中，第3浪与第1浪成为形态相似的分形浪。

图8-23为天津磁卡经过复权后1997年的上升浪。

从走势图分析，天津磁卡1996年至1997年的波浪结构为3浪上升形态。图中，第3浪与第1浪成为形态相似的分形浪。

1997年5月，天津磁卡的上升分形浪运行结束。此时，上证指数下一个调整周期单元的时间窗口也已经临近了。

从图8-23和图8-24判断，天津磁卡的中期上升浪宣告结束。

图8-24为天津磁卡经过复权的中期镜向波。

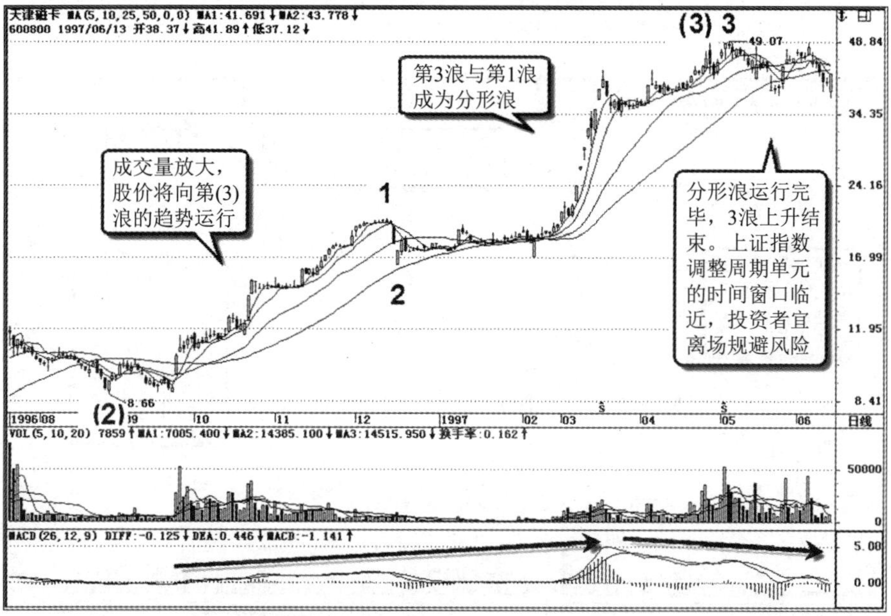

图 8-23 天津磁卡 1997 年上升浪

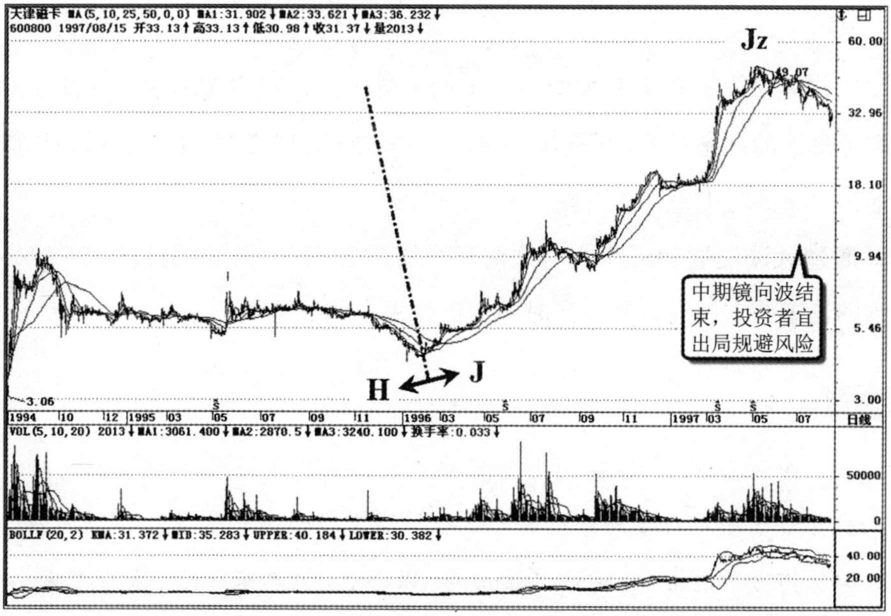

图 8-24 天津磁卡中期镜向波

图 8-25 为天津磁卡经过复权，在上海股市上升周期单元中的波浪形态。

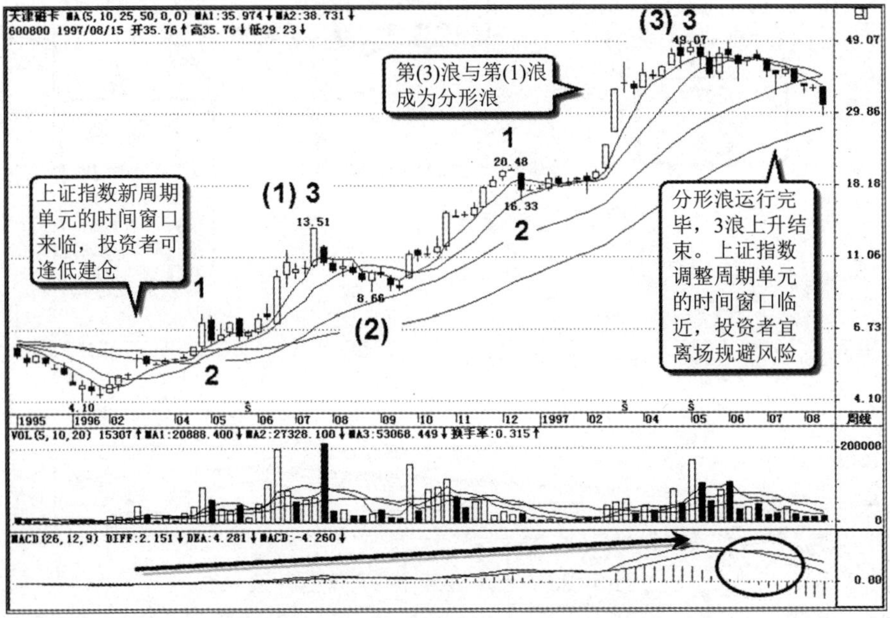

图 8-25　天津磁卡 1996 年中期上升浪

天津磁卡在沪市上升周期单元中的走势，波浪形态清晰明了，其 3 浪上升和分形浪的结构是非常典型的。图中，第 (3) 浪与第 (1) 浪成为形态相似的分形浪。天津磁卡总的上升幅度约 1100%。

通过对深发展和天津磁卡这两只个股的详细分析，经历过 1996 年牛市行情的读者朋友，应该知道当时如何操作手中的股票了吧。

点评

沪深股市 1996 年的上升周期单元，是中国证券市场逐渐走向成熟过程中一次异彩纷呈的大绽放。在市场不断扩容的情况下，主力机构巧妙运用孙子兵法“以正合，以奇胜”的军事谋略，乾坤转换，惊天动地，为中国证券市场气势恢宏的图卷抹上了浓墨重彩的一笔。

从这一上升周期单元大家可以感觉到，主导中国证券市场运行格局的主要因素，绝不是某些散兵游勇抱团结盟就可以造就的。政府对市场合理、有效的监管和疏导，才是决定运行格局的终极推手。

沪深股市披着神秘面纱的周期规律，以及两个市场波峰波谷得以精妙权衡的总体运行格局，着实令人感叹。相对波浪理论的3浪运行模式和形态周期分析法，在这一典型的上升周期单元再次得到了市场的验证。

第九章　1997 年 5 月至 1999 年 5 月：周期调整浪

《孙子兵法·军争》——归师勿遏，围师必阙，穷寇勿迫，此用兵之法也。

敌方军队在有组织地撤退途中，我方不宜拦截阻击。对被围歼的敌军，应该适当留有缺口。敌方陷入绝境，我方不宜过度紧逼。这些都是指挥作战的基本方法。

1997 年 5 月 9 日，国务院发出通知，决定将证券交易印花税税率由 3‰调整为 5‰。5 月 15 日，国家计委、国务院证券委宣布，1997 年股票发行规模为 300 亿元。5 月 21 日，国务院证券委、中国人民银行、国家经贸委作出规定，严禁国有企业和上市公司炒作股票。6 月 5 日，中国人民银行发出《关于禁止银行资金违规流入股票市场的通知》。6 月 13 日，国务院证券委会同中国人民银行、审计署、中国证监会，依法查处一批违规机构，深圳发展银行、申银万国证券公司等因违规被处罚。

1997 年夏，管理层调控股市的决心再度强烈。沪深股市经过充分上扬后，终于在多种因素的影响下节节败退，开始向熊市迁徙。

沪深股指形态周期分析

1997年5月，搭上香港回归“顺风”船扬帆畅游的深圳股市，由于股海风云突变，在驶入众人预期的港口之前，就悄悄地收帆靠岸了。深圳股市在印花税率调整之后节节败退，开始了调整周期单元的“回归”之路。

图9-1为深证成指1997年的调整浪。

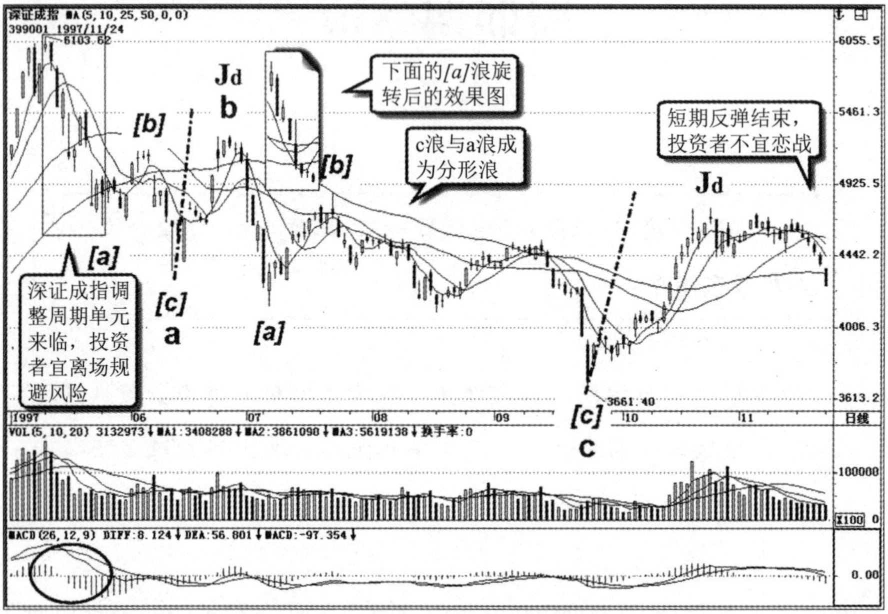

图9–1 深证成指1997年调整浪

从走势图分析，深圳股市1997年5月至9月的调整浪是以3浪结构的分形浪方式运行的，图中的c浪与a浪成为形态相似的分形浪。

深证成指经过4个月的调整，下跌幅度约40%。1997年10月，股指终于喘息稍定，企稳反弹。

图9-2为上证指数1997年的调整浪。

1997年5月，上海股市在印花税率调整之后，与深圳股市同步，也开始

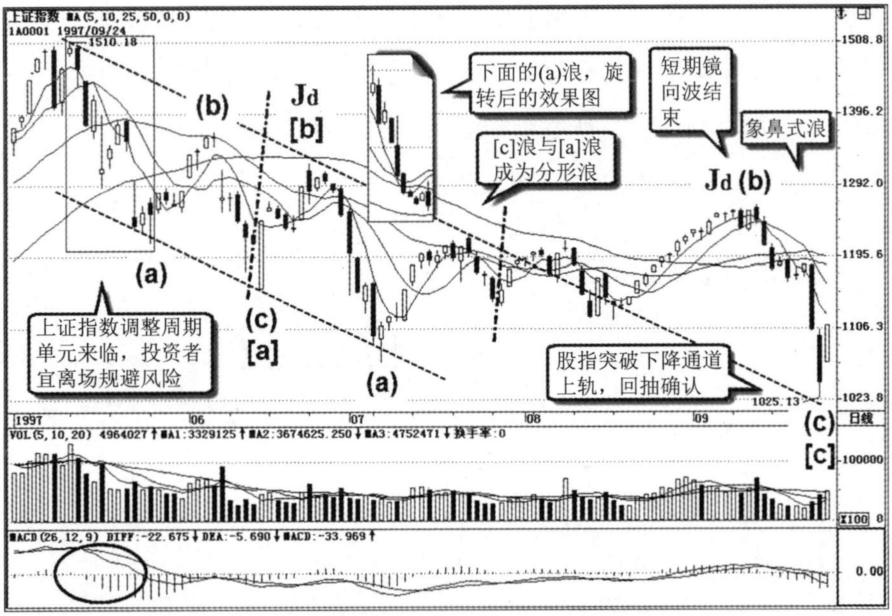

图 9-2　上证指数 1997 年调整浪

了调整周期单元的“回归”之路。

从图 9-2 分析，上海股市的调整浪是以 3 浪结构的分形浪方式运行的。图中的 [c] 浪与 [a] 浪成为形态相似的分形浪。上证指数 [c] 浪的子浪 (b) 浪，竭力突破下降通道上轨，而颇具杀伤力的象鼻式调整浪 (c) 浪，没有穿透下降通道上轨形成的支撑，为后期市场的运行留下一些向好的预期和悬念。上证指数经过 4 个月的调整，下跌幅度约 30%。

孙子兵法“归师勿遏，围师必阙，穷寇勿迫”的原则，在股市中的应用是：当市场调整趋势确认以后，投资者不要轻易“抄底”抢反弹。主力机构在做空股价的过程中，应该适当运作反弹走势，让部分“明智”的被套者“成功出逃”，以达到高位派发的筹码随股价下跌逐渐松动之目的。当股价跌到极低的程度时，主力机构不应该继续做空，否则自己费尽心机打下的江山，可能遭他人“暗算”，城池尽失。

1997 年 10 月，经过深幅下跌后的沪深股市展开企稳反弹走势。

由于深证成指在上一个周期单元的上升幅度大于上证指数，该周期单元深证成指的调整幅度也明显大于上证指数。深圳股市在持续时间约 1 个月，升幅约 30% 的反弹之后，就举步维艰，有心无力了（图 9-1）。

图 9-3 为上证指数 1997 年的反弹浪。

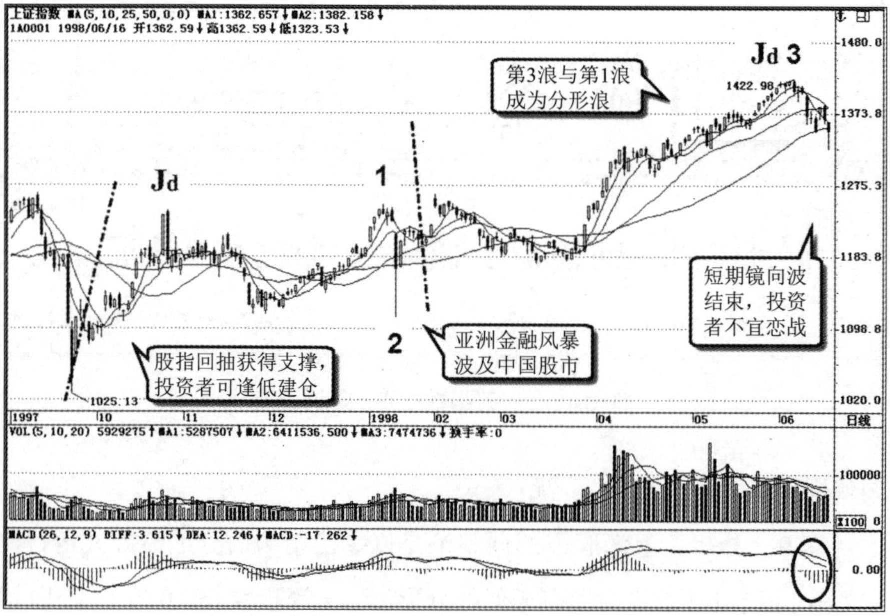
Jd
1
2
Jd 3
1422.98
1025.13
第3浪与第1浪成为分形浪
股指回抽获得支撑，投资者可逢低建仓
亚洲金融风暴波及中国股市
短期镜向波结束，投资者不宜恋战

图 9–3　上证指数 1997 年反弹浪

上证指数在突破下降通道上轨得到确认之后，开始稳步盘升，如图 9-3 所示。1998 年 1 月 13 日，以 3 浪结构反弹的上证指数，突然像断线的风筝一样跳空低开，飞流直下，多数个股纷纷被摔在跌停板上，一种不祥的恐怖气氛在市场中弥漫开来。

这次突如其来的重击，使深证成指更加疲弱不堪，积重难返，如图 9-4 所示。而突破了下降通道上轨的上证指数，在这种重压面前会更弦易辙，顺势而下吗？

身处国内的投资者或许没有感受到，全球资本市场的风向可谓暗流翻滚，瞬息万变。1997年5月14日，以掌管量子基金的美国大投机家乔治·索罗斯为首的国际炒家，开始对亚洲的泰国货币“泰铢”发动猛烈冲击。

1997年7月，泰铢兑美元的汇率迅速贬值，随后国际炒家相继横扫菲律宾、印尼、马来西亚、新加坡、香港、台湾、日本、韩国金融市场，一场遍及亚洲的金融风暴全面爆发了。

1998年初，亚洲金融风暴再起波澜。香港恒生指数1月12日跌破8000点，至香港回归创下港股辉煌的16820点之后，受金融风暴冲击达到新低。

1998年1月13日，中国内地沪深股市就是在如此恶劣的周边环境影响重挫而下的。到收盘的时候，濒临跌停的沪深股指才艰难地收复了一半失地。由于中国的A股市场并没有对国外投资者开放，亚洲金融风暴的淫威不能够直接在此肆虐。遭受趁火打劫式的震荡之后，沪深股市又继续沿着自身的趋势运行了。

上证指数经过大幅震荡后，在成交量的配合下，以3浪结构的分形浪方式继续反弹。图9-3中，反弹行情的第3浪与第1浪成为形态相似的分形浪。

前面介绍阵形浪的时候，把图9-3中间的部分当作“反弓形浪”来讲解。然而，从上证指数整个反弹的波浪形态分析，前后部分蕴含的相似性特征是比较明显的。之前当作“反弓形浪”的部分，应该还原为线形浪，使整个反弹的波浪形态成为3浪结构的分形浪，更加符合市场运行的规律。

1998年6月，上证指数已经回升至1400点，离前一个上升周期单元的高位只差百点左右。市场中的投资者们不由得有些憧憬——上证指数的反弹或许会演变成反转行情，并且再度超越前期历史高位。投资者们的美好预期会成为现实吗?

然而，令人深感厌恶的亚洲金融风暴，好似邪恶的幽灵，一直在中国周边徘徊。1998年5月15日，八国集团（主要由美、英等西方国家组成）首脑会议在英国的伯明翰召开。集团主席布莱尔在记者招待会上赞扬中国政府维护人民币不贬值的承诺，有助于缓解亚洲金融危机，因为中国的承诺是要付出巨大代价的。

1998年6月2日，腰斩过后略微恢复的香港恒生指数，又遭受了新一轮冲击，再次逼近8000点，中国内地沪深股市也受到牵连应声而下。投资者们盼望上证指数再创新高的美好预期化为了泡影。

上海股市该调整周期单元只运行了1年左右。主力机构对市场结束反弹、重新向下的走势不以为怪，因为正是他们借助孙子兵法“围师必阙”的谋略，采取“欲擒故纵”的手法，通过运作反弹行情，达到使市场重新洗牌的目的，以便为下一轮周期性行情创造出更多机会。

从图9-3分析，上证指数自底部开始的反弹浪为3浪上升形态。行情从1025.13点启动，至1422.98点结束，持续时间约9个月，升幅约40%。

有时候，证券市场好像是一位高明的戏剧大师，能够把人生的悲喜剧放在同一个舞台共同演出。就在上海股市的投资者为上证指数的反弹设想美好预期的时候，深圳股市的投资者却正在为深证成指的疲弱不堪愁容满面。

深圳股市曾经借香港回归的喜庆创造辉煌，此时也因为香港遭受金融风暴的影响而黯然神伤。深证成指在1997年9月的触底反弹只持续了1个月左右，便遇阻回落了。

图9-4为深证成指1998年的调整浪。

深圳股市1998年的调整浪波涛翻滚，凶猛无比。1998年1月13日，受香港恒生指数跌破8000点的影响，深证成指巨幅震荡，元气大伤。1998年上半年，上证指数的反弹节节走高，而深证成指则是一副无精打采的样子。

1998年6月，上证指数受恒生指数再次逼近8000点的影响，结束反弹，黯然回落。深证成指虽无反弹之功，回落下来却是争先恐后，归心似箭。

1998年夏季，中国周边金融风暴的淫威还没有减弱，长江流域以及松花江、嫩江、西江、闽江等河流，又相继发生了特大洪水险情，洪涝灾害非常严重。8月，九江长江大堤一度决口，严重威胁到两岸人民的生命财产安全。中央政府领导亲临现场，指挥抗洪抢险，九江大堤实现了堵口合拢。长江两

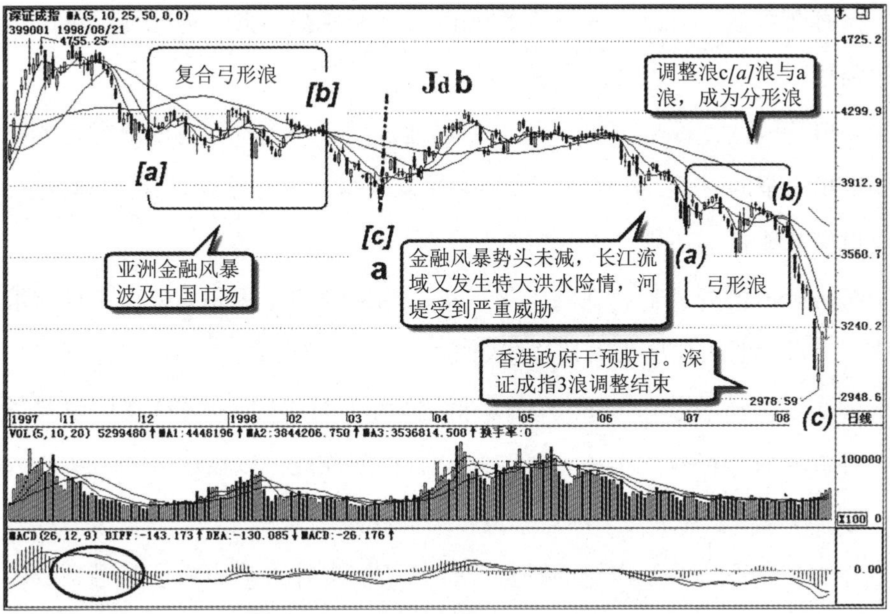

图 9-4　深证成指 1998 年调整浪

岸沿线部队受命全部上堤，百万军民严防死守，与罕见的大洪水进行了殊死搏斗。

1998 年夏季的沪深股市，在如此险峻的形势下如临大敌，如履薄冰。沪深股指也如滔滔江河一样，奔流倾泻而下。被困的投资者们在水深火热般的市场中，痛苦地煎熬。

1998 年 8 月初，国际炒家对港股发动了又一轮狙击。8 月 13 日，恒生指数收于 6660 点的新低。1 年以后，香港回归之时，港股市值几乎被亚洲金融风暴卷走了 60%。

证券市场的运行趋势，是由多空双方参与市场的力量互相博弈形成的，经常是其中一方力量占据主动，另一方力量偏弱，被迫转为防御。1998 年的香港股市，以索罗斯为首的空头炒家，打乱了市场原有的投资者结构，疯狂洗劫市场。香港股市中原有的投资者无力与国际炒家们抗衡，大多损失惨重。香港的金融市场和投资者的资金安全受到了严重威胁。

《孙子兵法·九地》——疾战则存，不疾战则亡者，为死地。是故……死地则战。

1998年8月，香港股市到了必须迅速发动一场力挽狂澜的战役，才能够保证市场安全的时候，怯懦、犹豫则会贻误战机，最终导致崩盘。面对绝境，就应当果断地背水一战。

特区政府的智囊们，在几千年中华璀璨文明的熏陶和无数次市场风浪的历练下，自然明白如何面对这样的处境。

就在恒生指数收于6660点的新低之后，8月14日，香港特区政府不再固守对市场的“积极不干预主义”政策，打破陈规，以雷霆万钧之势介入股市、期市和汇市，直接与国际炒家进行短兵相接的激烈交锋，大量买入股票、期指合约和港币，遏制市场的跌势，打响了抗击外来势力入侵金融领域的港股保卫战。

经过一番苦斗，恒生指数终于摆脱了一泻千里的颓势，开始逐渐企稳回升。疯狂做空市场的国际炒家们损失惨重，铩羽而归。特区政府成功地捍卫了金融市场健康发展的投资环境和秩序。

从亚洲金融风暴中攫取了巨额财富的国际炒家，在香港败走“麦城”之后，一些西方批评者怀着各种心态，指责特区政府的干预行为破坏了自由市场的行为准则。西方的谋略家们想用一副“自由市场”的羁绊，来套住香港的金融市场，供他们驱使、驾驭。中华几千年的文明与智慧，应付这套把戏，则是游刃有余，泰然处之。

1998年的港股保卫战之所以取得胜利，与特区政府恰当地运用了孙子兵法“死地则战”的军事原则密不可分。以索罗斯为首的国际炒家，却因为不懂得孙子兵法“穷寇勿迫”的军事法则，遭到沉重打击。这是一次在特殊场合下东西方文化的对话。孙子兵法亦有“知己知彼，百战不殆”的训诫，国际炒家接连犯下兵法中只“知己”而不“知彼”，以及“穷寇勿迫”的大忌，为他们的最终失败埋下了祸根。

1998 年 8 月，港股保卫战打响之后，中国内地的沪深股市也迅速止跌反弹，以示声援。9 月初，港股保卫战初战告捷。此时，中国内地多条河流的抗洪抢险斗争，在数百万军民发扬不怕牺牲的顽强拼搏下，也取得了决定性的伟大胜利。1998 年夏末，对沪深股市构成重大威胁的两个不利因素终于解除了。

从图 9-4 分析，深证成指 1998 年的调整浪走势异常凶猛，结构也较为复杂。图中，以 3 浪方式为特征的波浪形态还是比较明显的，其中，调整浪 *(a)*、*(b)*、*(c)* 浪与 *[a]*、*[b]*、*[c]* 浪，成为形态相似的分形浪。

该调整周期单元中，投资者过去难得一见的弓形浪频频出现。如果事先没有掌握认识和辨别它们的知识，这种难以捉摸的阵型浪，对于投资者分析市场走势，必定会造成干扰和影响，尤其是 a 浪中出现的双弓搭箭式的复合弓形浪，更会让人困惑不已。不过，频频出现的弓形浪，也为投资者寻找分形浪的踪迹提供了一定的帮助。

1998 年 6 月，上海股市受港股影响结束反弹后，长江流域等多条河流发生了特大洪涝灾害，上证指数受此影响快速回落。

《孙子兵法·兵势》——故善战人之势，如转圆石于千仞之山者，势也。

在市场中，掌握了主动权的主力机构，利用危机重重的港股，以及内地多条河流发生特大洪涝灾害的影响，将纳入了庞大市值的上证指数从 1400 多点的高位挪移推拽而下，对于敏感而脆弱的市场造成的崩塌之势，就好像有人将巨大的圆石从极高的山顶滚落下来，造成不可阻挡的气势一样。

图 9-5 为上证指数 1998 年的调整浪。

从走势图分析，上证指数 1998 年的调整浪是一组以象鼻式调整浪为模型的嵌套分形浪。调整趋势末端的 *a*、*b*、*c* 浪，以杀伤力极强的象鼻式调整浪出现。调整趋势开始部分力度渐缓的结构，则是主力机构为隐蔽性极强的嵌套分形浪事先所做的精心准备。这组嵌套分形浪，最终形成了结构复杂的嵌套象鼻式调整浪，将象鼻式调整浪的强悍威力发挥到了极致。

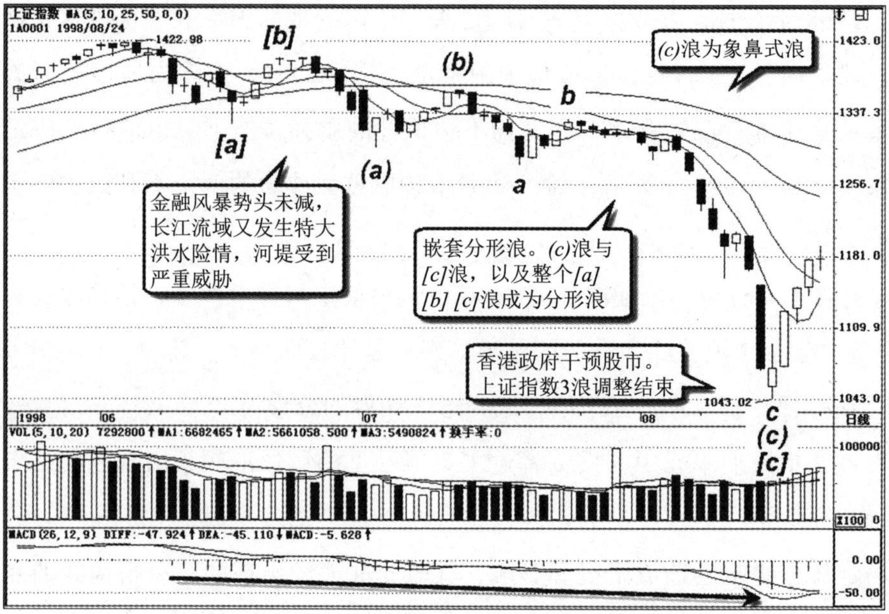

图 9–5　上证指数 1998 年调整浪

图中，级别较低的象鼻式调整浪 *(c)* 浪，与略高一级的 *[c]* 浪，以及整个 *[a]*、*[b]*、*[c]* 浪，成为形态相似的分形浪。

上证指数在嵌套分形浪的驱动下，一口气跌至1000点附近。1998年8月，港股保卫战打响后，上海股市才止跌回升。

1998 年 9 月初，内地多条河流的抗洪抢险斗争取得了伟大胜利。在利空因素解除后，上海股市展开了超跌反弹。

上海股市的反弹延续到1998年11月，股指已回升至1300点附近。然而，3 个月的反弹行情，市场成交量却显得小心谨慎，如履薄冰。或许是主力机构对上方密集套牢盘的“特别关照”，上海股市在成交量步步退缩的情况下失去支撑，再次走弱。

图 9-6 为上证指数 1998 年的反弹浪。

从走势图分析，上证指数反弹的波浪形态为复合袋鼠跳式上升浪，这种带有尾部特征的复合袋鼠跳式上升浪较为罕见。

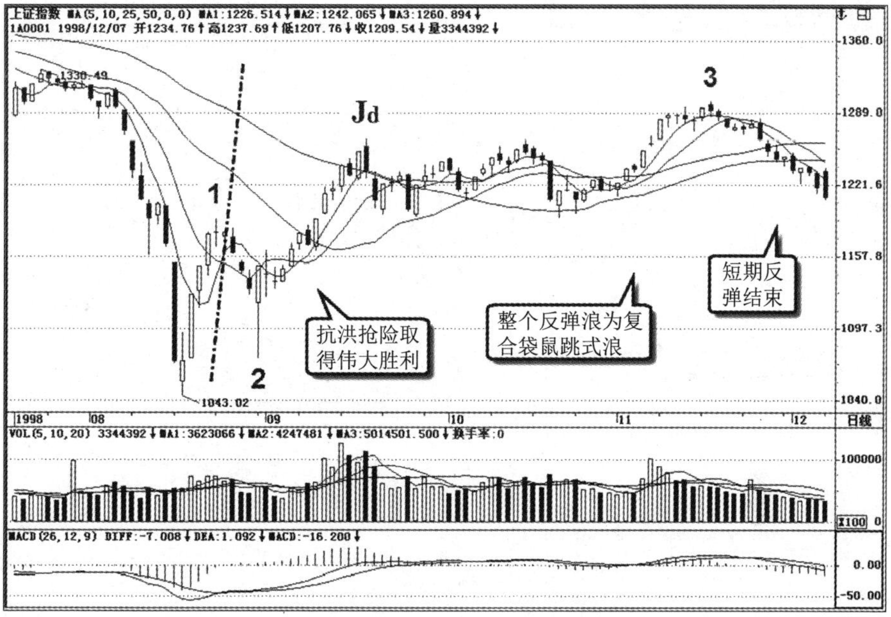

图 9–6　上证指数 1998 年反弹浪

上海股市反弹后的调整行情延续到了 1999 年 5 月。上证指数的几次回落都在 1000 点附近，仿佛有一道神奇的护身符在庇护着上海股市。

图 9-7 为上证指数 1999 年的调整浪。

从图 9-7 分析，上证指数调整的嵌套分形浪，以及反弹的袋鼠跳式上升浪，结构清晰明了。

1998 年 6 月至 1999 年 5 月，上海股市几经反复探底，就好像巨大的圆石从极高的山顶滚落下来，触到地面再弹到空中，然后又落下来，逐渐碎裂、散开，那股强劲的下坠力道才得以消散、化解。

上海股市该调整周期单元从 1997 年 5 月开始，至 1999 年 5 月结束，恰好到了 2 年原生周期的时间节点。1999 年 5 月 19 日，上海股市突然大幅拉升，并且连续几天放量上涨，新周期单元行情如期而至。

图 9-8 为深证成指 1999 年的调整浪。

1998 年 9 月初，深圳股市在港股保卫战和抗洪抢险斗争取得胜利后止跌

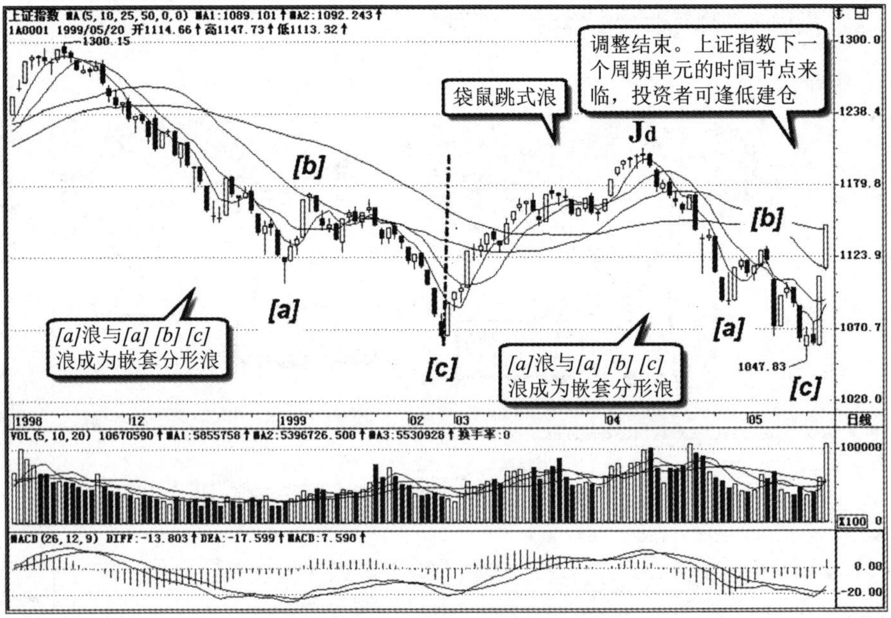

图 9–7　上证指数 1999 年调整浪

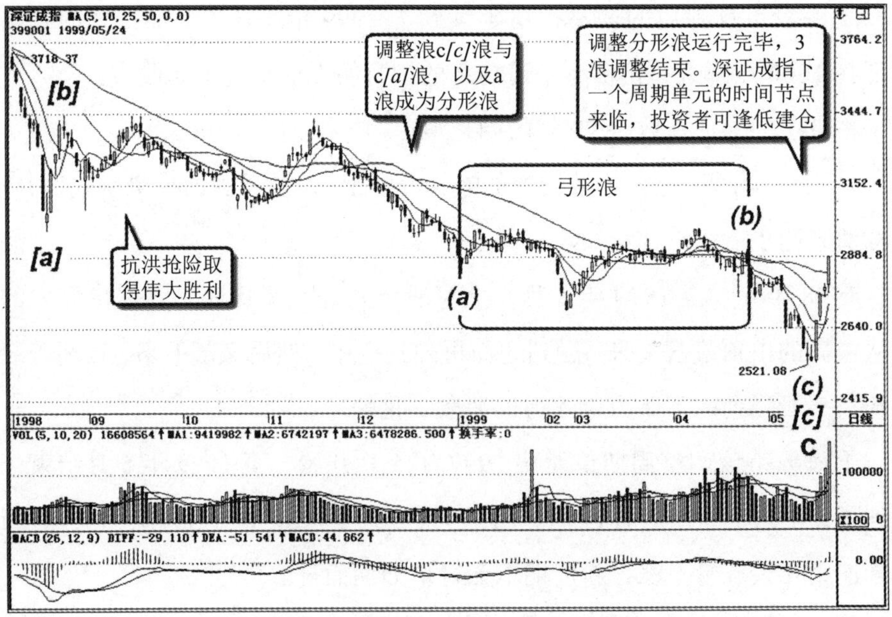

图 9–8　深证成指 1999 年调整浪

企稳。

或许是市场主力无心眷顾，深圳股市企稳后的反弹显得无精打采，难以为继。到 1998 年 12 月，深圳股市终于失去支撑，再次走弱。深圳股市的中期调整趋势延续到了 1999 年 5 月。

上海股市那种巨大圆石从极高的山顶滚落下来，触到地面再弹到空中的震撼气势，没有在深圳股市中出现，仿佛深圳股市的巨大圆石只是从极高的山腰开始滚落，并且也没有触到地面，而是在漫无边际的山坡逐渐地碎裂，散开，滑落，消散，最后化于无形。

从图 9-8 分析，深证成指的调整浪 c*[c]* 浪，与 1998 年的调整浪 c*[a]* 浪，以及 a 浪（图 9-4），成为形态相似的分形浪。图中的弓形浪为投资者辨别分形浪结构提供了一定的依据。

深证成指该调整周期单元从 1997 年 5 月开始，至 1999 年 5 月，恰好到了 2 年原生周期的时间节点。1999 年 5 月 19 日，深圳股市突然大幅拉升，新周期单元行情来临了。

图 9-9 为上证指数的周期调整浪。

上证指数周期调整浪的运行时间为 1997 年 5 月至 1999 年 5 月，周期为 2 年，与市场的 2 年原生周期相吻合。

上证指数整个调整周期单元，行情从 1510.18 点开始，至 1047.83 点结束，期间最大跌幅约 30%。

上证指数该调整周期单元为特殊的 3 浪调整结构。前面部分 3 浪调整的幅度虽然达到了市场认可的条件，但市场形成的 2 年原生周期的条件还不满足，所以上证指数在运行过渡浪（X 浪）之后，再以平底三角形浪的方式，重新回到市场认可的调整浪底部附近，以同时满足调整幅度与调整周期的双重要求。

上证指数过渡浪（X 浪）之后的三角形浪，从长期趋势看，虽然还是上升途中的一种中继浪，但这种周期平底三角形浪的杀伤力十分强大，投资者

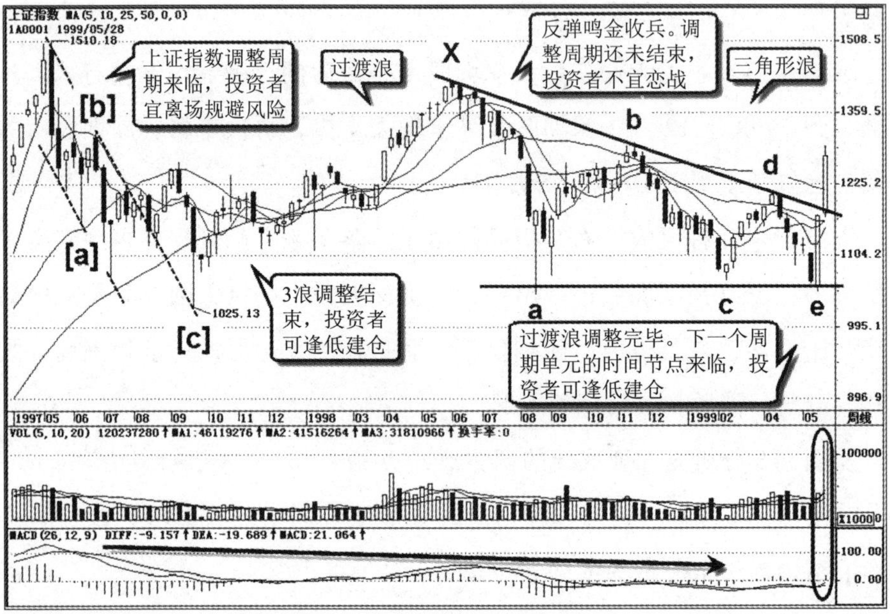
上证指数调整周期来临，投资者宜离场规避风险
过渡浪
X
反弹鸣金收兵。调整周期还未结束，投资者不宜恋战
三角形浪
[b]
b
d
[a]
[c]
3浪调整结束，投资者可逢低建仓
a
c
e
过渡浪调整完毕。下一个周期单元的时间节点来临，投资者可逢低建仓

图 9-9　上证指数周期调整浪

应该尽量回避此类市场风险。

从上证指数该调整周期单元的特殊结构来看，相对波浪理论将形态分析与周期分析相结合的方法，是最合理、最具有说服力的技术分析方法，完全与市场内在的运行规律相吻合。

图 9-10 为深证成指的周期调整浪。

深证成指周期调整浪的运行时间为 1997 年 5 月至 1999 年 5 月，周期为 2 年，与市场 2 年的原生周期相吻合。

深证成指整个调整周期单元为 3 浪调整形态，其中 (c) 浪为杀伤力极强的延伸浪。行情从 6103.62 点开始，至 2521.08 点结束，跌幅约 60%。

沪深股指的强弱比，在周期调整浪开始的时候约为 4，周期调整浪结束的时候约为 2.4。该周期单元深证成指的调整幅度大于上证指数。

从图 9-10 来看，深圳股市周期调整浪的轨迹显得特别漫长而且残酷。谨记孙子兵法“归师勿遏”的训诫，投资者才能够做到尽可能地规避此类市场

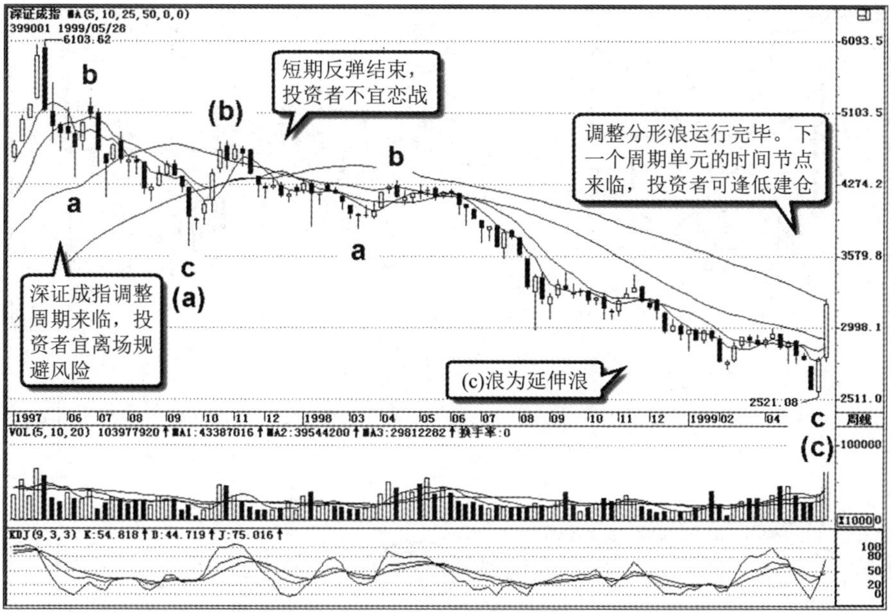

图 9–10 深证成指周期调整浪

风险，保存好自己的实力。

个股实盘分析

上海股市调整周期单元，本地“老八股”中的豫园商城，在市场中具有一定的代表性。

图 9-11 为豫园商城经过复权在上海股市调整周期单元中的波浪形态。

从走势图分析，豫园商城的中期调整浪与上证指数的周期调整浪颇为相似，只不过它的三角形浪是在过渡浪之前出现的。豫园商城调整期间的最大跌幅约 35%。

上证指数和深证成指是用来观察和判断市场运行趋势的常用工具，其中，上证指数为上海股市所有挂牌上市交易股票的综合指数。上海股市中的股票品种非常丰富，受各种因素的影响，它们的运行轨迹千差万别。除了对市场影响较大的一些权重指标股，其他的股票自由度相对较高。

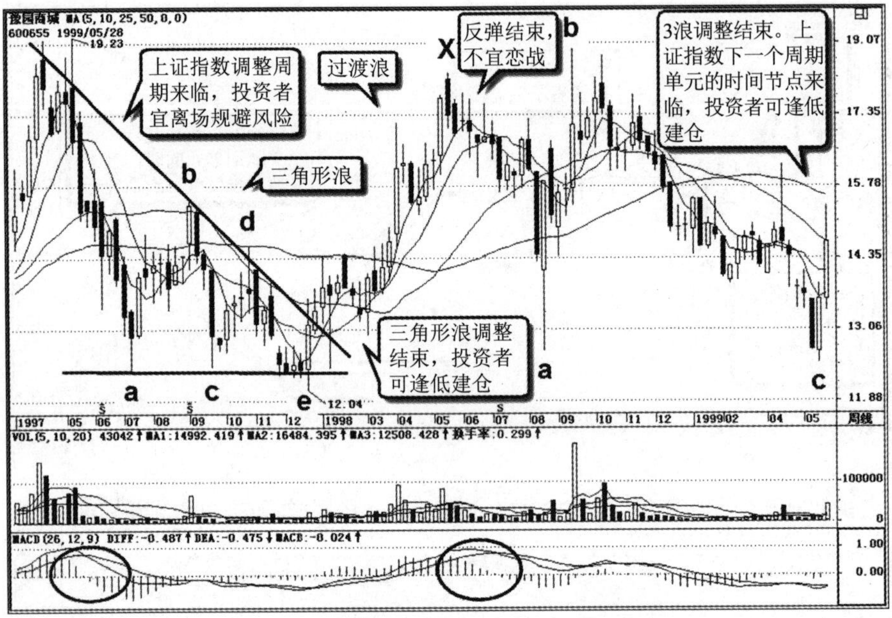
上证指数调整周期来临，投资者宜离场规避风险
过渡浪
三角形浪
反弹结束，不宜恋战
3浪调整结束。上证指数下一个周期单元的时间节点来临，投资者可逢低建仓
三角形浪调整结束，投资者可逢低建仓
X
a
b
c
d
e

图 9-11　豫园商城 1997 年中期调整浪

上证指数在过渡浪（X 浪）运行期间，主力机构借题发挥，将一批个股的潜力充分挖掘出来，使它们在相对沉闷的市场中也有颇为不俗的表现。上海股市中的南洋实业，为其中的代表之一。

图 9-12 为南洋实业（新南洋）1998 年的上升浪。

从走势图分析，南洋实业的波浪形态为 3 浪上升结构，其中，第 3 浪与第 1 浪成为形态相似的分形浪。该股的升幅约 250%。

深证成指是选出深圳股市具有市场代表性的 40 家公司股票编制而成的，所以，深证成指主要反映的是一些对市场影响较大的权重指标股。另外一些对市场影响较小的个股，则与上海股市中的同类股票相似，其自由度也比较高。因此，沪深两市中的所有股票，基本上可以用交叉看盘的方法来区别对待，即对中小盘股票用上证指数来比较、观察，而对权重指标股，则用深证成指来比较、观察。

上证指数在过渡浪（X 浪）运行期间，深圳股市中也有一批个股表现颇

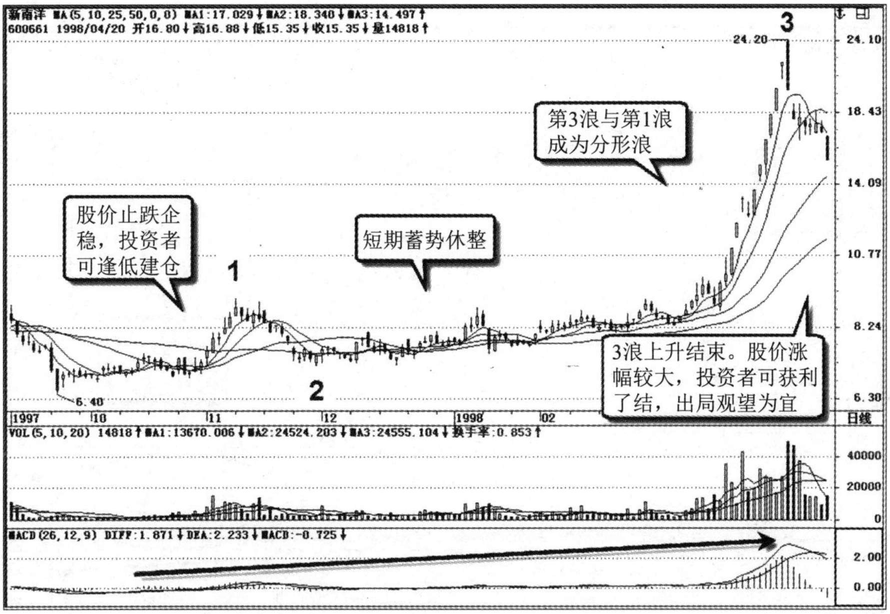

图 9-12　南洋实业（新南洋）1998 年上升浪

为不俗，深圳本地股农产品便是其中之一。

图 9-13 为农产品经过复权后 1997 年的上升浪。

从走势图分析，农产品的波浪形态为 3 浪上升结构，其中，第 3 浪与 1 浪成为形态相似的分形浪，并且第 (3) 浪与第 (1) 浪的子浪，第 1、3 浪，成为形态相似的分形浪。该股的升幅约 200%。

深圳股市调整周期单元权重指标股中，深发展的走势具有一定的代表性。

1997 年 5 月，深发展的股价从上升周期单元的高位开始回落，调整趋势延续到了 9 月。

图 9-14 为深发展（平安银行）经过复权后 1997 年的调整浪。

从走势图分析，深发展的波浪形态为 3 浪调整结构，其中，调整浪 (c) 与 (a) 浪成为形态相似的分形浪。这一阶段，该股的跌幅约 40%。

1997 年 9 月，深发展 3 浪结构的调整分形浪运行结束。股价企稳后，迅速放量回升。反弹行情持续约 1 个月，之后随着成交量的萎缩，股价再次回落。

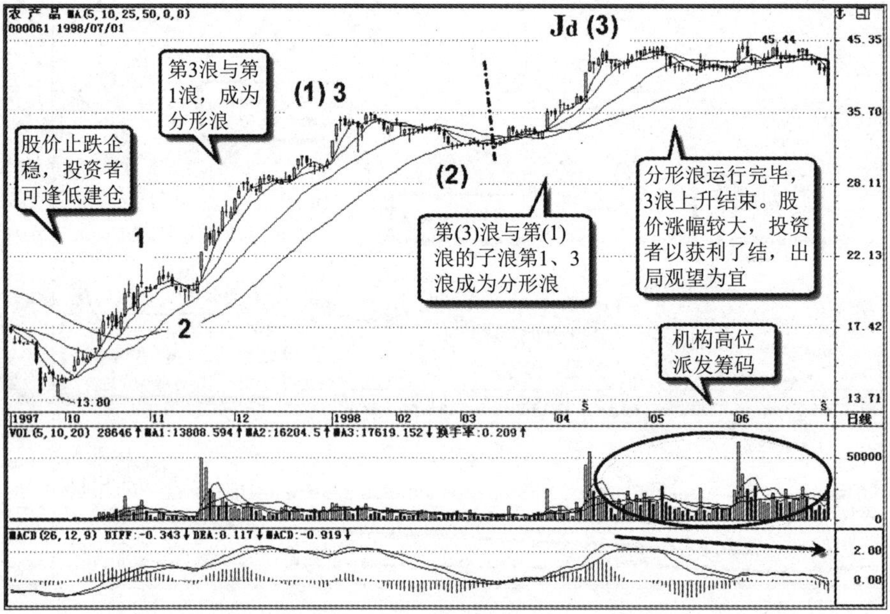
农产品 MA(5,10,25,50,0,0)
000061 1998/07/01
Jd (3)
第3浪与第1浪，成为分形浪
(1) 3
股价止跌企稳，投资者可逢低建仓
(2)
1
2
第(3)浪与第(1)浪的子浪第1、3浪成为分形浪
分形浪运行完毕，3浪上升结束。股价涨幅较大，投资者以获利了结，出局观望为宜
机构高位派发筹码
45.44
13.80

图 9-13　农产品 1997 年上升浪

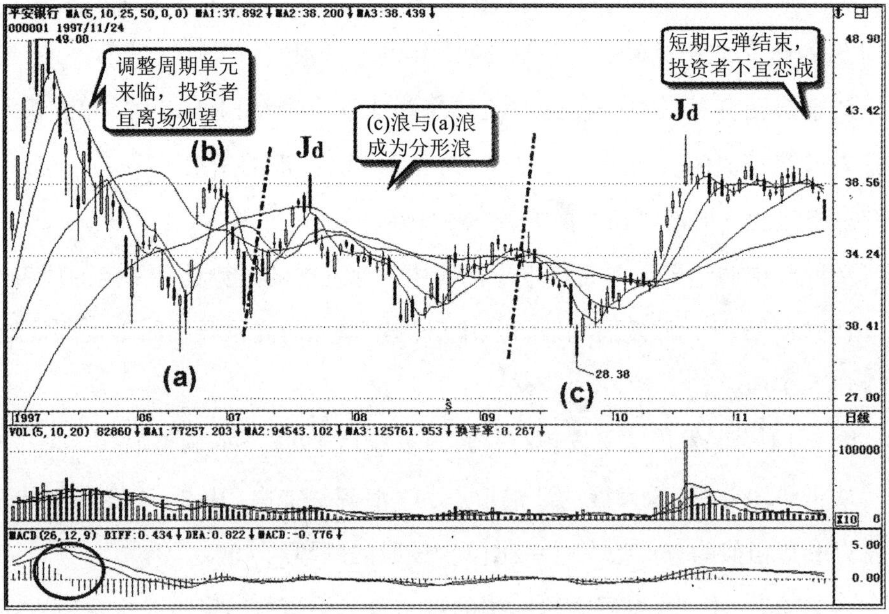
平安银行 MA(5,10,25,50,0,0)
000001 1997/11/24
49.08
调整周期单元来临，投资者宜离场观望
(b)
Jd
(c)浪与(a)浪成为分形浪
短期反弹结束，投资者不宜恋战
Jd
(a)
(c)
28.38

图 9-14　深发展（平安银行）1997 年调整浪

图 9-15 为深发展（平安银行）经过复权后 1998 年的调整浪。

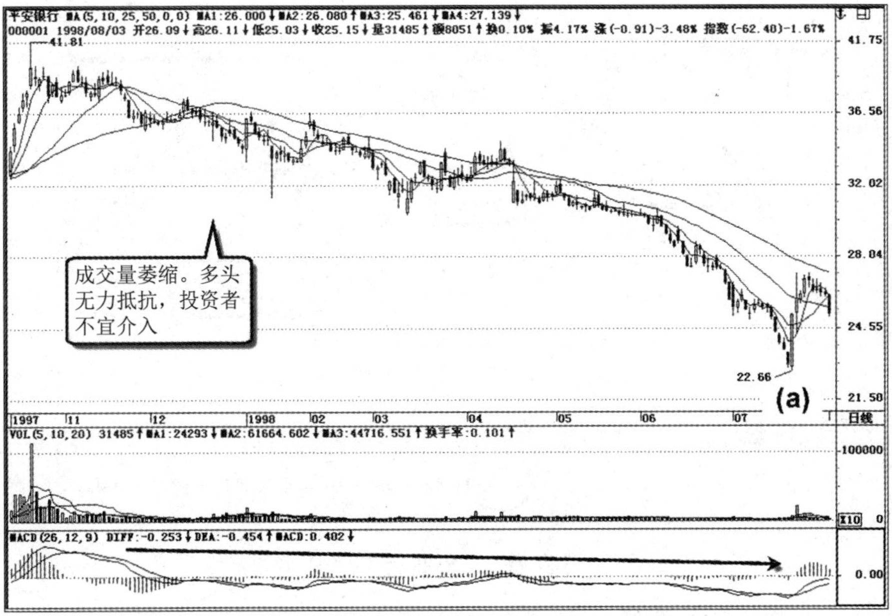
成交量萎缩。多头无力抵抗，投资者不宜介入
41.81
22.66
(a)

图 9–15　深发展（平安银行）1998 年调整浪

1997 年 11 月，深发展结束反弹，重新回到中期调整趋势之中。

从图 9-15 看，这一次的调整行情成交量一直处于低迷状态，多头好像失去了信心，无力抵抗，任由股价一步步地向下滑落。深发展的调整趋势延续到了 1998 年 7 月，这一阶段，该股的跌幅约 45%。

1998 年 7 月之后，深发展股价趋于平稳。

1998 年 11 月，深发展小幅回升后，由于成交量快速萎缩，股价再次走低。这一次，深发展萎靡不振的调整趋势延续到了 1999 年 5 月。

图 9-16 为深发展（平安银行）经过复权后 1999 年的调整浪。

从走势图分析，深发展 1998 年 7 月至 11 月的波浪形态为顺势折返浪。顺势折返浪的形态，与上升趋势中顺势调整浪的形态相反。图 9-16 中，调整浪 (c) 浪的子浪，c 浪与 a 浪，以及图 9-15 中的 (a) 浪，成为形态相似的分形

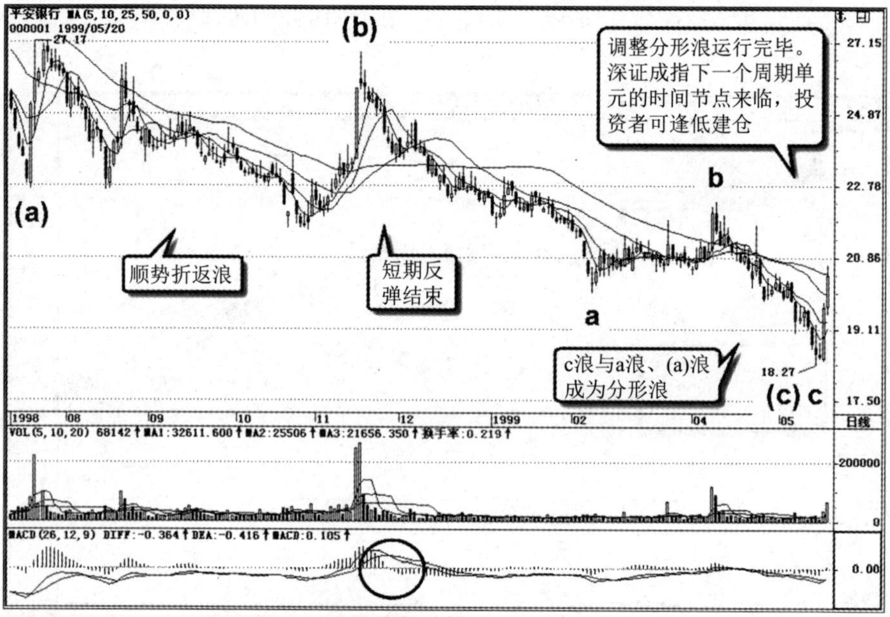

图9-16　深发展(平安银行)1999年调整浪

浪。深发展从顺势折返浪开始的跌幅约30%。

1999年5月19日，深发展股价突然大幅上涨，之后连续放量走高。该股持续了2年之久的中期调整趋势终于宣告结束。

图9-17为深发展（平安银行）经过复权，在深圳股市调整周期单元中的波浪形态。

深发展中期调整浪的波浪结构为3浪调整形态，其中，[c]浪为杀伤力极强的延伸浪。该股总的跌幅约60%。

深发展在调整途中，[c]浪末端的走势与技术指标图形发生了背离现象。可见，用技术指标来判断股价走势还是比较困难的，而相对波浪理论却能够将形态分析与周期分析结合起来，更加准确地判断行情开始和结束的位置，尽可能地帮助投资者回避市场风险。

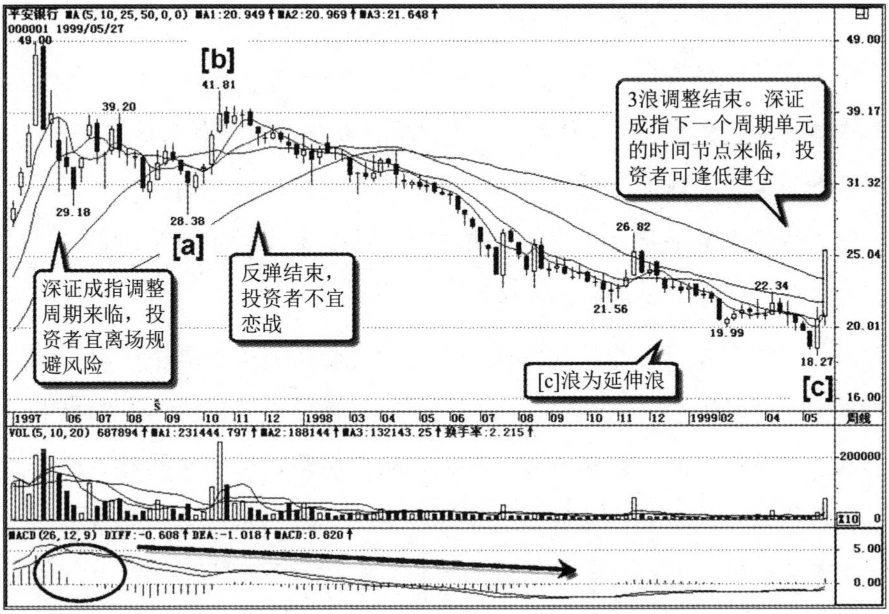

图 9-17　深发展(平安银行)1997 年中期调整浪

点 评

通过本章的学习，读者朋友们对形态周期分析法应该有更加深刻的认识。沪深股指虽然处于调整周期单元，却仍然可以看到不少镜向分形与常规分形相伴共舞的和谐形态。

孙子兵法“归师勿遏，围师必阙，穷寇勿迫”的作战理念，在本章中恰好与深证成指、上证指数，以及恒生指数的市场情况相对应。

深证成指的调整周期单元，市场强大的做空力量，使股指的调整过程凶险而且漫长。如果投资者的判断出现偏差，贸然“抄底”抢反弹，必将面临非常窘迫的困境。该调整周期单元，弓形浪在深证成指的走势图中频频出现。受伤之后的“惊弓之鸟”，怎能逃脱被“射杀”的凄惨命运。

尽管市场主力在上证指数的调整周期单元做空力量相对小些，但象鼻式调整浪的淫威，仍然令投资者心有余悸。上证指数触底后的过渡浪，活跃了市场气氛。广大投资者在换股挽回损失的操作中，使得大量套牢的筹码逐渐松动，易于被市场主力所控制。另外，深证成指的深幅下挫，也隐约含有主力机构从深圳股市转移，重新以上海股市作为主战场的战略意图。

“穷寇勿迫”和“死地则战”是孙子兵法提出的战术原则，是在十分相似的博弈状态下，主动一方或者被动一方应当采取的战术原则。任何一方，如果违背了相应的战术原则，必将受到对手严厉的惩罚。堪称经典的港股保卫战，即是这一对战术原则在股市中生动而精彩的应用。此案例，为大家上了难得而又深刻的一课。

第十章　1999 年 5 月至 2001 年 6 月：周期上升浪

《孙子兵法·军争》——是故朝气锐，昼气惰，暮气归。

对于发动一场战役的军队，通常的情况是，最初进攻的时候，攻势勇猛顽强，锐不可当。之后的连续进攻，军队消耗较大，攻势也会有所放缓。到战役后期，所需资源消耗过多，军队的攻势难以奏效，尽快结束战役就成为最佳策略。

沪深股市经过 2 年的调整，到了 1999 年 5 月中旬，市场的投资气氛仍然十分低迷，消息面也显得比较平静。5 月 19 日下午开市后，市场行情骤然生变。忽如一夜春风来，千树万树“桃花”开。多时未见满盘火红的情景，令投资者们一时摸不着头脑，只顾得面如桃花，相互痴笑。

沪深股指形态周期分析

1999 年 5 月 19 日，沪深股市联袂上扬的大阳线，正式宣告新周期单元的行情来临了。

在沪深股市1996年的上升周期单元，主力机构引入了与国际接轨的价值投资理念，通过蓝筹股、科技股的充分炒作，这一新颖的投资理念已经让投资者们普遍地接受了。

时隔数年，大洋彼岸再次掀起了科技股、网络股投资热潮。自1998年10月开始，以计算机、软件、互联网等新技术行业为主的美国纳斯达克股市强劲上涨，牛气冲天。1999年5月19日，沪深股指拔地而起，以网络股、科技股为热潮的“洋流”，迅速在两地股市蔓延。职业股评们大肆宣扬网络时代已经到来，宣扬网络经济对未来将产生的巨大影响。

紧跟市场热点，把握投资机会，是中国投资者在股市中打拼的一大特色。一时之间，对网络股还备感陌生的人，马上从各种渠道找来相关的资料和信息研读，然后飞蛾扑火般地抢入种种似真似假的所谓网络股。

就这样，沪深股市以网络股、科技股为龙头的上升行情，如熊熊烈火般升腾起来。上证指数和深证成指连续数周几乎是一直沿着5日均线狂奔。市场中遍地开花的投资机会，每天都给股民们带来振奋和惊喜。一部分比较谨慎的投资者，对市场异乎寻常的上涨势头，还有些犹豫不决，左右为难。

1999年6月15日，《人民日报》发表特约评论员文章《坚定信心，规范发展》，给5月19日以来的行情定性。文章认为，调整两年之久的中国股市，出现了较大的上升行情，反映了宏观经济发展的实际状况和市场运行的内在要求，是正常的恢复性上升，证券市场具备了长期稳定发展的基础。指出证券市场的良好局面来之不易，各方面都要倍加珍惜。

有意味的是，1996年12月16日，曾经为股市高烧泼凉水的《人民日报》特约评论员此时再现真身，不遗余力地力挺股市。领教过这位重量级喉舌对股市产生巨大影响的投资者们，还不砸锅卖铁重仓杀入，更待何时？

这位《人民日报》特约评论员当然不是等闲之辈，“调整两年”“市场运行的内在要求”“正常的恢复性上升”，从他力挺股市的评论中，除掉那些基本面的判断，还可以读到来自官方的，与相对波浪理论形态周期分析法非常吻合的技术性言论。

其实，在上升行情开始前的调整周期单元，上证指数就在1000点之上止住了跌势。过渡浪之后，平底三角形浪的末端，机构投资者已经按捺不住，纷纷摩拳擦掌了。《人民日报》特约评论员的文章发表之后，沪深股市一路高歌猛进，放量上攻。

1999年6月23日，上证指数收于1600点之上，接连刷新了6年前创下的历史新高。市场一片欢声笑语，艳阳高照。

1999年，中国证券市场还有一件大事即将隆重登场。1998年12月29日，九届全国人大第六次常委会，表决通过酝酿了6年之久的《证券法》，并规定于1999年7月1日起正式施行，目的是为了规范证券市场，以及保护投资者的合法权益。违反《证券法》规定，构成犯罪的，依法追究刑事责任。包括内幕交易、泄露内幕信息罪，编造并传播证券交易虚假信息罪，诱骗投资者买卖证券罪，操纵证券交易价格罪等。

广大投资者把《证券法》的施行当作政府为市场保驾护航的利好。可是，1999年7月1日这一天来到时，股市的表现却大大出乎投资者的预料。当天，沪深股指双双以大阴线报收，原来一直保持良好的上升趋势也遭到了严重破坏，两市中的个股亦大幅下跌，惨不忍睹。

图10-1为上证指数1999年的上升浪。

投资者们倍感困惑，《人民日报》特约评论员唱多股市的文章发表才半个月，市场怎么就变了脸呢？是《证券法》的施行，使得藏身于市场中的庄家们不顾一切、慌不择路地出逃，导致市场深幅下挫？广大投资者对中国股市关键时刻屡屡挥舞的政策利剑爱恨交加，无比惆怅。

《证券法》正式施行后，市场连续缩量走弱。一段轰轰烈烈的火爆上升行情偃旗息鼓，曲终人散。而稍晚进场买入股票的投资者，账面收益迅速化为泡影，有些人甚至无奈地被套了。

主力机构从1999年5月19日发动的这一段上升行情，就是投资者们无

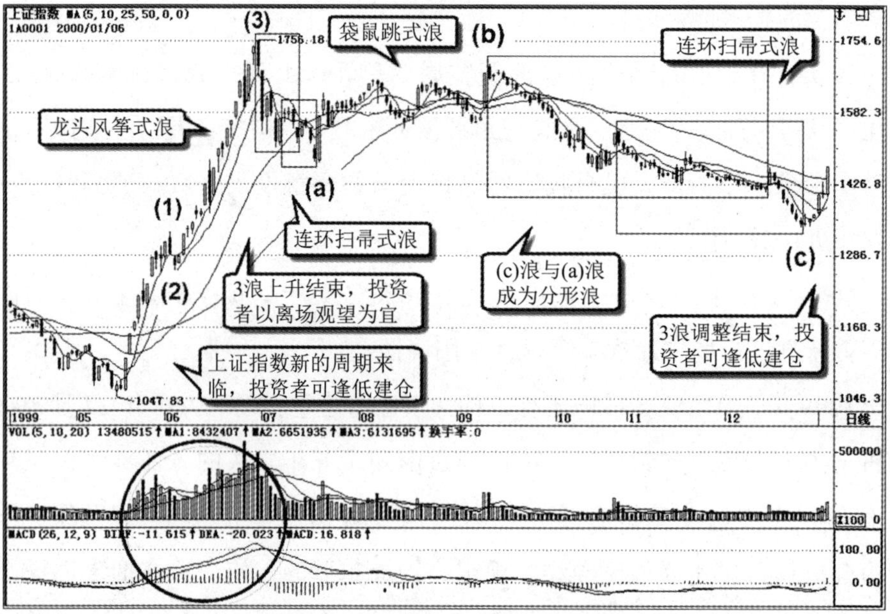

图 10-1 上证指数 1999 年上升浪

法忘怀，并且对中国股市影响深远的“5·19”行情。在短短1个多月的时间，中国股市就上演了一出从绝望、犹疑、庆幸，到喧嚣、狂喜、幻灭的人生悲喜剧，芸芸众生的人间百态，被或红或绿、四处游荡、施了魔法般的数字冲刷、撕扯、淹没。

从图 10-1 分析，上证指数 1999 年的上升形态为异常陡峭的龙头风筝式上升浪。图中的第 (1) 浪为龙头部分，第 (3) 浪为风筝部分。上升行情持续时间约 1 个月，升幅约 65%。

图 10-2 为深证成指 1999 年的上升浪。

从走势图分析，深证成指 1999 年的上升形态为异常陡峭的龙头风筝式上升浪。图中的第 1 浪为龙头部分，第 3 浪为风筝部分。上升行情持续时间约 1 个月，升幅约 90%。

“5·19”行情结束后，沪深股市好像迷失了方向，进入缩量调整的状态。

人类历史的脚步即将迈入公元 2000 年，就在全世界人民对蕴含人类历

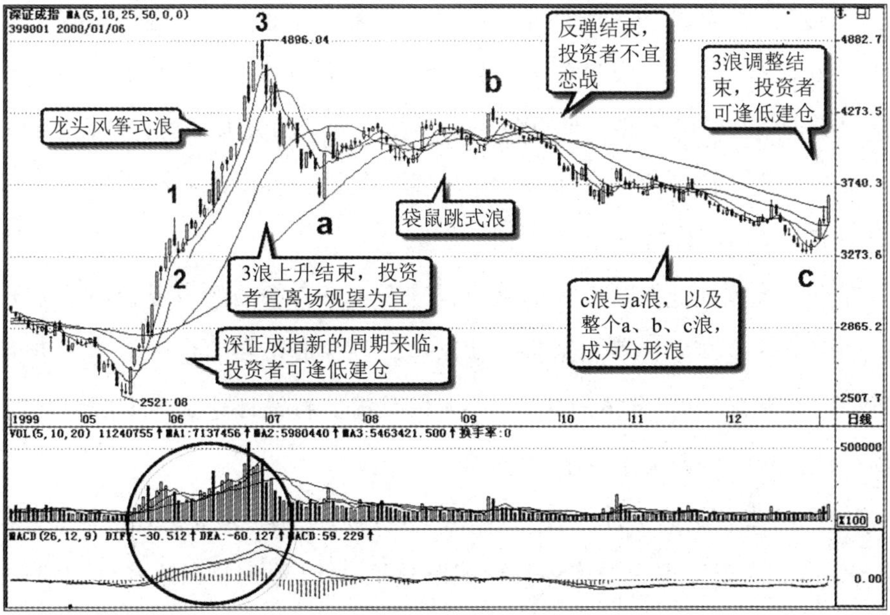

图 10-2　深证成指 1999 年上升浪

史进程里程碑意义的新年充满无限期待与渴望的时候，一些潜藏在阴暗角落的恐怖幽灵——“千年虫”，也在面目狰狞地注视着世界。

这些恶名远扬的“千年虫”，又叫作计算机 2000 年问题，就是在计算机系统中，带有表示年份的缺陷程序。

计算机应用初期的 20 世纪 60 年代，当时硬件成本较高，编程人员在程序中只用两位数字表示年份，以节省硬件的存储空间。可是，当日期从 1999 年 12 月 31 日进入 2000 年 1 月 1 日后，那些用两位数字表示年份的系统将无法正常识别由“00”表示的 2000 年，计算机可能将它识别为 1900 年，从而造成年份、日期处理时的计算错误，引发各种处理系统和控制系统的功能紊乱。

计算机行业经过数十年的迅猛发展，系统中大多数程序和硬件已经完成升级和更新。然而，在巨量网络信息交互应用的时代，少部分疏漏的系统仍有可能留下“千年虫”疯狂作祟的重大隐患。

“千年虫”涉及的范围是非常广泛的，尤其在通信、金融、国防等重要领域，如果“千年虫”泛滥成灾，将会导致严重的后果。要在所有应用系统中把“千年虫”清除干净，世界各国需要投入大量的人力和财力。在2000年即将来到之前，信息界频频拉响“千年虫”警钟，各国政府纷纷出面，不惜花费巨资，全力围歼“千年虫”。

在全球范围如此声势浩大的除虫行动影响下，中国的投资者们难免不对自己的资金安全产生怀疑和紧张。就这样，沪深股市在缩量调整中一步步地逼近，并且跌破1999年6月15日《人民日报》特约评论员力挺股市之时的市场点位，战战兢兢地走完了1999年。

从图10-1分析，上证指数“5·19”行情后的调整形态为3浪调整结构。图中，(a)浪为正反重叠的连环扫帚式调整浪，(b)浪为袋鼠跳式反弹浪，(c)浪为正反重叠的连环扫帚式调整浪，并且与(a)浪成为形态相似的分形浪。

深圳股市“5·19”行情结束后，与上海股市一道展开了长达6个月的缩量调整。从图10-2分析，深证成指的调整形态为3浪调整结构。图中，b浪为袋鼠跳式反弹浪，c浪与a浪以及整个a、b、c浪，成为形态相似的分形浪。

有丰富市场经验的投资者，或许会将沪深股市该周期单元的行情与1994年8月的“解放军”救市行情做一番对比分析。两个周期单元的特点的确有许多类似之处，比如都是在市场调整周期结束之后，突然展开1个月左右的大幅上升行情，随后市场转入漫长的调整趋势。1994年8月开始的周期单元，最终以折返周期的方式结束。那么，从1999年5月开始的该周期单元，也会以折返周期的方式结束吗？

《孙子兵法·军争》——军争之难者，以迂为直，以患为利。

证券市场多空两大阵营的博弈是非常激烈和残酷的。主力机构运作行情的难处在于，如何用迂回进取的方式消化上方的层层阻力，以及如何消除各种不利的因素，变不利为有利。

2000年元旦过后，沪深股市新年开市第1天，股指双双放量上涨。投资者们之前普遍担心的“千年虫”并没有发作的迹象。2000年1月6日，管理层在媒体发表文章《为建设发展健康、秩序良好、运行安全的证券市场而努力》。

听到政府鼓舞市场的声音，解除恐惧心理的投资者们，心中买入股票的欲望又渐渐滋生起来。沪深两市连续几天放量走高。然而好景不长，在持续1周的放量上涨后，沪深两市又迅速回落了。

1999年下半年，就在“千年虫”不断困扰国内股市的时候，大洋彼岸的美国纳斯达克股市却只受到了一些轻微的影响。或许对美国计算机企业来说，解决“千年虫”问题就像品尝一道开味的甜点而已。

“解铃还须系铃人”，云集了全球众多顶级计算机企业的美国，在大肆宣扬“千年虫”危害的同时，把为各国解决“千年虫”难题的方案不失时机地转化成了财源滚滚的无限商机。1999年底，美国纳斯达克股市的计算机类个股，以及之前火爆的互联网类个股强劲上扬，不断改写历史新高。

2000年元旦之后，国内沪深股市的市场热点仍然与国际接轨，科技股、网络股“野火烧不尽，春风吹又生”。经过1周上涨又迅速回落之后，沪深股指再度掉头放量走高，并且逼近了“5·19”行情的最高位。投资者们开始相信，新的上升行情马上就要展开了。

市场的变化总是出乎投资者们的预料。就在上证指数眼看就要越过“5·19”行情高位的时候，股指又突然转身而下，把大家折腾得晕头晕脑。

从走势图看，上证指数2000年初运行的犀牛仰角式上攻形态，与1994年8月开始的周期单元、1995年反弹的波浪形态如出一辙。折返周期的魅影真的会再次现身吗？

图10-3为上证指数2000年的上升浪。

2000年3月13日，中国证监会发布《关于安排上市公司转配股分期、分批上市的通知》，规定由证券交易所组织实施，从2000年4月开始，用24个月左右的时间，逐步安排转配股分期、分批上市流通。

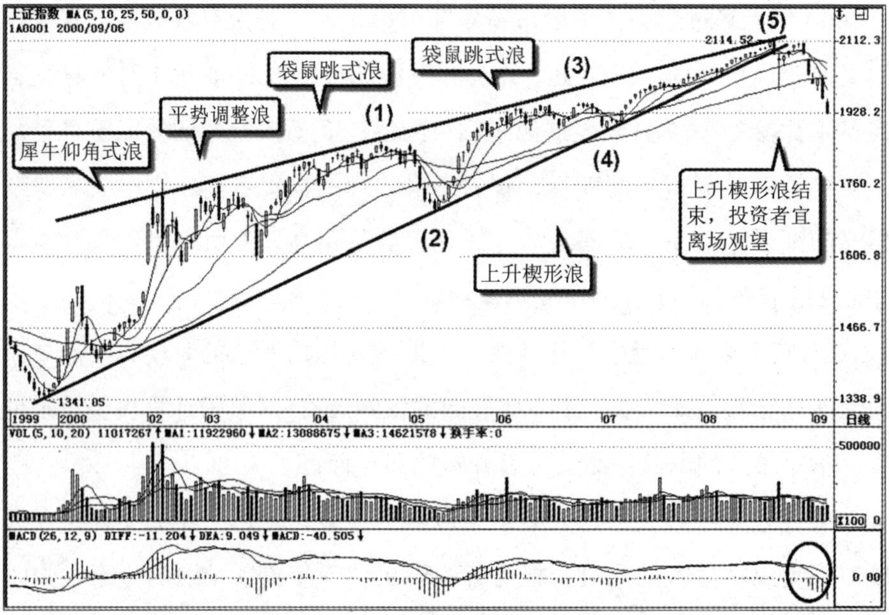

图 10-3　上证指数 2000 年上升浪

作为中国证券市场发展过程中历史遗留问题的转配股，终于要获得应有的身份和地位了。这是一件好事，但总量不菲的转配股，即便是分期、分批上市流通，也相当于增加了新股上市的规模和额度，对市场造成的冲击和影响不言而喻。

所幸的是，转配股上市流通的政策发布以后，上证指数犀牛仰角式上攻形态之后的调整是以平势调整浪的方式结束的。这一部分，与 1994 年 8 月开始的周期单元反弹后的调整走势有明显不同。平势调整浪结束后，上证指数随即展开袋鼠跳式上升浪，不断延续“5・19”行情的传奇，一路震荡走高。

折返周期的魅影从该周期单元悄悄抽身而去了。上证指数 2000 年的上升趋势，以迂回曲折的上升楔形浪结束，并且成功上涨至 2000 点之上，跨入了通向新世纪的光明之路。

从图 10-3 分析，上证指数 2000 年的波浪形态为包含 5 个子浪的上升楔形浪。图中，第(1)浪由犀牛仰角式（独角）上升浪、平势调整浪和袋鼠跳式上升浪组成，第(3)浪为袋鼠跳式上升浪。另外，第(1)浪的形态也可以看作是带有尾部特征的嵌套袋鼠跳式上升浪。这一段上升行情持续时间约8个月，升幅约60%。

1999年"5·19"行情结束后，《证券法》、"千年虫"以及转配股上市，成为影响市场运行趋势的三大因素。面对重重困境，主力机构运用孙子兵法"以迂为直，以患为利"的策略，采取迂回而上的楔形浪，巧妙化解市场上涨过程中的层层阻力，并且逐渐消除了《证券法》、"千年虫"以及转配股上市给市场造成的负面影响，成功地将上海股市的上升行情拓展到了新的高度。

深证成指2000年平势调整浪结束后的上升浪，与上证指数不尽相同。

图10-4为深证成指2000年的上升浪。

从走势图分析，深证成指2000年的波浪结构为3浪上升形态。图中，第*[1]*

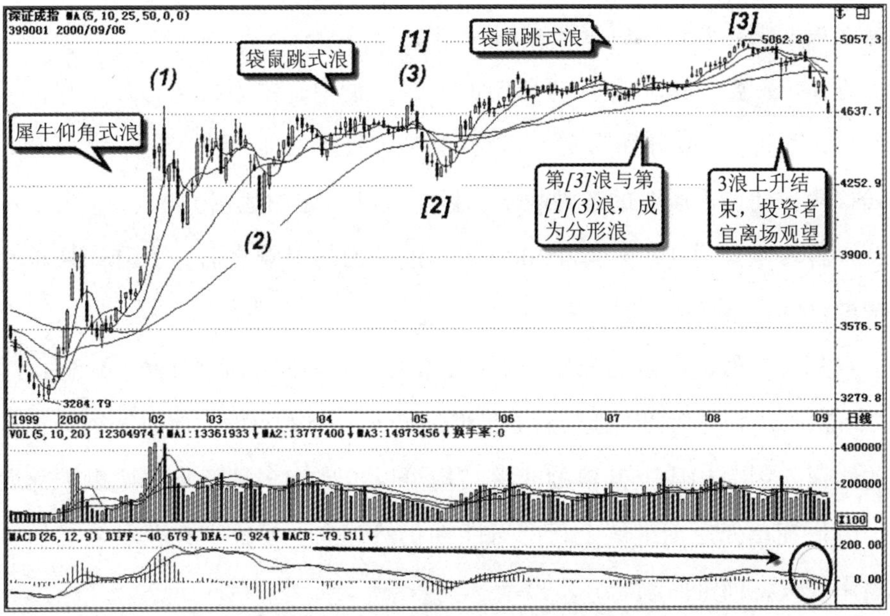

图10-4　深证成指2000年上升浪

浪由犀牛仰角式（独角）上升浪、平势调整浪和袋鼠跳式上升浪组成，第 *[3]* 浪为头部略微上抬的袋鼠跳式上升浪，并且与第 *[1](3)* 浪成为形态相似的分形浪。另外，第 *[1]* 浪的形态也可以看作是带有尾部特征的嵌套袋鼠跳式上升浪。这一段上升行情持续时间约 8 个月，升幅约 55%。

与上证指数不同的是，深证成指 2000 年上升浪的结构，未能走出包含 5 个子浪的上升楔形浪。

《孙子兵法 · 军争》——故兵以诈立，以利动，以分和为变者也。故其疾如风，其徐如林，侵掠如火，不动如山，难知如阴，动如雷震。

在证券市场的博弈、争斗中，主力机构通常采用伪装和欺骗来引诱对手上当，进而获得成功。根据行情发展可能获取的建仓机会或者收益采取相应的行动。在个股中不动声色地悄悄建仓，或者轮番拉高个股，灵活多变，不拘一格。

主力机构运作行情走势，快的时候像旋风来袭，慢的时候似森林摇曳。普涨板块如燎原之火，蓄势板块则稳如山岳。缩量洗盘像乌云蔽日，难觅其踪，放量上攻似雷霆万钧，威震四方。

在 1999 年和 2000 年沪深股市的上升行情中，主力机构将孙子兵法“兵以诈立，以利动，以分和为变”“其疾如风，其徐如林，侵掠如火，不动如山，难知如阴，动如雷震”的各种战术，做了出神入化的运用。

沪深股市经过 1999 年和 2000 年 3 浪结构的上涨之后，上升周期单元的行情即已宣告结束了吗？

我们再来做进一步的分析。沪深股市的上升周期单元从 1999 年 5 月开始，至 2000 年 8 月，持续时间不足 1 年半，离下一个周期单元的时间窗口还有一定的距离。因为构成上升浪的 3 浪结构可以出现许多种变化，所以沪深股市该上升周期单元后期继续上行的可能性仍然存在。投资者在获利离场后，即可隔岸观火，伺机而动。

图 10-5 为上证指数 2001 年的上升浪。

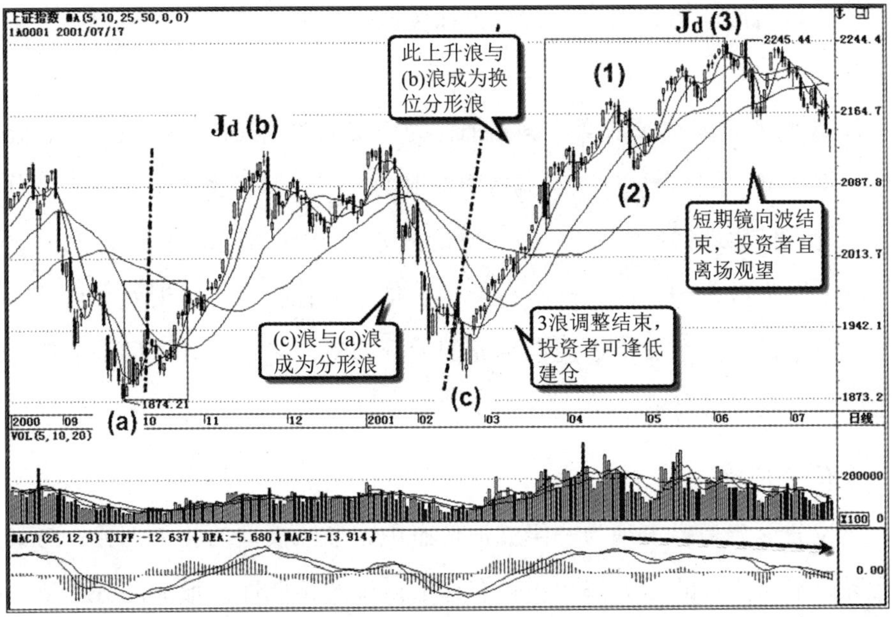
此上升浪与(b)浪成为换位分形浪
Jd (b)
Jd (3)
(1)
(2)
短期镜向波结束，投资者宜离场观望
(c)浪与(a)浪成为分形浪
3浪调整结束，投资者可逢低建仓
(a)
(c)

图 10-5　上证指数 2001 年上升浪

2000 年 8 月，上证指数上升楔形浪运行完毕之后，市场维持了 6 个月蓄势调整的状态，波浪形态为平势调整浪。走势图中，(c) 浪与 (a) 浪成为形态相似的分形浪。

2001 年 2 月，沪深股指 3 浪结构的调整浪基本运行结束。此时，沪深股市该上升周期单元持续时间还不足 2 年。沪深两市既有将上升周期单元延续下去的可能性，也有转入下一个调整周期的可能性。沪深股指 3 浪结构的调整浪，仅仅是短期的调整形态，还是中期调整趋势的开始呢？

行情周期的暗中角力，让市场的多空力量最终发生了微妙的变化，沪深股指在成交量的配合下再次放量回升。之前获利离场的投资者，又有了一次入场吸纳的良机。沪深两市该上升周期单元的行情不负众望，继续走高。

2001 年 5 月，上证指数收于 2200 点之上，并且继续震荡上行。2001 年 6 月 6 日，国务院印发了《减持国有股筹集社会保障资金管理暂行办法》的通知，规定凡拥有国有股的股份有限公司首次发行和增发股票时，均应按融资额的

10% 出售国有股，出售收入上缴全国社会保障基金。减持国有股原则上采取市场定价的方式。

2001 年 4 月，沪深证交所刚刚把作为历史遗留问题的转配股分期、分批全部安排上市，紧接着，管理层减持国有股的大戏又紧锣密鼓地拉开了帷幕。

上海股市从 1999 年“5・19”行情开始的上升周期单元，至 2001 年 6 月 6 日上证指数再创新高，已经持续了 2 年。国有股减持政策发布后，市场开始震荡走低。上海股市该周期单元的上升趋势，终于在导致供求失衡的又一轮压力下悄然结束了。

换位分形浪

换位分形浪是指表现为一组波浪形态中，参照模型的相关部分，与其他波浪形态不同位置的相关部分，具有移形换位的相似性而形成的分形浪。换位分形浪的隐蔽性较强，在分形浪未运行完毕之前，投资者不易作出正确的识别。换位分形浪的出现，充分表明波浪形态具有隐蔽性和复杂性之特性。

从图 10-5 分析，上证指数 2001 年的上升浪与 2000 年调整浪中的 (b) 浪，成为形态相似的平行换位分形浪。图中的方框标记，为移形换位后分形浪相关部分的边界，两段分形浪上下部分的位置发生了改变。

图 10-6 为深证成指 2001 年的上升浪。

2000 年 8 月，深证成指袋鼠跳式上升浪运行完毕之后，市场延续了 6 个月的调整状态。走势图中，*[c]* 浪与 *[a]* 浪成为形态相似的分形浪。

2001 年 2 月，深证成指 3 浪调整结束后，股指再次放量走高。2001 年 4 月，深圳证交所最后一批上市公司的转配股上市流通。本月，深证成指再创上升行情的新高。

深圳股市从 1999 年“5・19”行情开始的上升周期单元，至此已经接近 2 年时间了。深市所有上市公司的转配股全部上市流通后，市场开始震荡走低。深圳股市该周期单元的上升趋势悄然结束了。

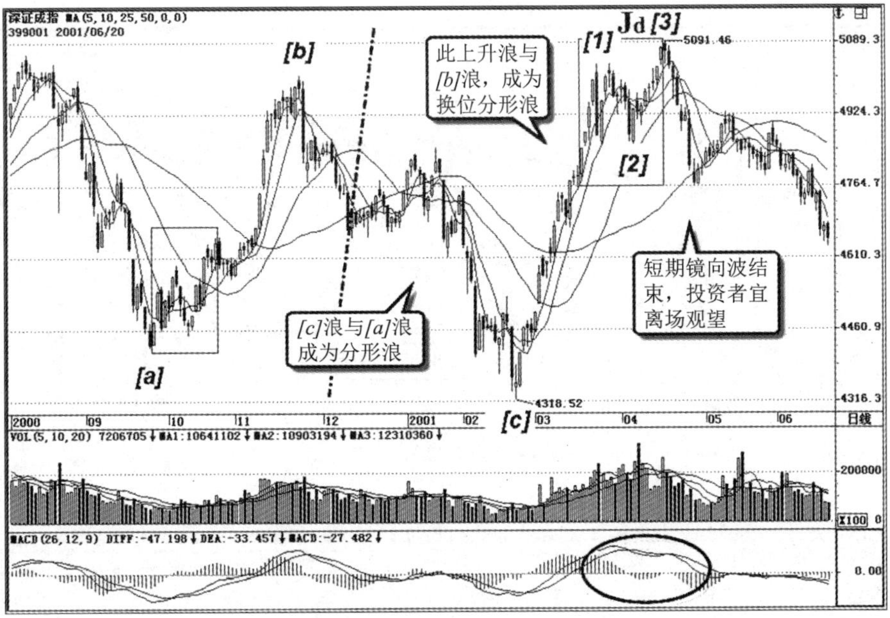

图 10-6　深证成指 2001 年上升浪

从图 10-6 分析，深证成指 2001 年的上升浪与 2000 年调整浪中的 *[b]* 浪，成为形态相似的平行换位分形浪，两段分形浪上下部分的位置发生了改变。

图 10-7 为上证指数的周期上升浪。

上证指数周期上升浪的运行时间为 1999 年 5 月至 2001 年 6 月，周期约 2 年，贴近市场的 2 年原生周期。

上证指数整个上升周期单元的波浪形态为包含 5 个子浪结构的上升楔形浪，其中的第 [3] 浪也是包含 5 个子浪结构的上升楔形浪。所以，上证指数该上升周期单元与第 [3] 浪成为形态相似的包容分形浪。周期上升行情从 1047.83 点启动，至 2242.69 点结束，升幅约 100%。

图 10-8 为深证成指的周期上升浪。

深证成指周期上升浪的运行时间为 1999 年 5 月至 2001 年 4 月，周期约 2 年，贴近市场的 2 年原生周期。

深证成指整个上升周期单元的波浪形态为嵌套袋鼠跳式上升浪。行情从

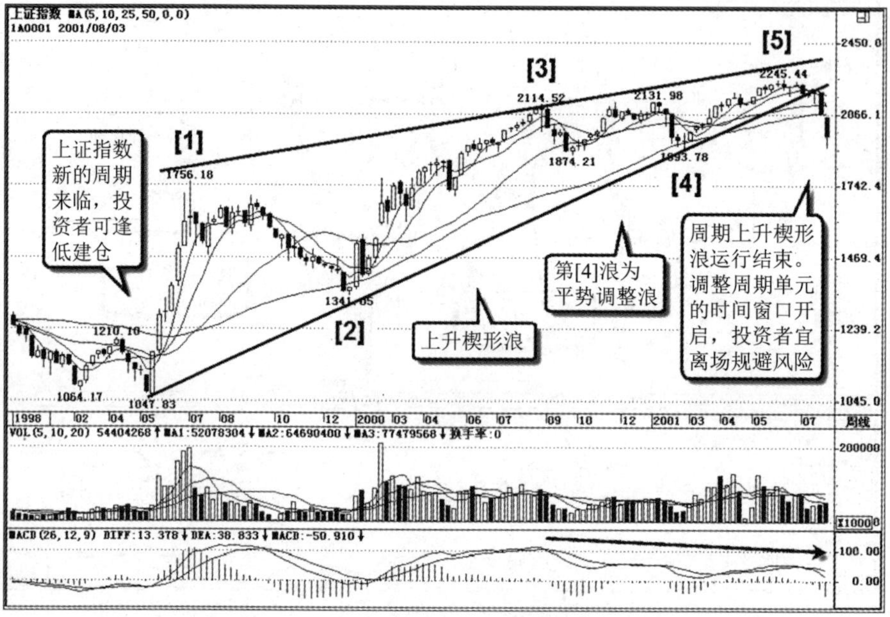

图10-7　上证指数周期上升浪

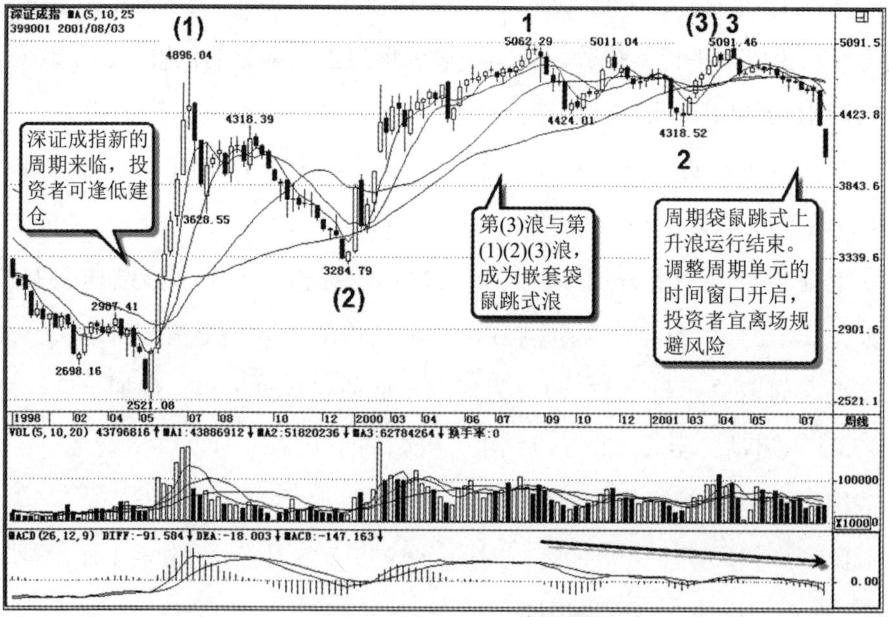

图10-8　深证成指周期上升浪

2521.08 点启动，至 5091.46 点结束，升幅约 100%。

沪深股指的强弱比在周期上升浪开始的时候约为 2.4，而在周期上升浪结束的时候约为 2.3。沪深两市的上升幅度旗鼓相当。

该上升周期单元，沪深股指的波浪形态略有不同。上升楔形浪的子浪结构，以及波浪的上下边界及斜率，都比较规范。而袋鼠跳式上升浪的“身体”部分，则倾向于水平方向延伸，上下边界也没有过多的约束。

上升楔形浪与袋鼠跳式上升浪形态比较接近，并且在上证指数的上升楔形浪中，也能够将袋鼠跳式上升浪和谐地融合于其中。读者朋友可以将这两种波浪形态作认真的比较、鉴别，今后遇到类似的情况就能够一目了然了。

上海股市该上升周期单元中，3 段上攻行情的表现与孙子兵法描述军队作战时“朝气锐，昼气惰，暮气归”的特点相当吻合。1999 年第 1 段上攻的“5 • 19”行情，涨势迅猛无比，排山倒海，符合“朝气锐”的特点。2000 年第 2 段上攻行情，积极化解阻力，迂回盘升，符合“昼气惰”的特点。2001 年第 3 段上攻行情，市场热点散乱，上升乏力，符合“暮气归”的特点。明白了这些道理，投资者就能够更加灵活地对待行情的多种变化，顺其自然地获取市场收益。

上证指数多周期形态分析

回溯 A 股市场的历史走势，上证指数自 1994 年 8 月开始，形成了多周期的阵形上升浪。

图 10-9 为上证指数 1994 年 8 月至 2001 年 6 月的多周期上升浪。

从走势图分析，自 1994 年 8 月开始，上证指数周期链中排列的 4 个原生周期：折返周期、上升周期、调整周期、上升周期，共同构成了上证指数多周期波浪形态的上升楔形浪。行情从 325.89 点启动，至 2242.69 点结束，升幅约 600%。

上证指数的多周期上升浪，共跨越了折返周期（第Ⅰ、Ⅱ浪）、上升周期（第

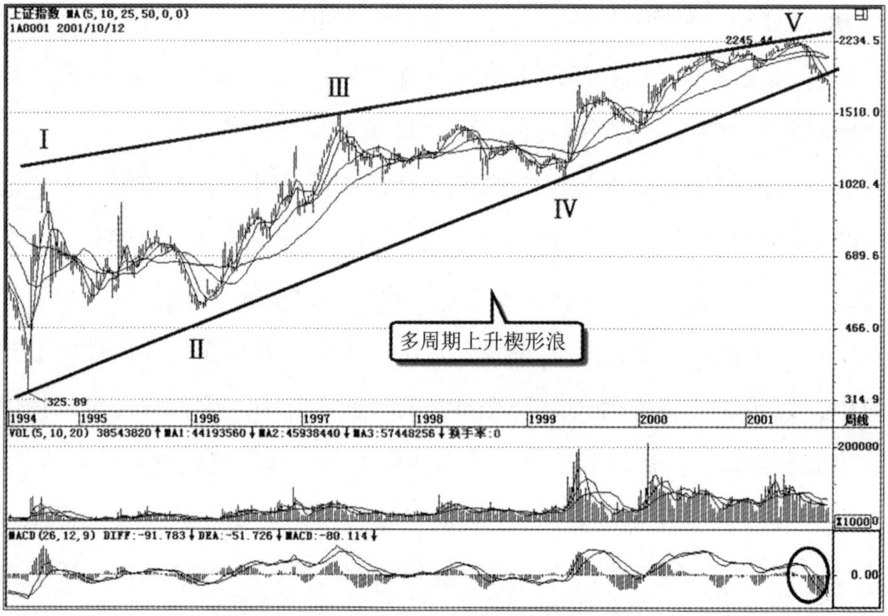

图 10-9　上证指数多周期上升楔形浪

Ⅲ浪）、调整周期（第Ⅳ浪）、上升周期（第Ⅴ浪），波浪形态为包容上升楔形分形浪。该包容分形浪的子浪形态差异较大，因此这一组上升楔形浪属于比较典型的广义分形浪。

本章所讨论的上升周期单元（第Ⅴ浪），与多周期构成的上升楔形浪，都发出了市场后期向淡的一致信号。

沪深股市1994年8月运行的上升趋势浪，迅猛而且短暂，上证指数未能突破历史高位，给投资者留下一个难以破解的迷局。现在这个迷局已经解开，从图10-9来看，1994年8月上证指数的运行轨迹，不过是市场主力为多周期的上升楔形浪预先布下的棋局而已。通过对上证指数多周期波浪形态的分析，投资者可以更加全面地理解市场中期趋势的结构特性和内在联系，以更加广阔的战略眼光把握未来投资的节奏和方向。

1994年8月，上海股市的上升趋势浪强于深圳股市。1996年的周期上升浪，深圳股市却强于上海股市。到了1999年的周期上升浪，上海股市又略强于深圳股市。市场主力施展高超的手段，将沪深两市的平衡拿捏得和顺自如，不得不令人赞叹。

个股实盘分析

1999年“5·19”行情，沪深股市中的科技股、网络股骤然上涨，气势如虹。上海本地股南洋实业群芳争艳，傲立枝头。

图10-10为南洋实业（新南洋）经过复权后1999年的上升浪。

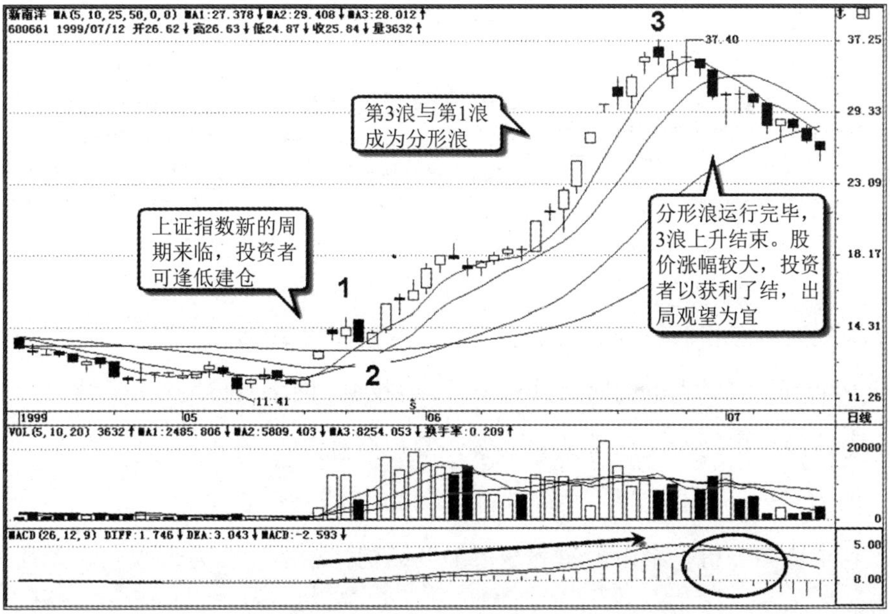
第3浪与第1浪成为分形浪
上证指数新的周期来临，投资者可逢低建仓
分形浪运行完毕，3浪上升结束。股价涨幅较大，投资者以获利了结，出局观望为宜
1
2
3
37.40
11.41

图10–10　南洋实业（新南洋）1999年上升浪

从走势图分析，南洋实业的波浪形态为3浪上升结构，其中，第3浪与第1浪成为形态相似的分形浪。该股的上升幅度约200%。

1999年“5·19”行情，深圳股市中的北海银河勇立潮头，敢为人先。

图10-11为北海银河（银河投资）经过复权后1999年的上升浪。

从走势图分析，北海银河的波浪形态为3浪上升结构，其中，第3浪与

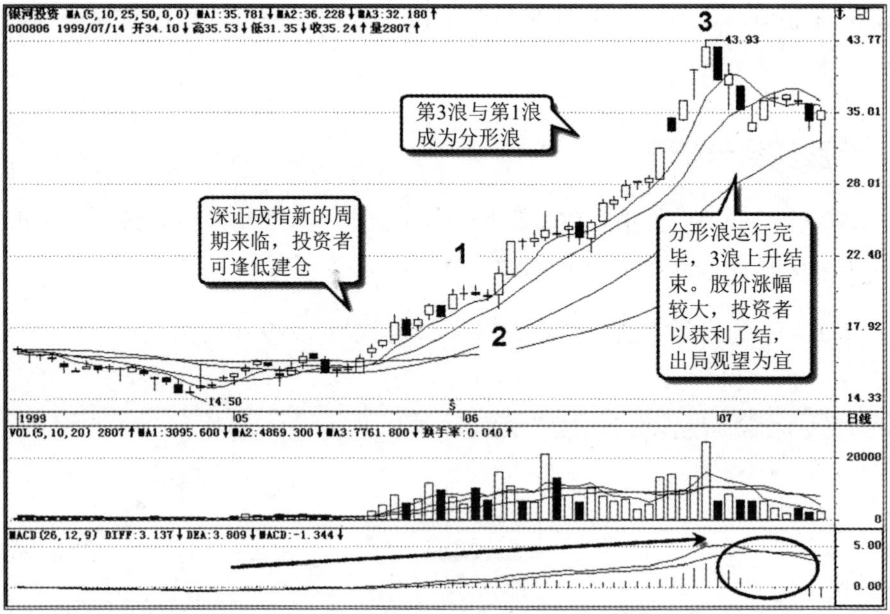
3
1
2
第3浪与第1浪成为分形浪
深证成指新的周期来临，投资者可逢低建仓
分形浪运行完毕，3浪上升结束。股价涨幅较大，投资者以获利了结，出局观望为宜

图 10-11　北海银河（银河投资）1999 年上升浪

第 1 浪成为形态相似的分形浪。该股的上升幅度约 200%。

2000 年，沪深股市迂回上升行情中，科技股、网络股再度领涨，续写传奇。

上海股市中的泰山旅游英姿勃发，傲视群雄。

图 10-12 为泰山旅游（浪潮软件）2000 年的上升浪。

从走势图分析，泰山旅游为 3 浪上升结构，波浪形态为长颈鹿式上升浪。该股的上升幅度约 400%。

2000 年，深圳股市中的海虹控股，擎起网络股的大旗，脱胎换骨，鹤立鸡群。

图 10-13 为海虹控股 2000 年的上升浪。

从走势图分析，海虹控股为 3 浪上升结构，波浪形态为长颈鹿式上升浪。该股的上升幅度约 350%。昔日的“穷”海虹（琼海虹），如今成了市场中炙手可热的新贵。

2001 年，沪深股市的上升行情力度较弱，科技股、网络股大多已在夕阳

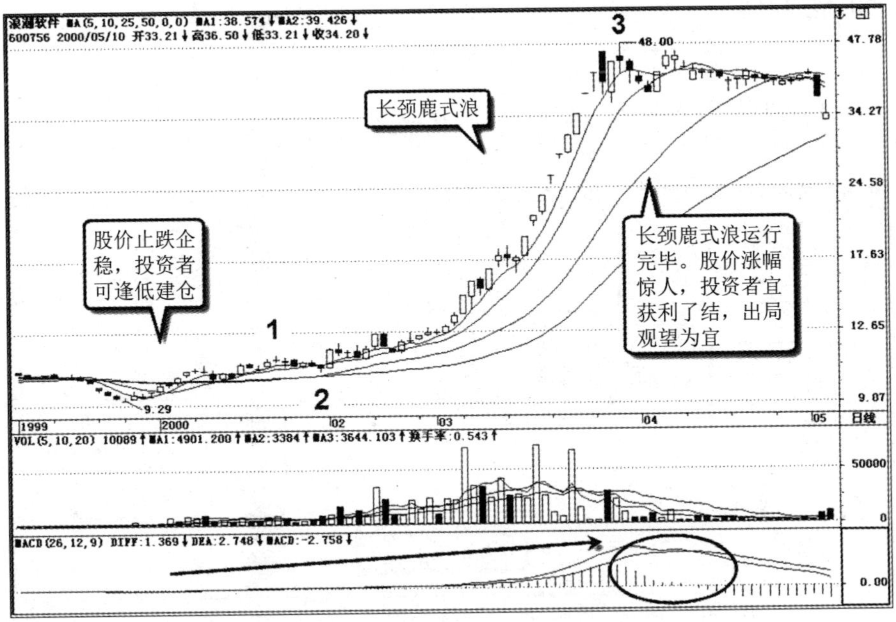

图 10-12　泰山旅游（浪潮软件）2000 年上升浪

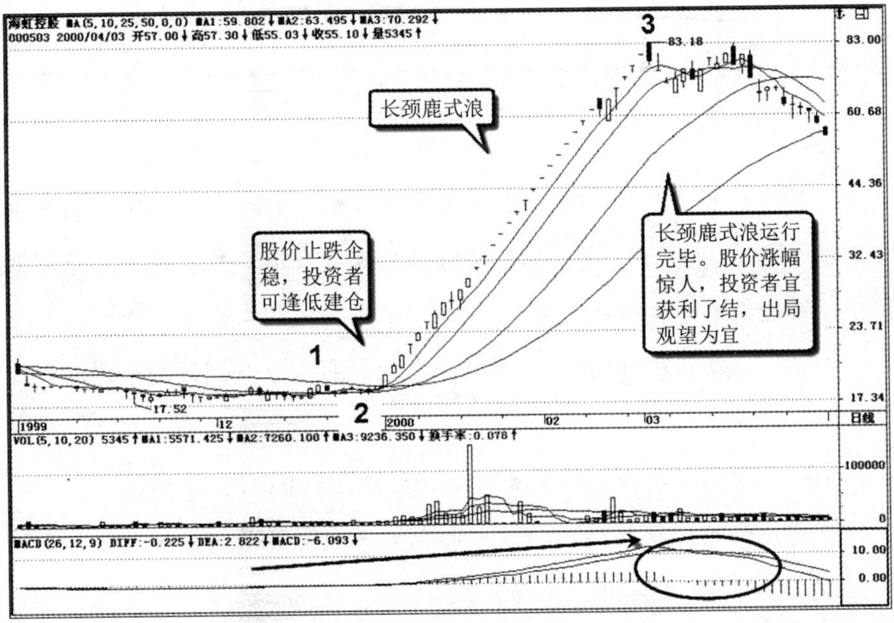

图 10-13　海虹控股 2000 年上升浪

余晖中功成身退。

上海股市中的广电网络不畏艰险，憨态可掬。

图10-14为广电网络2001年的上升浪。

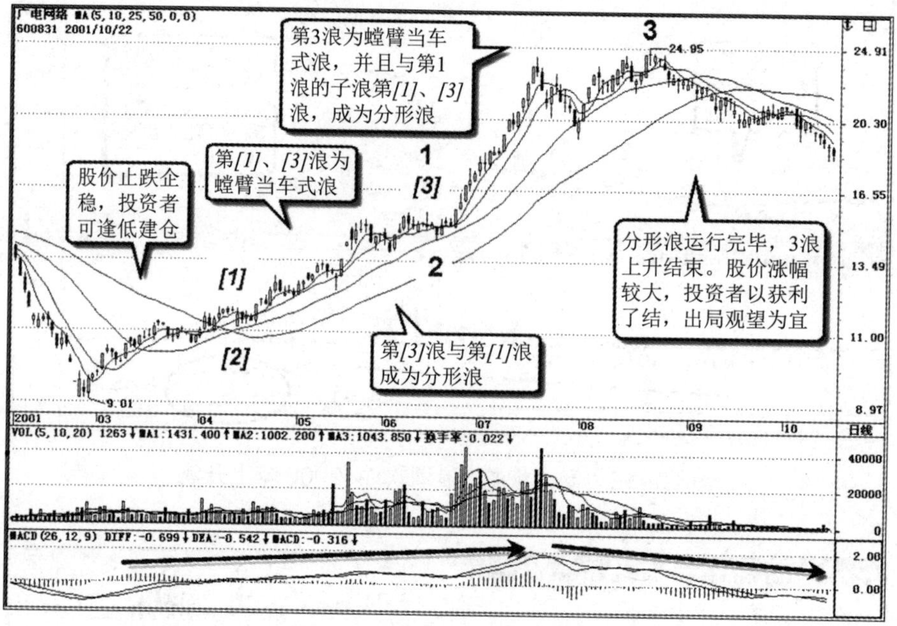

图10–14　广电网络2001年上升浪

从走势图分析，广电网络的波浪形态为3浪上升结构，其中，第3浪与第1浪的子浪第 *[1]*、*[3]* 浪，都是螳臂当车式上升浪，并且成为形态相似的分形浪。该股的上升幅度约150%。

2001年，深圳股市中的乌江电力，在沪深股指上升周期谢幕之际，螳臂当车，勇气可嘉。

图10-15为乌江电力（科学城）经过复权后2001年的上升浪。

从走势图分析，乌江电力的波浪形态为3浪上升结构，其中，第3浪为螳臂当车式上升浪。该股的上升幅度约100%。

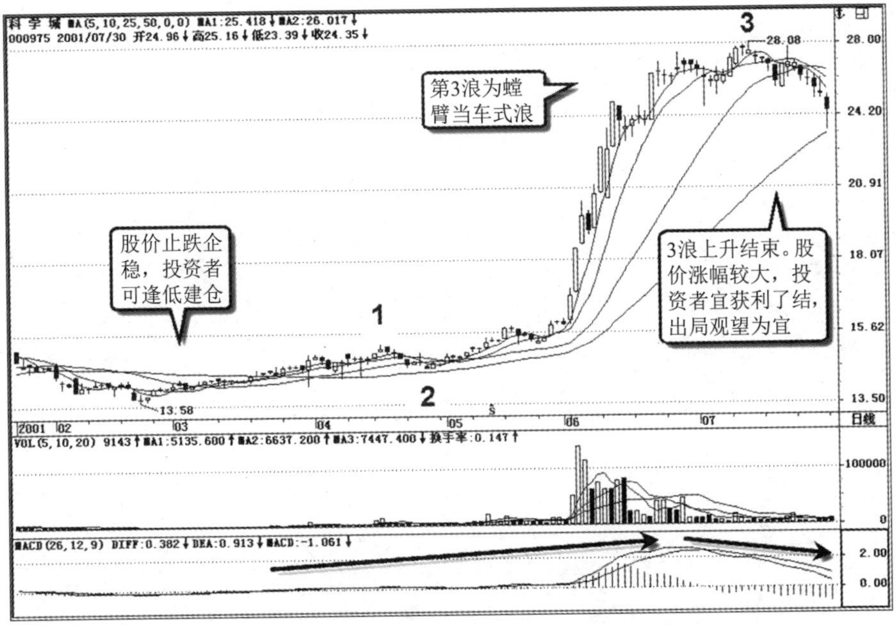
第3浪为螳臂当车式浪
股价止跌企稳，投资者可逢低建仓
3浪上升结束。股价涨幅较大，投资者宜获利了结，出局观望为宜
1
2
3
28.08
13.58

图 10-15 乌江电力（科学城）2001年上升浪

点 评

沪深股市1999年开始的上升周期单元，上证指数屡创新高，并且完成了多周期结构的上升形态，而深证成指则未能创出新高。可以看出，主力机构回归上海股市的迹象非常明显。两市股指中，上升楔形浪与袋鼠跳式上升浪如影随形，携手并进。个股也是遍地开花，精彩纷呈。

然而，在起伏多变的市场转换中，投资者踏准节奏的难度还是相当大的。在股市中投资，就像进行艺术创作一样，没有完美，只有遗憾。广大股民只有经过不断地学习、总结，才能在今后的投资生涯中避免过多的失误，完成自我的塑造与升华。

第十一章 2001年6月至2005年6月：复合周期调整浪

《孙子兵法·军形》——称胜者之战民也，若决积水于千仞之溪者，形也。

在战场上，军事实力强大的一方组织对敌作战，就好像处于高山之巅的河流决口之后，猛然倾泻而下，将深藏不露的震撼力量意想不到地展现在对手面前。

2001年6月，沪深股市在国有股减持的帷幕拉开后，结束持续2年的上升周期单元，开始向调整周期单元的深处一步步滑落。

沪深股指形态周期分析

2001年6月，上证指数在上升周期单元（第Ⅴ浪）与多周期构成的上升楔形浪运行结束后，毫无悬念地迈开了调整周期单元的脚步。而国有股减持的大幕，在沪市上升周期单元换位分形浪的最高位，分毫不差地拉开，管理层精准调控股市的手段，令人叹为观止。

沪深股市的运行趋势进入调整周期单元后，投资者所处的生存环境就逐渐变得暗礁林立，险象环生了。

图11-1为上证指数2001年的调整浪。

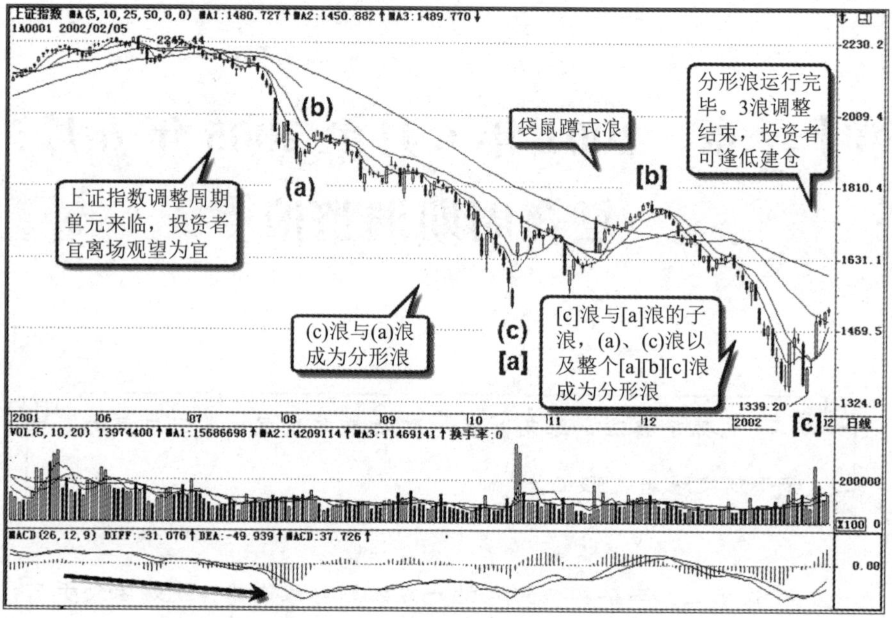
(b)
(a)
(c)
[a]
[b]
[c]
袋鼠蹲式浪
分形浪运行完毕。3浪调整结束，投资者可逢低建仓
上证指数调整周期单元来临，投资者宜离场观望为宜
(c)浪与(a)浪成为分形浪
[c]浪与[a]浪的子浪，(a)、(c)浪以及整个[a][b][c]浪成为分形浪

图11-1　上证指数2001年调整浪

2001年9月11日，发生在美国本土的“9·11”恐怖袭击事件，对全球金融市场造成了广泛冲击。国内的沪深股市，在国有股减持和“9·11”事件的阴影中黯然无助地挣扎。2001年国庆长假后，沪深股市绵延不绝的下跌势头又加快了。

国有股减持开始实施的4个月，沪深股指就下跌了近30%。面对如此脆弱的市场环境，国有股减持还能顺利实施吗？管理层也是看在眼里，急在心里。

2001年10月15日，管理层表示，国有股减持具体做法可不断改进。10月22日晚，证监会公布消息，紧急叫停《减持国有股筹集社会保障资金管理暂行办法》，投资者们终于松了一口气。

10 月 23 日，沪深两市受此消息影响，所有个股几乎全部涨停。

从走势图看，自 2001 年 6 月到 10 月 22 日为止，上海股市已经走出了比较清晰的 3 浪调整结构。10 月 23 日的报复性反弹，也符合市场超跌后的技术性要求。2001 年 11 月 10 日，世界贸易组织审议并通过了中国加入 WTO。这些相继发布的利好消息，使沪深股指在弱市中的反弹趋势持续了 1 个多月。

然而好景不长。或许市场的调整幅度还不被主力机构认同，沪深两市经过 1 个多月的反弹后，又再度走弱。2001 年 12 月 20 日，管理层再次表态：找到一个共识性强、具有可操作性、多方共赢的国有股减持方案，看来很有希望。

多重利空接踵而至。国有股减持似乎成了“鸿门宴”上项庄手中寒气逼人的长剑。宴席中的投资者，又怎不冷汗频出，心惊肉跳呢？

脆弱不堪的市场，随即终结了“叫停国有股减持”的保质期。2002 年 1 月，沪深两市在新年开市后便毫无悬念地破位下行。1 月 26 日，中国证监会在网站公布了“国有股减持方案阶段性成果——折让配售方案及配套措施”。

1 月 28 日，沪深两市遭遇黑色星期一，双双以长阴线报收。

1 月 29 日，证监会通过网站，对国有股减持方案阶段性成果作出解释，称只是一个讨论方案，还要继续吸收社会各方意见，不断补充完善。

1 月 29 日，沪深两市盘中创下新低后，收盘止跌企稳。

从图 11-1 分析，上证指数 2001 年的调整浪，从 2001 年 6 月至 2002 年 1 月，结构为包含延伸浪的 3 浪调整形态。图中，[a] 浪为延伸浪，[a] 浪的子浪 (c) 浪与 (a) 浪成为形态相似的分形浪，[b] 浪为袋鼠蹲式中继浪，[c] 浪与 [a] 浪的子浪 (a) 浪和 (c) 浪，以及整个 [a]、[b]、[c] 浪，成为形态相似的分形浪。上证指数经过 7 个多月的调整，下跌幅度约 40%。

袋鼠蹲式中继浪与三角形中继浪的形态比较接近。三角形中继浪的子浪结构以及波浪的上下边界比较符合规范，而袋鼠蹲式中继浪则没有三角形中继浪那样过多的约束。

2001 年 4 月，深证成指在上升周期单元换位分形浪结束后便先行一步，迈入了调整周期单元之中。

图 11-2 为深证成指 2001 年的调整浪。

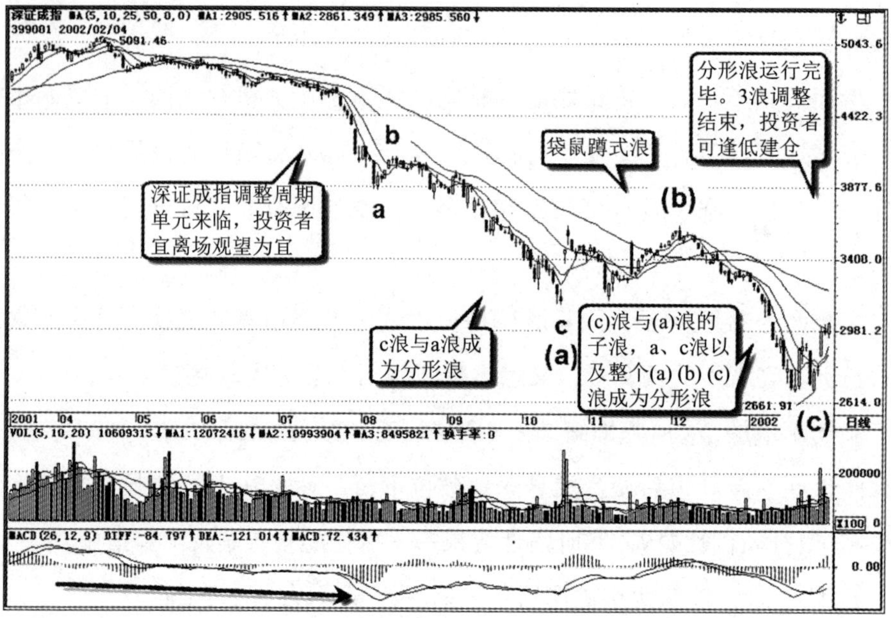
深证成指调整周期单元来临，投资者宜离场观望为宜
c浪与a浪成为分形浪
袋鼠蹲式浪
(c)浪与(a)浪的子浪，a、c浪以及整个(a) (b) (c)浪成为分形浪
分形浪运行完毕。3浪调整结束，投资者可逢低建仓
a
b
c
(a)
(b)
(c)
5091.46
2661.91

图 11–2　深证成指 2001 年调整浪

从走势图分析，深证成指 2001 年的调整浪，从 2001 年 4 月至 2002 年 1 月，结构为包含延伸浪的 3 浪调整形态。图中，(a) 浪为延伸浪，(a) 浪的子浪 c 浪与 a 浪成为形态相似的分形浪，(b) 浪为袋鼠蹲式中继浪，(c) 浪与 (a) 浪的子浪 a 浪和 c 浪，以及整个 (a)、(b)、(c) 浪成为形态相似的分形浪。深证成指经过 9 个多月的调整，下跌幅度接近 50%。

《孙子兵法 · 始计》——利而诱之，乱而取之，实而备之，强而避之，怒而挠之，卑而骄之，佚而劳之，亲而离之，攻其无备，出其不意。此兵家之胜，不可先传也。

在证券市场中，主力机构与中小投资者的博弈是残酷而又冷漠的。市场经过调整后，持股成本降低，主力机构再借助反弹或者回升行情，就一定能把投资者吸引入场。市场回升后，持股成本升高，多空分歧加大，主力机构便会派发筹码，开始又一轮的打压行为。

主力机构派发筹码后，如果市场承接能力较强，未现疲态，则不急于打压市场。市场进入底部，如果遇到投资者蜂拥抢筹，主力机构就会按兵不动，等待下一次的建仓时机。

市场底部确认以后，投资者热情澎湃，豪气冲天，主力机构则不动声色，在上升行情中用难以忍受的洗盘行为反复折磨投资者。当市场行情从低迷状态中突破层层阻力，上升空间打开，投资者热情再度高涨，却不知不觉落入了盲目看多的陷阱。

在上升行情中，倘若投资者顺势而为，持股待涨，主力机构便会加大个股的波动幅度，让投资者在眼花缭乱、充满诱惑的追涨杀跌中消耗掉大部分宝贵的上升周期。如果投资者对手中的个股情有独钟，心无旁骛，主力机构便设法让上市公司发布利空消息，动摇投资者的持股信心。

主力机构拉升行情的手法，往往是在投资者空仓或毫无准备的情况下突然大幅拉高，投资者不得不以更高的成本买入股票。主力机构打压行情的手法，常常是在投资者意想不到的时候，借助消息面的重大影响，大幅做空市场。这些都是主力机构在与中小投资者博弈时屡试不爽的常用手法，在具体实施的时候，是不会事先告诉广大投资者的。

毛泽东军事理论·游击战术——敌进我退，敌驻我扰，敌疲我打，敌退我追。

中国革命领导人及军事家毛泽东，在敌我实力悬殊的游击战争中，总结出极其重要的十六字诀军事理论：敌进我退，敌驻我扰，敌疲我打，敌退我追。

在证券市场的博弈中，虽然四处分散的中小投资者成为市场的重要承载体，但他们的命运却是多舛和不公的。行情走高之后，在消息面和技术面的强烈诱导下，后知后觉的投资者纷纷跟进，主力机构即可从容兑现筹码，获取盈利。

在上升行情途中，投资者看好后期走势持股待涨。主力机构就会设法借助利空消息，加大市场的波动幅度，干扰恐吓投资者，使他们的持股信心动摇、溃散。

行情进入相持阶段，主力机构派发筹码并放弃护盘之后，如果投资者后续买盘乏力，主力机构就会打破僵局，反手做空，让投资者的账面盈利化为乌有。

市场趋势反转向下，投资者为保本出局争相贱卖，主力机构就会加大做空的力度，让投资者在逃命之时丢盔弃甲，割肉断腕。

游击战的十六字诀军事理论，与古代兵书圣典《孙子兵法》中的部分内容有相通和互补之处，其中“敌进我退”与“利而诱之，实而备之，强而避之，怒而挠之，卑而骄之”相通和互补。“敌驻我扰”与“佚而劳之，亲而离之”相通和互补。“敌疲我打”与“乱而取之，攻其无备”相通和互补。“敌退我追”与“出其不意”相通和互补。游击战的十六字诀军事理论，继承和发扬了孙子兵法中一部分与之相关的军事思想，对于身处不对称博弈中相对弱势的一方，指导意义非常重要。

主力机构在与中小投资者的博弈中，经常运用孙子兵法和游击战的十六字诀军事理论，在市场中引诱、骚扰、伏击、打压中小投资者。

2002年2月，国有股减持再次搁浅后，沪深股市终于得到喘息之机，企稳回升。

图11-3为上证指数2002年的反弹浪。

2002年1月29日，证监会对国有股减持方案阶段性成果作出解释后，沪深两市止跌企稳，震荡走高，市场成交量也有稳步放大的迹象。——兵法“利

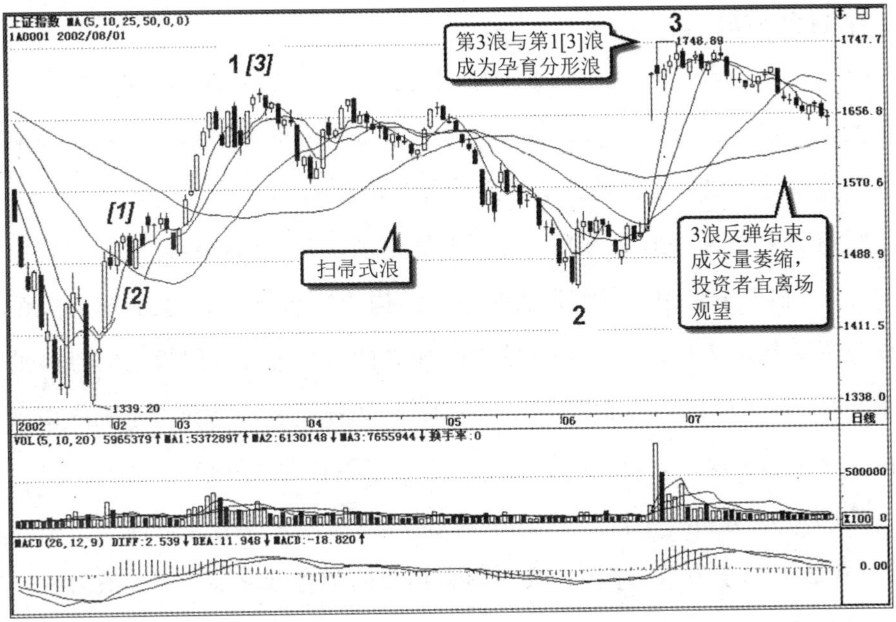

图 11-3　上证指数 2002 年反弹浪

而诱之”“敌进我退”实施。

2002年3月，沪深两市经过短期3浪反弹，多空分歧加大。主力机构暗中派发筹码，开始又一轮的打压行为。——兵法“乱而取之”“敌疲我打”实施。

沪深两市在空头力量加大的对局中，缩量调整了两个多月。2002年6月初，市场止跌企稳。6月23日，国务院决定对国内上市公司停止执行《减持国有股筹集社会保障资金管理暂行办法》。官方解释说，全国社会保障基金通过国家财政拨款等形式，目前已达到相当规模。社保资金基本平衡，没有必要通过国内证券市场减持套现来筹集资金。6月24日，沪深两市大幅高开，收盘时股指接近涨停，并突破了2002年3月反弹的高位。——兵法“攻其无备”实施。

国有股减持停止执行的重大利好发布后，沪深两市并没有一鼓作气，发力上攻，而是莫名其妙地冲高回落，两市股指继而又缩量争相回补缺口。——兵法“出其不意”实施。

孕育分形浪

孕育分形浪是指表现为隐藏于短期趋势中的参照模型，与同一中期趋势后续的某一段或几段成为形态相似的分形浪。后续的波浪形态，就好像从之前的母体中分离出来，保留相似的形态并且茁壮成长。

投资者对孕育分形浪与嵌套分形浪的判别，有时比较容易混淆。它们的区别在于，嵌套分形浪的局部形态是整体结构的一部分，二者具有从属关系。孕育分形浪其脱离母体的部分有较强的独立性，与包含参照模型的母体没有从属关系。由于孕育分形浪具有以上特征，所以投资者不易作出正确的识别。孕育分形浪的出现，充分表明了波浪形态具有隐蔽性和复杂性之特性。

从图11-3分析，上证指数2002年的反弹浪为3浪上升结构。图中，第3浪与第1浪的子浪第*[3]*浪，成为形态相似的孕育分形浪，第2浪为反向扫帚式调整浪。

2002年1月29日，证监会对国有股减持方案阶段性成果作出解释后，深圳股市止跌企稳，震荡走高。

图11-4为深证成指2002年的反弹浪。

从走势图分析，深证成指2002年的反弹浪为3浪上升结构。图中，第3浪与第1浪的子浪第*[3]*浪，成为形态相似的孕育分形浪，第2浪的子浪*[a]*浪和*[c]*浪为反向扫帚式调整浪。

图11-5为上证指数2002年的调整浪。

2002年7月，上海股市在国有股减持停止执行的重大利好发布后，竟然“出其不意”地冲高回落，继而缩量连续走低。

上海股市的调整趋势，一直持续到2003年1月，并创下了中期调整的新低。——兵法“敌退我追”实施。

从图11-5分析，上证指数的调整形态为3浪调整结构。图中，c浪与整个a、b、c浪成为嵌套分形浪。

2002年7月，深圳股市在国有股减持停止执行发布后，“出其不意”地

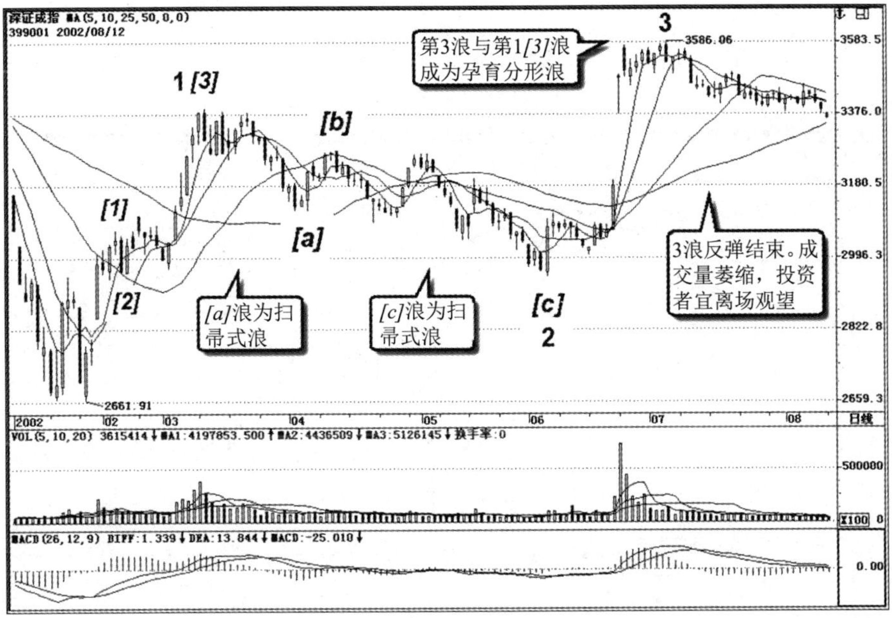

图 11-4　深证成指 2002 年反弹浪

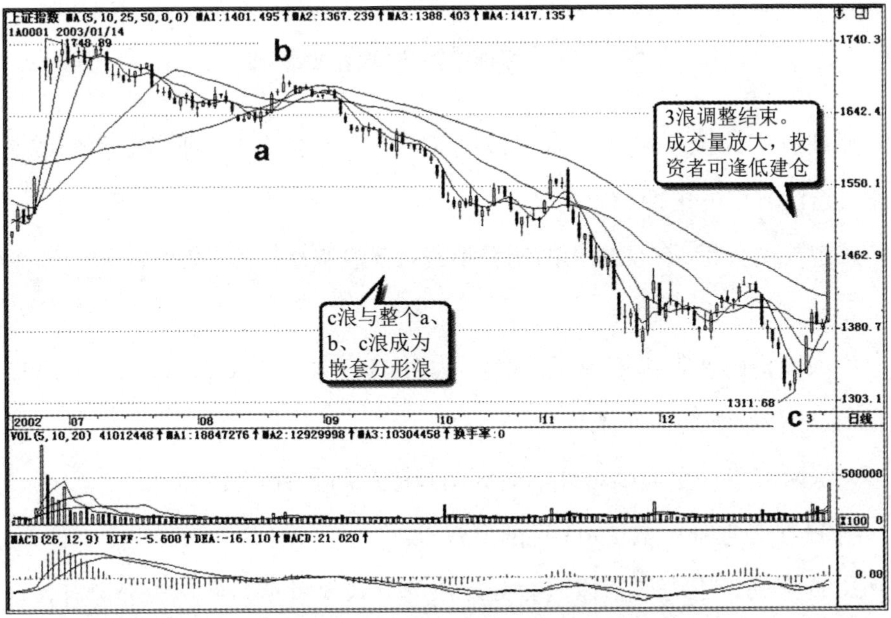

图 11-5　上证指数 2002 年调整浪

缩量连续走低。

图 11-6 为深证成指 2002 年的调整浪。

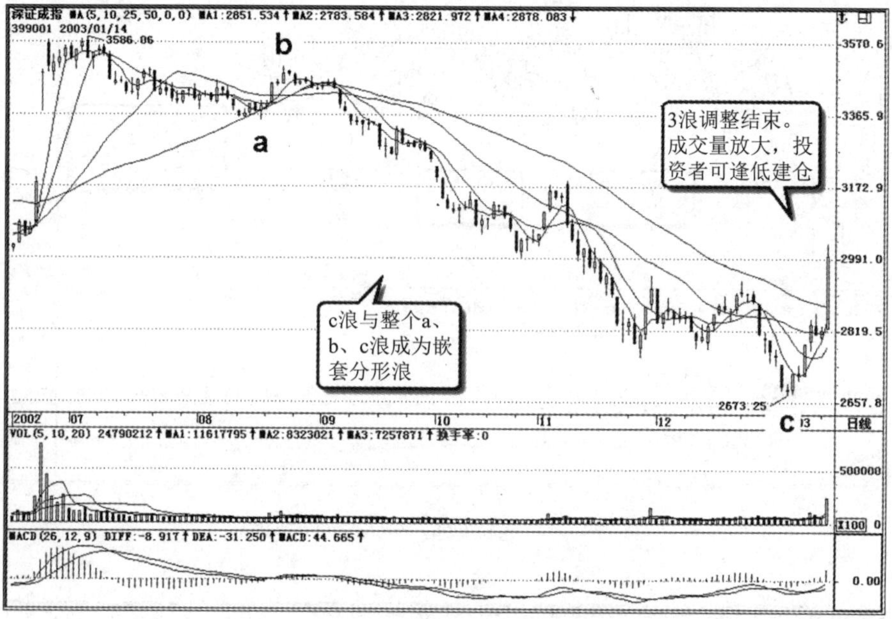

图 11-6　深证成指 2002 年调整浪

深圳股市的调整趋势一直持续到 2003 年 1 月。与上证指数不同的是，深证成指没有创下中期调整的新低。

从走势图分析，深证成指的调整形态为 3 浪调整结构。图中，c 浪与整个 a、b、c 浪成为嵌套分形浪。

沪深股指的调整周期单元，分别从 2001 年 4 月及 6 月开始，至 2003 年 1 月，已经持续了约 1 年半。

沪深两市下一个周期单元的时间窗口似乎将要开启了。

图 11-7 为上证指数 2003 年的反弹浪。

2003 年初，上海股市以嵌套分形浪的方式放量走高。从走势图看，这种上攻的波浪形态，与沪深股市 1996 年初的上升形态非常接近。市场后期如何

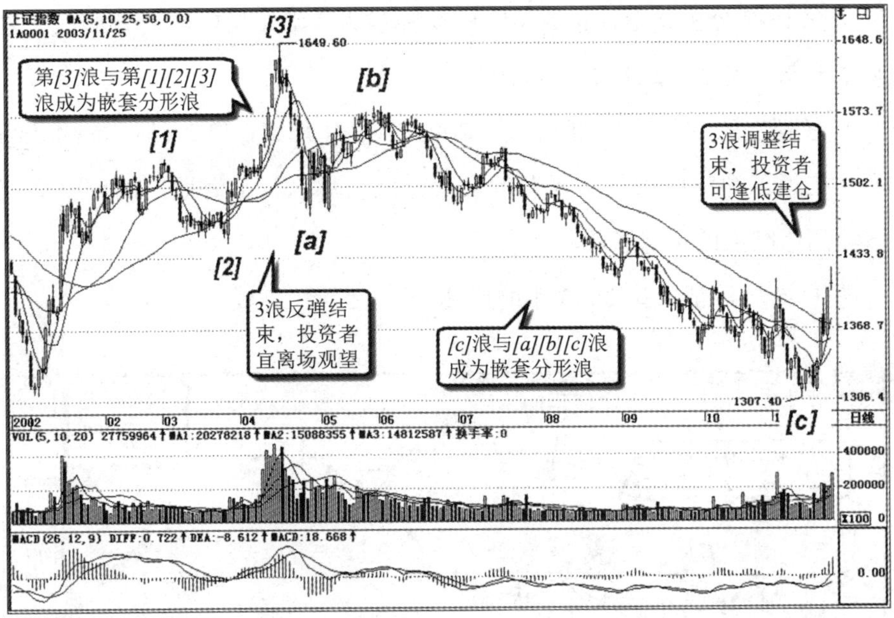

图 11-7　上证指数 2003 年反弹浪

运行，还需密切关注。

然而这一年的春夏，一种通过空气和人群之间飞沫传播，并且传染性非常强的可怕疫情开始悄悄地在世界各国流行、扩散，中国内地很快成为疫情比较严重的区域之一。世界卫生组织将这种流行病症命名为“严重急性呼吸系统综合征 (SARS)”，国内又称“非典”。

2003 年初夏，电视台每天插播各地非典疫情的最新情况，国内各家店铺的抗菌杀毒物品脱销，口罩也迅速成为街头的时尚元素。疫情普查全面铺开，预防非典的汤剂配送到各级单位，五一长假取消，群众性的集会以及大规模人口流动受限。政府各部门采取了一系列相关措施，应对非典疫情的意外来袭。

在这种惶恐不安的社会氛围中，沪深股市也深受其累，失去了连续走高的契机和动力。兵法“利而诱之，乱而取之”再度实施。

上海股市反弹后的调整趋势延续到了 2003 年 11 月，即使在非典疫情成功扑灭的数月之后，竟还创下年内的新低。

从图11-7分析，上证指数年初的反弹浪为3浪结构的嵌套分形浪，之后的调整形态也是3浪结构的嵌套分形浪。

上海股市的调整周期单元，从2001年6月开始计算，已经持续了约两年半，接近了沪深股市原生周期的最大范围。那么，上海股市的调整周期单元已经到达结束的边缘了吗？

图11-8为深证成指2003年的反弹浪。

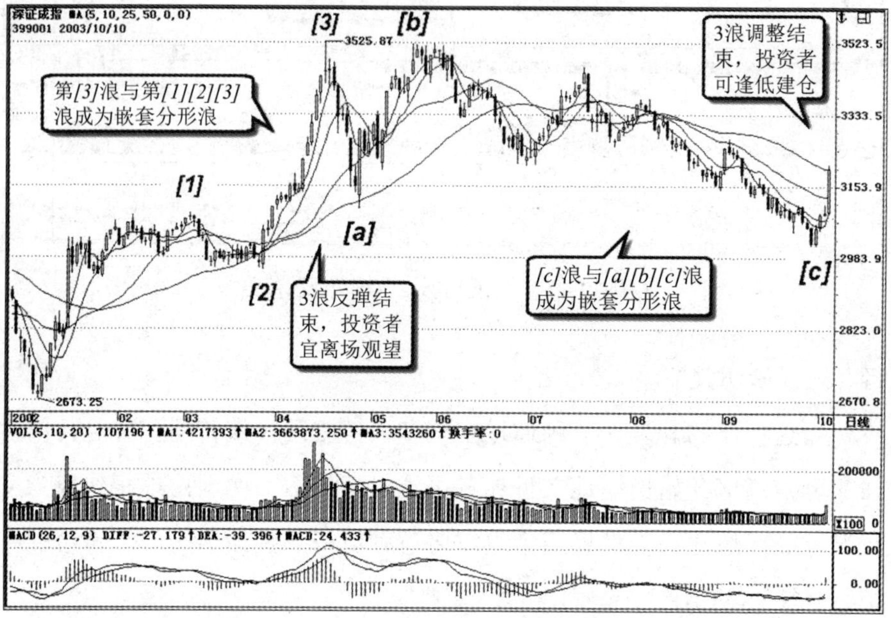

图11-8　深证成指2003年反弹浪

2003年，深圳股市在年初的3浪反弹之后震荡走低。

从走势图分析，深证成指年初的反弹浪为3浪结构的嵌套分形浪，之后的调整形态也是3浪结构的嵌套分形浪。

与上证指数有所不同，深证成指从2002年1月开始没有再创新低。沪深两市出现了明显的分化现象。

2003年11月，上海股市在1300点附近止住跌势，并逐渐从2年原生周期的调整阴霾中走出来。

新的上升周期单元好像一步步地来临了。

图 11-9 为上证指数 2004 年的反弹浪。

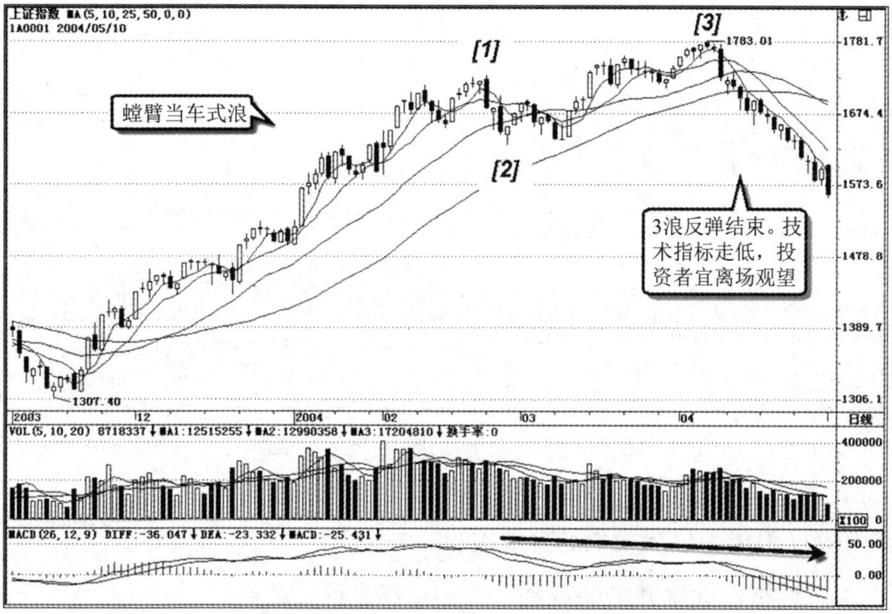
[1]
[2]
[3]
螳臂当车式浪
3浪反弹结束。技术指标走低，投资者宜离场观望

图 11-9 上证指数 2004 年反弹浪

从走势图分析，上证指数在 1300 点附近见底后，开始以螳臂当车式上升浪展开上攻。至 2004 年 4 月，上证指数一举超越了之前数次反弹的高位。

一切都显得自然而然，顺理成章，新的上升周期单元竟这般“有模有样”地展开了。——兵法“卑而骄之”“敌进我退”实施。

2003 年，深圳股市的行情与上海股市相比，显得更胜一筹。

2003 年 10 月，深证成指止跌回升后，又展开了一轮新的上攻之势。至 2004 年 4 月，深证成指再创新高。

图 11-10 为深证成指 2004 年的反弹浪。

从走势图分析，深证成指反弹的波浪结构为 3 浪上升形态。图中，第 *[3]*

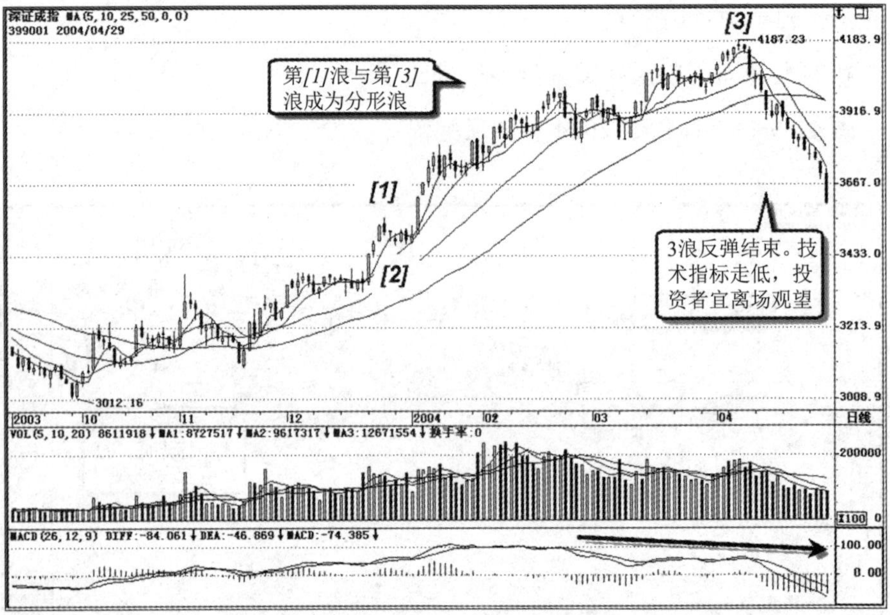

图 11-10　深证成指 2004 年反弹浪

浪与第 *[1]* 浪成为形态相似的分形浪。

沪深两市在歌舞升平的氛围中，一切都显得如此完美。

“山外青山楼外楼，西湖歌舞几时休。暖风熏得游人醉，直把杭州作汴州！”这首古人借景抒怀的诗句，与当年股市中的气氛极其惊人地吻合。

图 11-11 为深证成指的短期镜向波。

如果读者朋友们养成了良好的习惯，空闲时把沪深股指的走势图反复揣摩、分析几遍，就可以发现一些平常可能忽视的情况。

由图 11-11 可以看到，深证成指从 2003 年 10 月开始的反弹浪，与 2002 年的调整浪形成的短期镜向分形结构已经结束。

深证成指 2002 年 1 月见底后，一直呈现稳步盘升的趋势，至 2004 年 4 月创出回升走势的新高，其间持续的时间已经超过 2 年，涵盖范围与一个完整的原生周期基本相当。

而且这个身份不明的周期，将深证成指以往环环相扣、毫无缝隙的周期

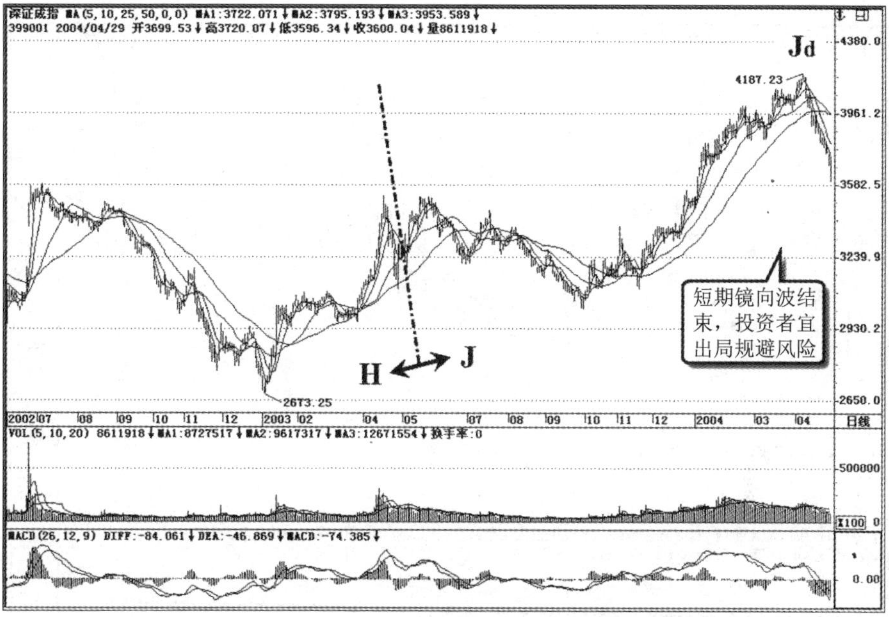

图 11–11 深证成指短期镜向波

链，从 2001 年 4 月至 2002 年 1 月的周期边界，将其“割裂”为一段零散的周期碎片。这个不同于以往的周期，我们可以称之为分割周期，并且设定分割周期的时间跨度以及时间窗口与原生周期保持一致。

图 11-12 为深证成指的分割周期形态。

深证成指分割周期的运行时间为 2002 年 1 月至 2004 年 4 月，周期约 2 年，与市场的 2 年原生周期接近。

深证成指整个分割周期为 3 浪反弹形态，行情从 2661.91 点启动，至 4187.23 点结束，升幅约 55%。

揭开了深圳股市分割周期的神秘面纱，我们再来看看上海股市的庐山真面目。

图 11-13 为上证指数的短期镜向波。

由图 11-13 可以看到，上证指数 2004 年的反弹浪与 2003 年的调整浪形成的短期镜向分形结构已经结束。

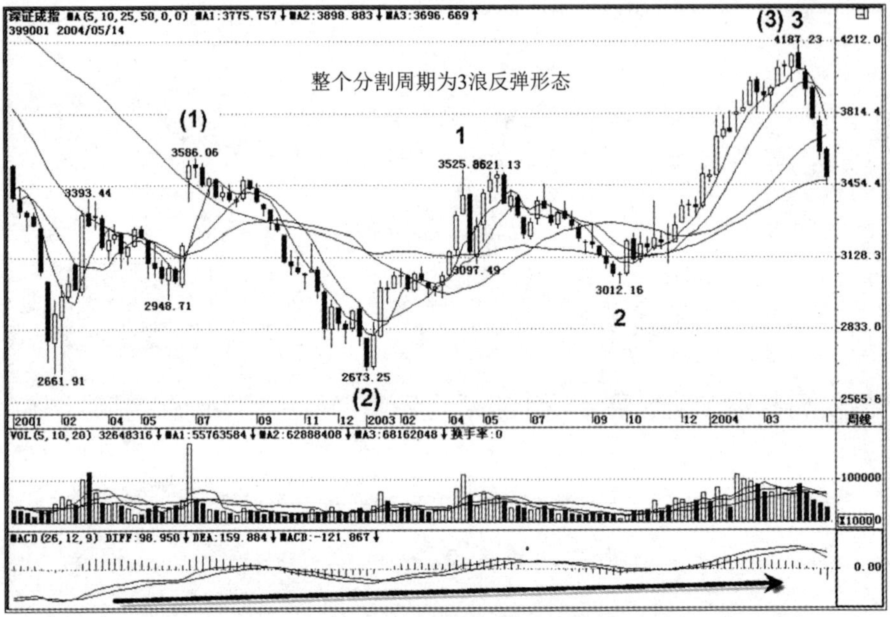

图 11-12 深证成指分割周期形态

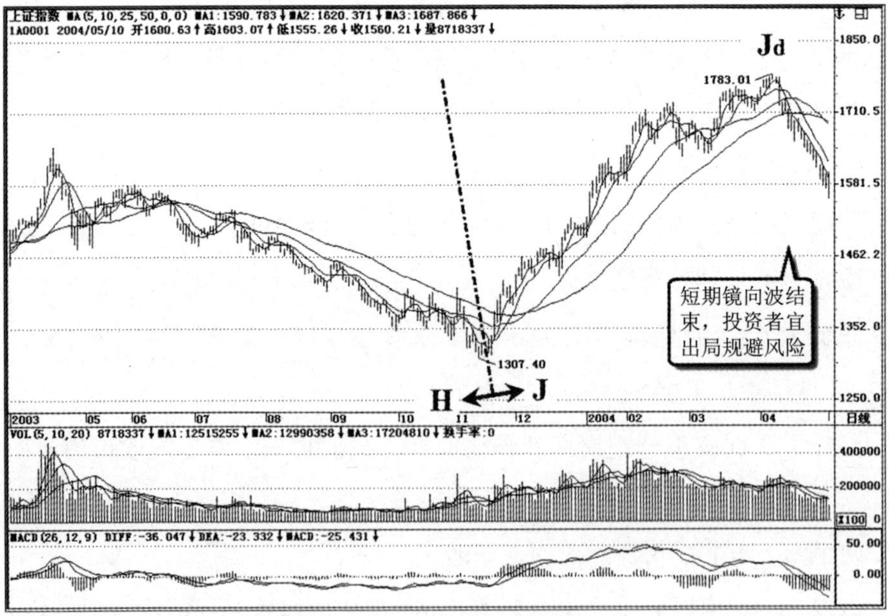

图 11-13 上证指数短期镜向波

上证指数从2001年6月步入调整趋势，延续到2003年11月创下新低，一直呈现逐波探底的形态，与深证成指的分歧非常明显。根据道氏理论几种市场指数应当相互印证的基本原则，将沪深股指的运行趋势做更加深入的对比分析。

通过对比分析发现，上证指数事实上出现了与深证成指类似的分割周期。此分割周期，将上证指数以往环环相扣、毫无缝隙的周期链，从2001年6月至2002年1月的周期边界，将其“割裂”为一段零散的周期碎片。

上证指数分割周期的运行时间为2002年1月至2004年4月，周期约2年，与市场的2年原生周期接近。

上证指数整个分割周期为不规则折返形态，行情从1339.20点启动，至1783.01点结束，其间的最大升幅约35%。

图11-14为上证指数的分割周期形态。

上证指数的分割周期以少见的不规则折返形态出现。这种波浪形态，极

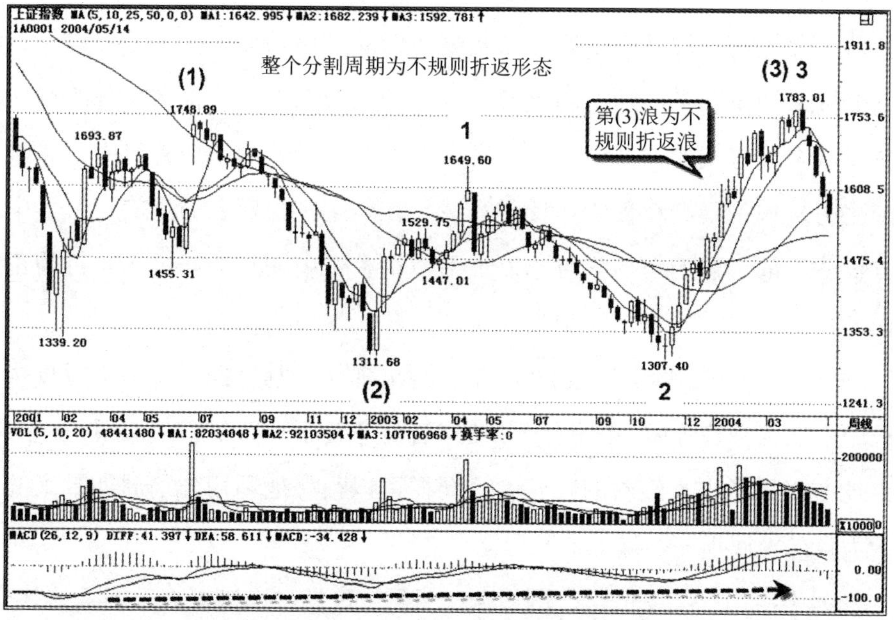

图11-14 上证指数分割周期形态

易使投资者产生误判，从而失去对后期走势的准确把握。之前，投资者根据以往的经验，判断上证指数2003年11月在1300点附近展开的上升周期单元，竟如沙漠戈壁中的海市蜃楼一般，美丽而又虚幻。

沪深股市的分割周期，以这样一种反弹（或折返）形态出现在市场的中期趋势中，期间主力机构多次运用孙子兵法“利而诱之，乱而取之，实而备之，强而避之，怒而挠之，卑而骄之，佚而劳之，亲而离之，攻其无备，出其不意”的战术理论，以及“敌进我退，敌驻我扰，敌疲我打，敌退我追”的游击战理论，在市场环境相对恶劣的情况下，全面开展灵活多样的游击战术，活跃了市场的投资气氛，促进了市场格局的深层次转化，为市场后期的运行和发展做好了相应的准备。

《孙子兵法·作战》——故智将务食于敌。

证券市场整个中期趋势的维系和运作是需要花费一定的资金成本才能做到的。在上升行情的中期趋势中，主力机构将筹集来的大部分资金用于一系列个股处于低位时的建仓所需，而拉升个股的成本以及机构自身的运作成本，都要从个股短期的波动中获取。在调整行情的中期趋势中，主力机构筹集的大部分资金和盈利早已抽离和分发，打压个股的成本以及机构自身的运作成本也要从个股短期的波动中获取。所以，在调整行情的中期趋势中，深谋远虑的主力机构一定会积极运作反弹行情，在与中小投资者的周旋、博弈中，想方设法获取个股的短期收益，以维系市场整个中期趋势和机构自身的正常运作。

沪深股市2002年1月至2004年4月出现的分割周期，就是主力机构在漫长的中期调整趋势中，采用孙子兵法“智将务食于敌”的策略而积极运作的。在市场中积累了丰富经验的投资者，同样可以很好地利用分割周期带来的机会，为自己挽回损失，增加盈利。

2004年4月，上海股市分割周期结束后，市场再次进入缩量调整的状态，海市蜃楼烟消云散。

上海股市2004年4月开始的调整浪，在投资者满腹疑惑的焦虑中一直持续了5个月，并且跌破了维持上证指数长达3年的“保底线”1300点。

图11-15为上证指数2004年的调整浪。

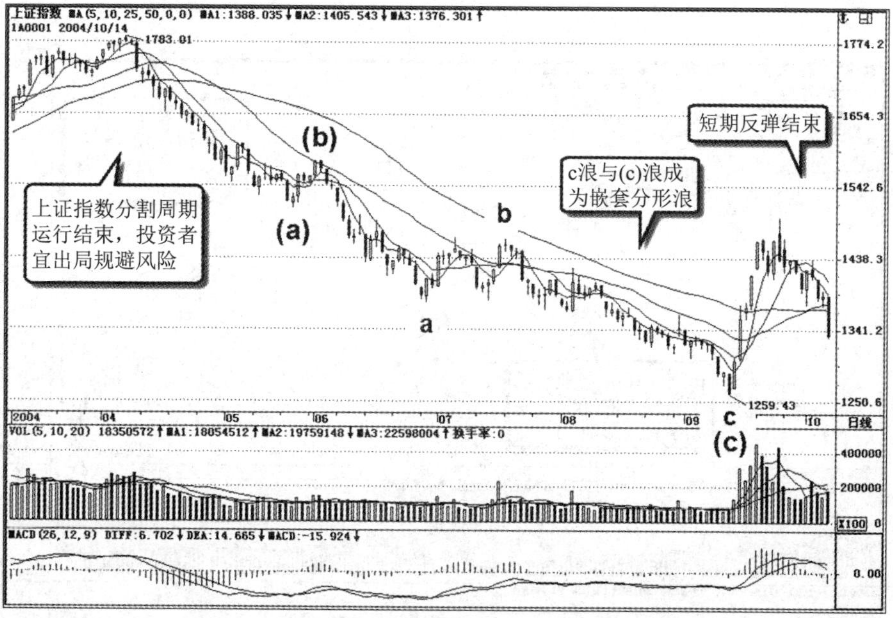

图11-15 上证指数2004年调整浪

从走势图分析，上证指数的调整形态为3浪调整结构。图中，(c)浪的子浪c浪与(c)浪成为嵌套分形浪。

2004年9月，上海股市向下跌破1300点的“保底线”，最低下探至1259.43点。此时，上证指数的嵌套分形浪基本运行结束，随后上海股市开始放量回升。失守1300点更具诱惑力的底部区域，吸引了不少场外的投资者。上海股市连续1周保持放量回升的强劲走势。

然而，上海股市的回升趋势并没有延续多久，随着买盘力量的迅速衰竭，上证指数突然掉头向下，阴风怒号，浊浪翻滚。——兵法“强而避之”“乱而取之”“敌进我退”“敌疲我打”实施。

2004 年 9 月，上海股市经过短暂的反弹之后，再一次踏上了漫长的调整旅途。上证指数 1300 点的“保底线”已经没有任何防御作用了，上海股市一路策马扬鞭，冲关夺隘，向下杀去。——兵法“敌退我追”实施。

图 11-16 为上证指数 2004 年的调整浪。

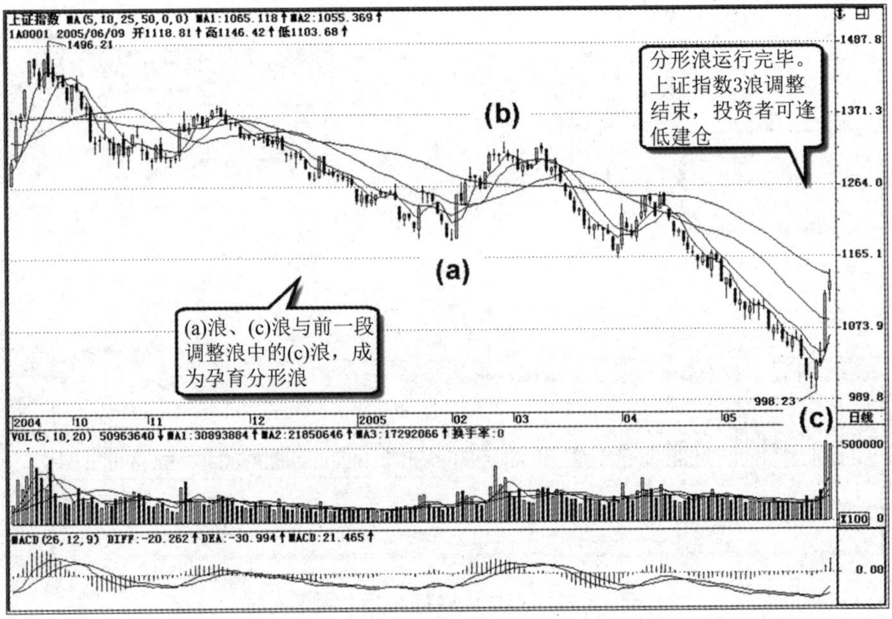

图 11-16　上证指数 2004 年调整浪

2004 年末，上证指数几乎以全年最低点位报收。2005 年开市后，上海股市又继续探底。这一年春节前后，上海股市出现了短暂的反弹行情，随后又继续走熊。

2005 年 4 月 29 日，经国务院批准，中国证监会发布《关于上市公司股权分置改革试点有关问题的通知》，宣布启动股权分置改革试点工作。5 月 9 日，已确定 4 家上市公司作为首批股改试点企业，股权分置改革试点进入实质操作阶段。

管理层推动股权分置改革的各种声调逐渐萦绕、充斥于国内证券市场。

所谓股权分置改革，也就是过去几年投资者闻之色变的国有股减持。现在重新换上一袭华丽的嫁衣，就能够博得市场的欢心吗？

果然，五一长假后，上海股市破位下行，连创新低。面对市场阴沉的“黑脸”，管理层并没有像过去国有股减持的时候那样，马上中止股权分置改革试点。5月16日，管理层明确提出“股权分置改革不仅是中国资本市场的一件大事，也是党中央、国务院的重大决策，开弓没有回头箭，必须搞好。”5月31日，中国证监会发布《关于做好第二批上市公司股权分置改革试点工作有关问题的通知》。

2005年6月6日，上证指数在投资者的一片唏嘘声中跌破了市场普遍看重的1000点大关，最低下探至998.23点，收市略有回升。随后几天，上证指数放量走高，奋力摆脱了令人惊悚的“千点之吻”。

从图11-16分析，上证指数2004年9月开始的调整浪，呈现出具有分形浪特征的3浪调整形态。图中，(c)浪与(a)浪成为形态相似的分形浪，并且(a)浪和(c)浪与图11-15中的(c)浪，成为孕育分形浪。图11-16中的(a)浪和(c)浪就好像是图11-15中的“双胞胎”(c)浪，呱呱坠地。此时降生的“混世魔王”，又怎不愁煞市场中的投资者呢？

2005年6月，上证指数跌破1000点大关，调整趋势的分形浪运行结束。此时，上海股市持续了4年之久的调整周期单元也已基本结束。随后，市场迅速放量回升，下一个周期单元的时间节点来临了。

上海股市从2001年6月国有股减持帷幕正式拉开的历史最高位2200点左右，跌至2005年6月股权分置改革试点击破1000点时分形浪运行结束的最低位，市场做空力度之大，持续时间之久，是中国股市过去未曾出现过的。

这一段中期调整趋势结束后，形成的新的市场周期，持续时间正好4年整。它与以往市场形成的大约2年为一个基本单元的周期特性不相吻合。那么，构成中国证券市场周期链中自成一体的周期特性，还能够正常延续下去吗？

经过认真分析，我们可以看出，上海股市形成的新的市场周期，比以往2年为一个基本单元的原生周期，持续时间恰好延长了1倍，相当于由2个原生周期组合而成。显然，这种新的市场周期，也是由原生周期演化而来，而且新的周期中还包含有酷似原生周期的分割周期。

我们可以将现在出现的这种差不多持续4年的周期，称之为市场的复合周期，并且设定复合周期的时间窗口与原生周期保持一致，为标准周期的前后半年。上海股市复合周期单元中的分割周期，因为不在复合周期两端相对固定的位置，故称之为移动分割周期。

由此可见，复合周期的出现，不仅没有改变中国证券市场周期链中自成一体的周期特性，而且还将引导市场的周期特性朝着更加丰富多样的方向进一步演化，对中国证券市场的未来产生深远的影响。

2004年4月，深圳股市分割周期结束后，市场再次进入缩量调整的状态。

图11-17为深证成指2004年的调整浪。

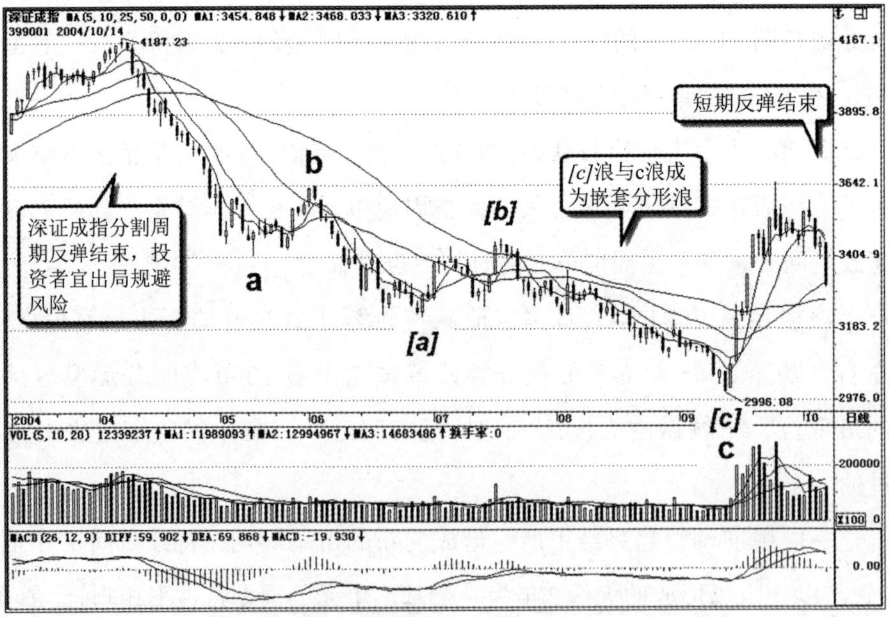

图11-17　深证成指2004年调整浪

从走势图分析，深证成指 2004 年 4 月开始的调整浪为 3 浪调整结构。图中，c 浪的子浪 *[c]* 浪与 c 浪成为嵌套分形浪。

2004 年 9 月，深圳股市经过短暂的反弹之后，又踏上了漫长的调整旅途。这一次，深圳股市的调整趋势持续了 9 个月。

图 11-18 为深证成指 2004 年的调整浪。

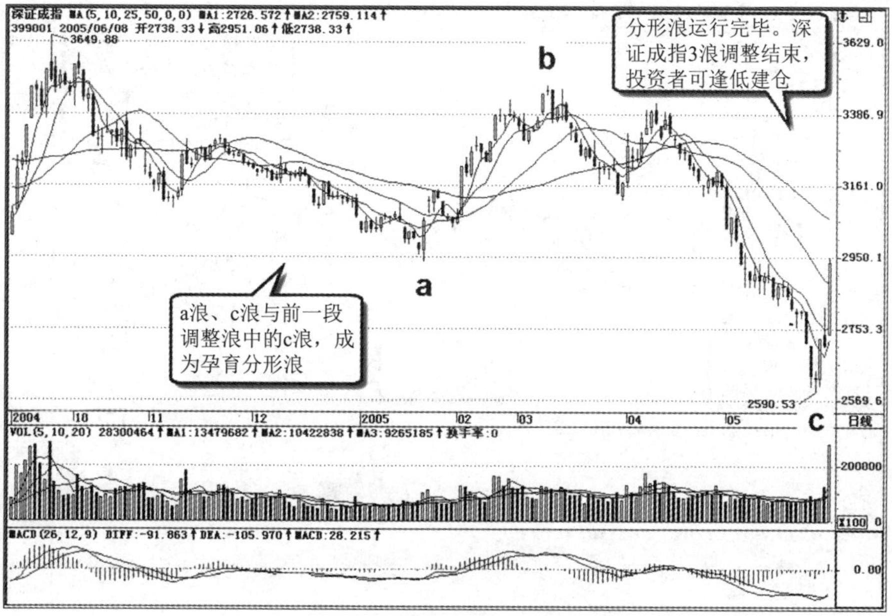
分形浪运行完毕。深证成指3浪调整结束，投资者可逢低建仓
b
a
a浪、c浪与前一段调整浪中的c浪，成为孕育分形浪
c
3649.88
2590.53

图 11–18　深证成指 2004 年调整浪

从走势图分析，深证成指 2004 年 9 月开始的调整浪，呈现出具有分形浪特征的 3 浪调整形态。图中，c 浪与 a 浪成为形态相似的分形浪，并且 a 浪和 c 浪与图 11-17 中的 c 浪，成为孕育分形浪。图 11-18 中的 a 浪和 c 浪，就好像是图 11-17 中的“双胞胎”c 浪降生而来。

2005 年 6 月，深证成指跌破 2600 点大关，调整趋势的分形浪运行结束。与上海股市类似，此时深圳股市持续了 4 年之久的调整周期单元也已基本结束。随后，市场迅速放量回升，下一个周期单元的时间窗口开启了。

深圳股市从2001年4月至2005年6月的中期调整趋势所形成的复合周期，比以往的原生周期持续时间延长了1倍，相当于由2个原生周期组合而成。这种差不多会持续4年的复合周期，其时间窗口与原生周期保持一致，为标准周期的前后半年。该复合周期单元中的分割周期为移动分割周期。

图11-19为上证指数的复合周期调整浪。

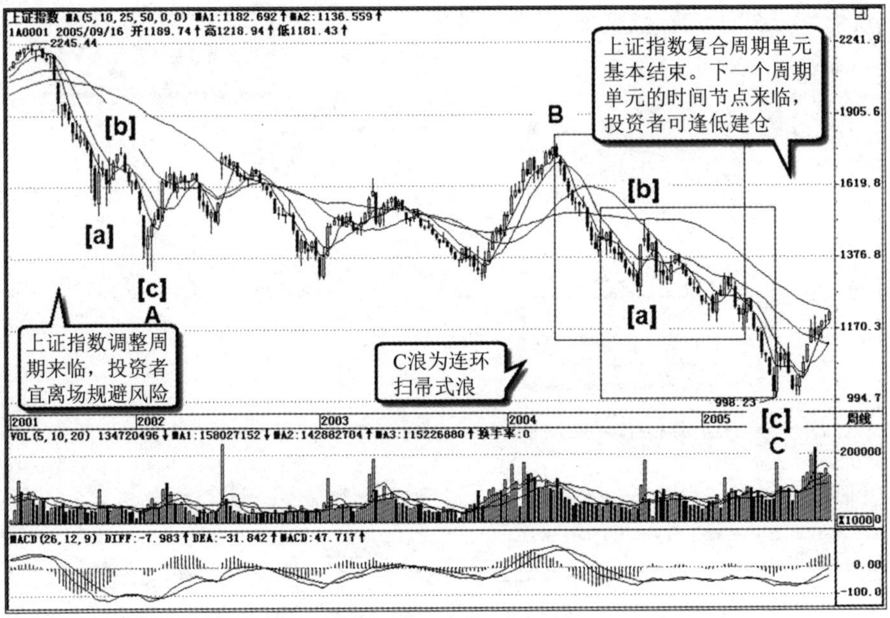
上证指数复合周期单元基本结束。下一个周期单元的时间节点来临，投资者可逢低建仓
B
[b]
[a]
[c]
A
[b]
[a]
上证指数调整周期来临，投资者宜离场规避风险
C浪为连环扫帚式浪
[c]
C
2245.44
998.23

图11-19　上证指数复合周期调整浪

上证指数复合周期调整浪的运行时间为2001年6月至2005年6月，周期为4年，与市场的4年复合周期相吻合。

上证指数整个复合周期单元为3浪调整形态，其中，B浪为分割周期，A浪与C浪为周期碎片，C浪的整体形态为正反重叠的连环扫帚式调整浪。整个复合周期单元，行情从2242.69点开始，至998.23点结束，跌幅约55%。

上海股市持续时间长达4年之久的复合周期调整浪，如山崩地裂，洪水泛滥，对市场造成的巨大杀伤力难以估量。这一段中期调整趋势，正是主力机构运用孙子兵法“称胜者之战民也，若决积水于千仞之溪者，形也”，释放出压倒一切的空头力量，让大多数投资者感到身处困境，身心疲惫，投资信心瓦解、崩溃，不得不任由深套或者斩仓逃离。

图 11-20 为深证成指的复合周期调整浪。

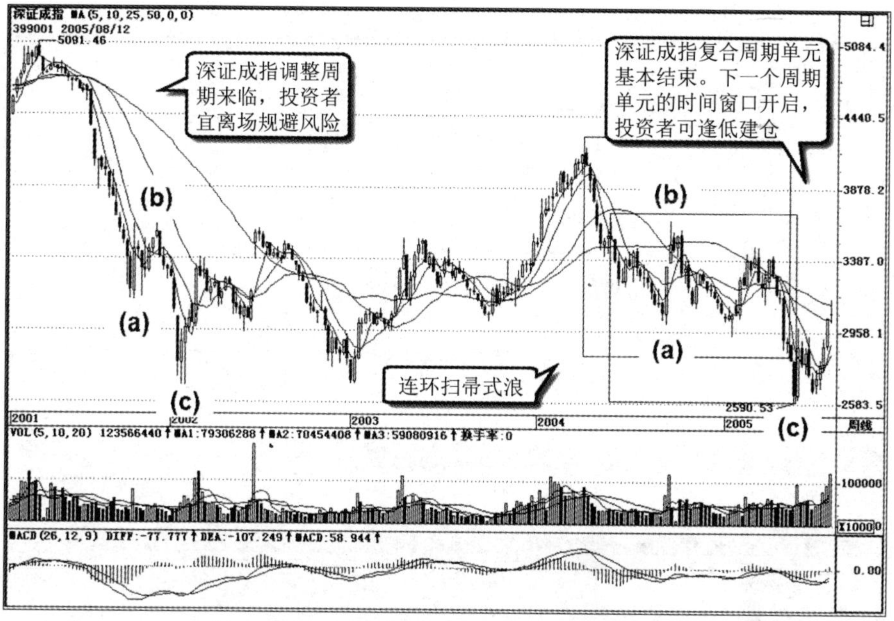

图 11-20 深证成指复合周期调整浪

深证成指复合周期调整浪的运行时间为 2001 年 4 月至 2005 年 6 月，周期约 4 年，贴近市场的 4 年复合周期。

深证成指整个复合周期单元为 3 浪结构的调整形态，其中，中间部分的反弹浪为分割周期，前后部分的调整浪为周期碎片，末端周期碎片的整体形态为正反重叠的连环扫帚式调整浪。整个复合周期单元，行情从 5091.46 点开始，至 2590.53 点结束，跌幅约 50%。

沪深股指的强弱比，在复合周期调整浪开始的时候约为 2.3，而在复合周期调整浪结束的时候约为 2.6。该复合周期单元，上证指数的调整幅度大于深证成指。

深证成指多周期形态分析

回顾深圳股市的历史走势，深证成指自 1997 年 5 月开始，形成了多周期的阵形调整浪。

图 11-21 为深证成指 1997 年 5 月至 2005 年 6 月的多周期调整浪。

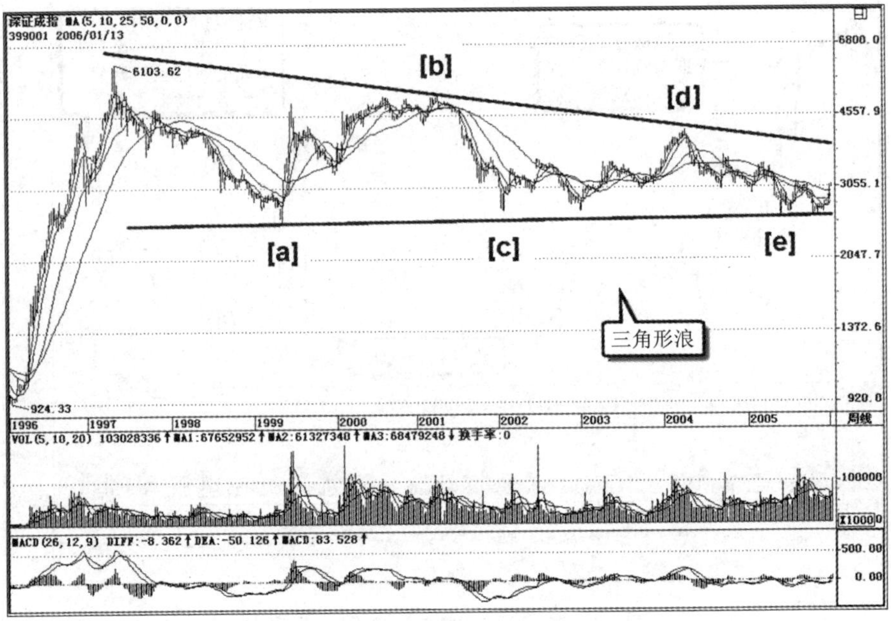

图 11-21 深证成指多周期三角形浪

从走势图分析，自 1997 年 5 月开始，深证成指周期链中排列的 2 个原生周期和 1 个有别于过去的复合周期：调整周期、上升周期、复合调整周期，共同构成了深证成指多周期波浪形态的平底三角形调整浪。

深证成指的多周期调整浪，共跨越了调整周期 [a] 浪、上升周期 [b] 浪、复合调整周期 [c] 浪、[d] 浪、[e] 浪，波浪形态为平底三角形调整浪。

深圳股市 1999 年 5 月运行的周期上升浪，未能突破历史高位，给投资者留下许多遗憾。从图 11-21 来看，深证成指 1999 年 5 月运行的周期上升浪，不过是市场主力为多周期的三角形调整浪预先埋下的伏笔而已。

深圳股市经过多周期三角形浪的充分休整，市场后期将会发生怎样的嬗变呢？

通过深证成指多周期波浪形态的分析，投资者对市场中期趋势的结构特性和内在联系有了更加全面地认识和理解，以便为自己下一步的投资方向作好相应的准备。

个股实盘分析

2001 年，上证指数进入复合周期调整浪之后，飞流直下的周期碎片 A 浪猛烈地冲击和冲刷着市场。大多数个股遭此劫难，面目全非，元气大伤。上海股市中的凤凰光学即是其中之一。

图 11-22 为凤凰光学经过复权后 2001 年的调整浪。

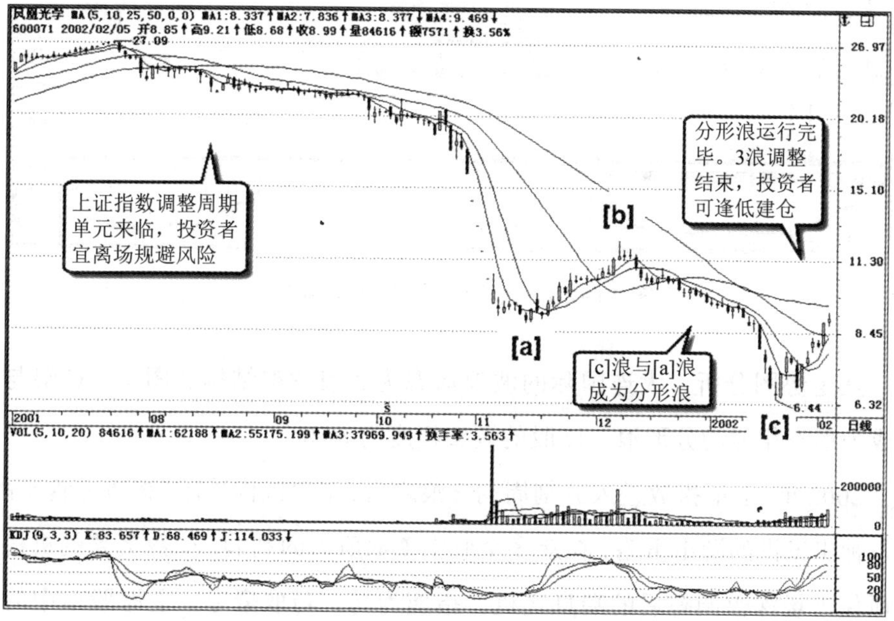
上证指数调整周期
单元来临，投资者
宜离场规避风险
[b]
分形浪运行完
毕。3浪调整
结束，投资者
可逢低建仓
[a]
[c]浪与[a]浪
成为分形浪
[c]

图 11-22　凤凰光学 2001 年调整浪

从走势图分析，凤凰光学的波浪形态为 3 浪调整结构。图中，[c] 浪与 [a] 浪成为形态相似的分形浪。该股的调整幅度约 75%。

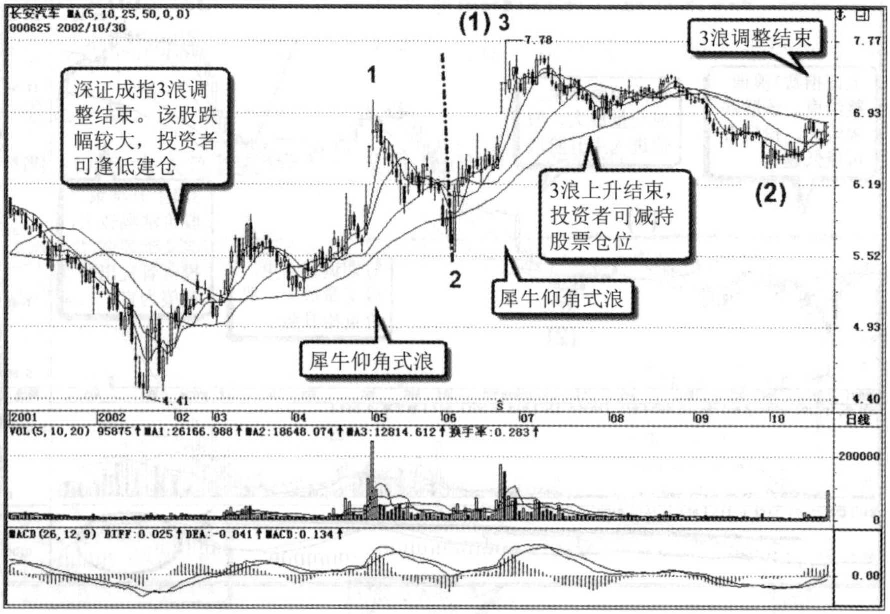
长安汽车 MA(5,10,25,50,0,0)
000625 2002/10/30
(1) 3
3浪调整结束
深证成指3浪调整结束。该股跌幅较大，投资者可逢低建仓
1
3浪上升结束，投资者可减持股票仓位
(2)
2
犀牛仰角式浪
犀牛仰角式浪

图 11-25 长安汽车 2002 年上升浪

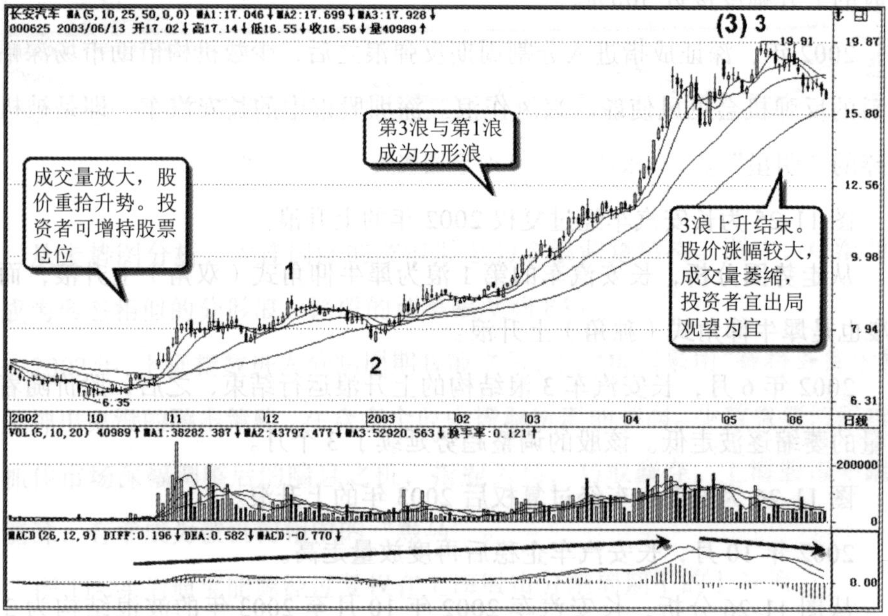
长安汽车 MA(5,10,25,50,0,0)
000625 2003/06/13
(3) 3
第3浪与第1浪成为分形浪
成交量放大，股价重拾升势。投资者可增持股票仓位
3浪上升结束。股价涨幅较大，成交量萎缩，投资者宜出局观望为宜
1
2

图 11-26 长安汽车 2003 年上升浪

深圳股市经过多周期三角形浪的充分休整，市场后期将会发生怎样的嬗变呢？

通过深证成指多周期波浪形态的分析，投资者对市场中期趋势的结构特性和内在联系有了更加全面地认识和理解，以便为自己下一步的投资方向作好相应的准备。

个股实盘分析

2001 年，上证指数进入复合周期调整浪之后，飞流直下的周期碎片 A 浪猛烈地冲击和冲刷着市场。大多数个股遭此劫难，面目全非，元气大伤。上海股市中的凤凰光学即是其中之一。

图 11-22 为凤凰光学经过复权后 2001 年的调整浪。

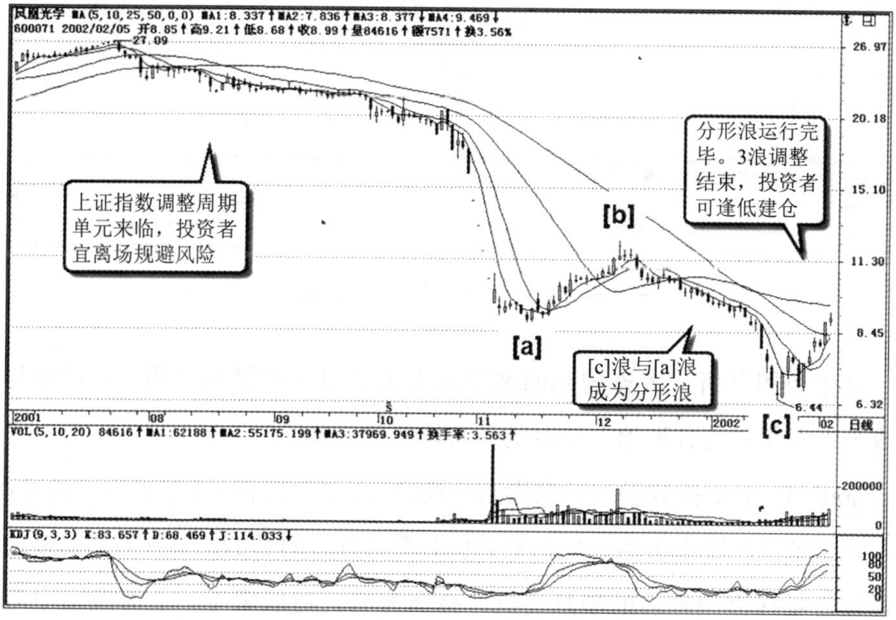
上证指数调整周期单元来临，投资者宜离场规避风险
分形浪运行完毕。3浪调整结束，投资者可逢低建仓
[c]浪与[a]浪成为分形浪
[a]
[b]
[c]
27.09
6.44

图 11-22 凤凰光学 2001 年调整浪

从走势图分析，凤凰光学的波浪形态为 3 浪调整结构。图中，[c] 浪与 [a] 浪成为形态相似的分形浪。该股的调整幅度约 75%。

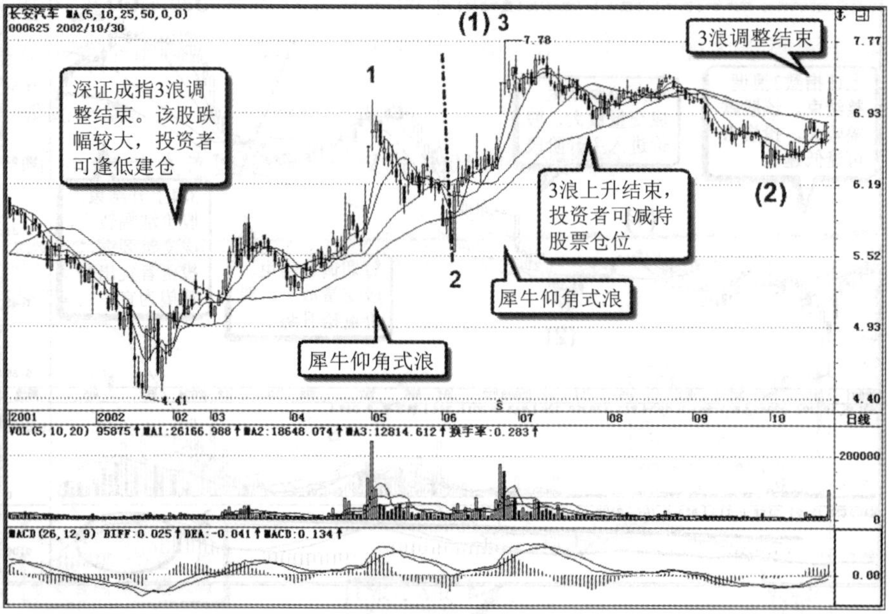

图 11-25　长安汽车 2002 年上升浪

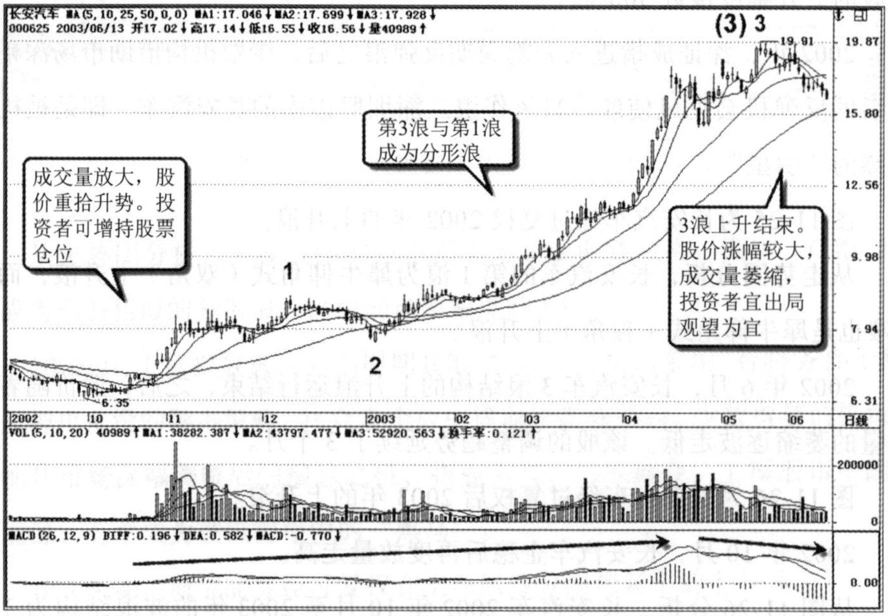

图 11-26　长安汽车 2003 年上升浪

深圳股市经过多周期三角形浪的充分休整，市场后期将会发生怎样的嬗变呢?

通过深证成指多周期波浪形态的分析，投资者对市场中期趋势的结构特性和内在联系有了更加全面地认识和理解，以便为自己下一步的投资方向作好相应的准备。

个股实盘分析

2001 年，上证指数进入复合周期调整浪之后，飞流直下的周期碎片 A 浪猛烈地冲击和冲刷着市场。大多数个股遭此劫难，面目全非，元气大伤。上海股市中的凤凰光学即是其中之一。

图 11-22 为凤凰光学经过复权后 2001 年的调整浪。

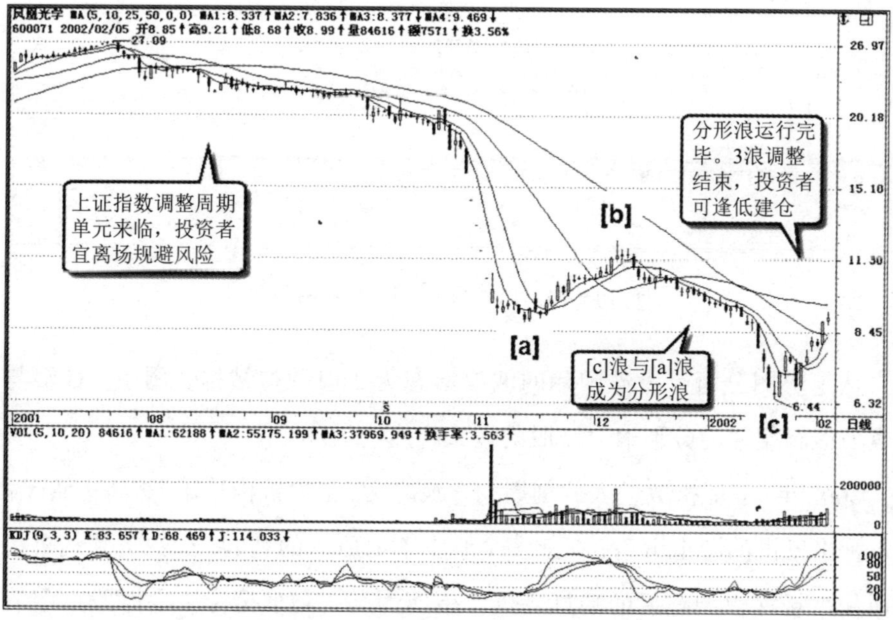
上证指数调整周期单元来临，投资者宜离场规避风险
[a]
[b]
[c]
[c]浪与[a]浪成为分形浪
分形浪运行完毕。3浪调整结束，投资者可逢低建仓
26.97
20.18
15.10
11.30
8.45
6.32
6.44
27.09

图 11-22 凤凰光学 2001 年调整浪

从走势图分析，凤凰光学的波浪形态为 3 浪调整结构。图中，[c] 浪与 [a] 浪成为形态相似的分形浪。该股的调整幅度约 75%。

2001年，深证成指进入复合周期调整浪之后，呼啸而下的周期碎片调整浪扫荡了整个市场，大多数个股皆元气大伤。深圳股市中的大连国际未能幸免，遭此一劫。

图11-23为大连国际经过复权后2001年的调整浪。

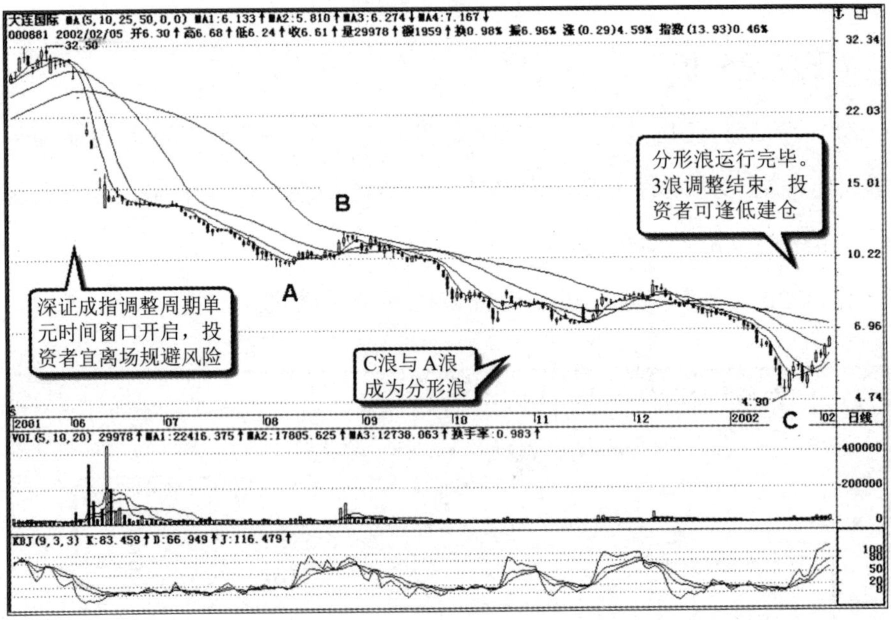
32.34
22.03
15.01
10.22
6.96
4.74
4.90
B
A
C
分形浪运行完毕。
3浪调整结束，投
资者可逢低建仓
深证成指调整周期单
元时间窗口开启，投
资者宜离场规避风险
C浪与A浪
成为分形浪
日线

图11-23　大连国际2001年调整浪

从走势图分析，大连国际的波浪形态为3浪调整结构。图中，C浪与A浪成为形态相似的分形浪。该股的调整幅度约85%。

2002年，上证指数进入分割周期B浪之后，主力机构采用“智将务食于敌”以及神出鬼没的游击策略，在众多个股中攫取所需的利润。少数贪婪的机构，则抓住市场深幅调整后的喘息之机，指鹿为马，巧取豪夺。上海股市中的通宝能源，有幸成为被机构相中的“黑马”。

图11-24为通宝能源经过复权在上海股市分割周期中的上升浪。

从走势图分析，通宝能源在沪市分割周期中的波浪形态为3浪上升结构。

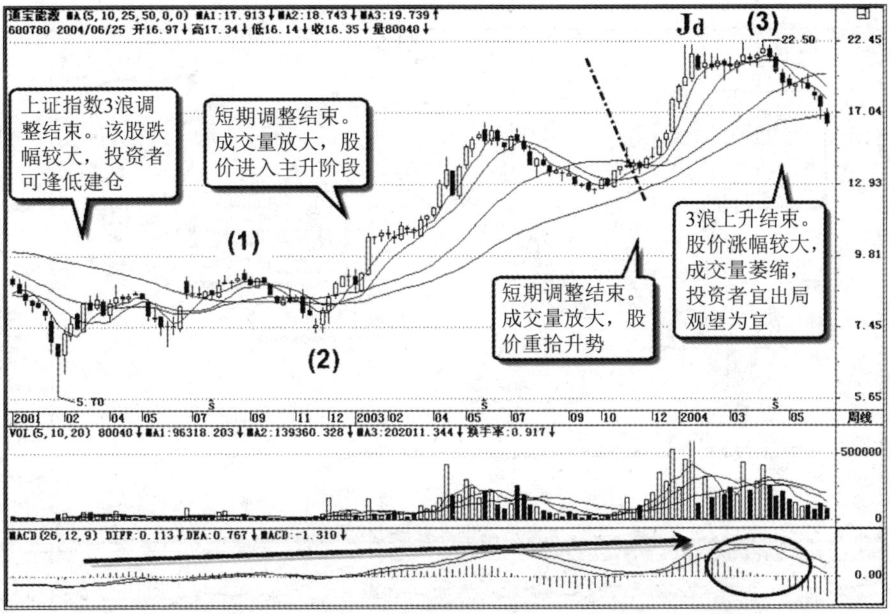
Jd
(3)
22.50
上证指数3浪调整结束。该股跌幅较大，投资者可逢低建仓
短期调整结束。成交量放大，股价进入主升阶段
(1)
(2)
短期调整结束。成交量放大，股价重拾升势
3浪上升结束。股价涨幅较大，成交量萎缩，投资者宜出局观望为宜
22.45
17.04
12.93
9.81
7.45
5.65
5.70
周线

图 11-24 通宝能源 2002 年中期上升浪

该股的上升幅度接近300%。

2002年，深证成指进入分割周期反弹浪之后，少数机构借助市场深幅调整后的反弹机会见风使舵，兴风作浪。深圳股市中的长安汽车，即是被机构热捧的“明星”。

图11-25为长安汽车经过复权2002年的上升浪。

从走势图分析，长安汽车的第1浪为犀牛仰角式（双角）上升浪，而第3浪也是犀牛仰角式（独角）上升浪。

2002年6月，长安汽车3浪结构的上升浪运行结束，之后，股价随着成交量的萎缩逐波走低。该股的调整趋势延续了3个月。

图11-26为长安汽车经过复权后2003年的上升浪。

2002年10月，长安汽车企稳后再度放量走高。

从图11-26分析，长安汽车2002年10月至2003年的波浪结构为3浪上升形态。图中，第3浪与第1浪成为形态相似的分形浪。

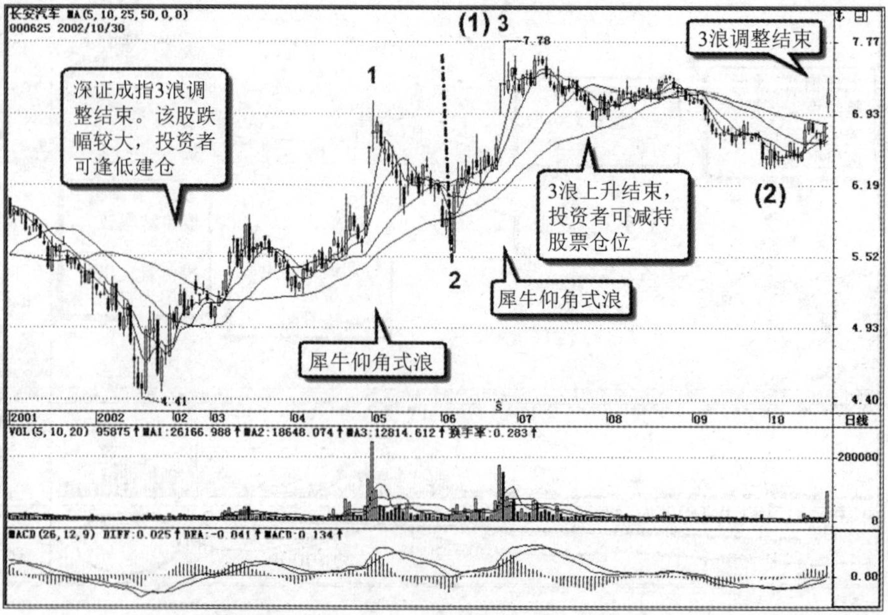

图 11-25　长安汽车 2002 年上升浪

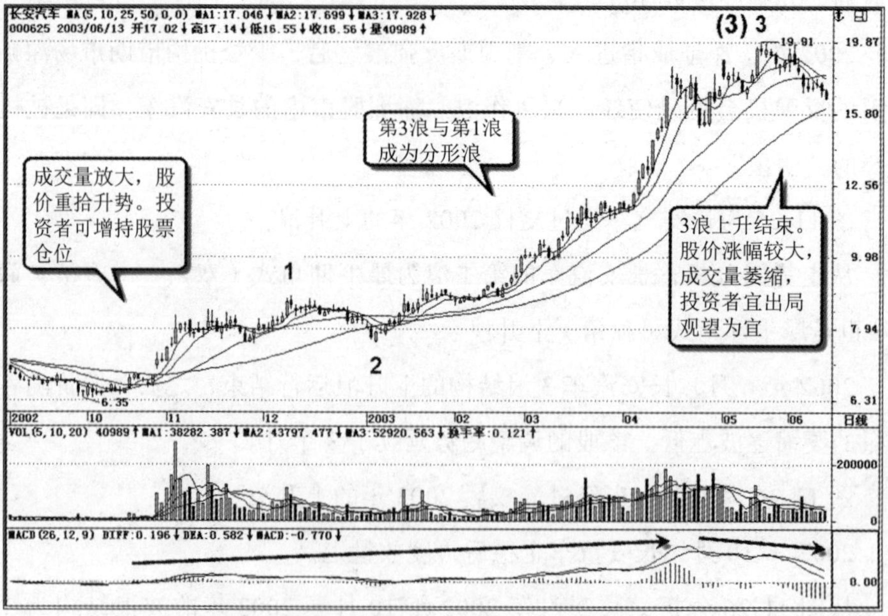

图 11-26　长安汽车 2003 年上升浪

图 11-27 为长安汽车经过复权，在深圳股市分割周期中的上升浪。

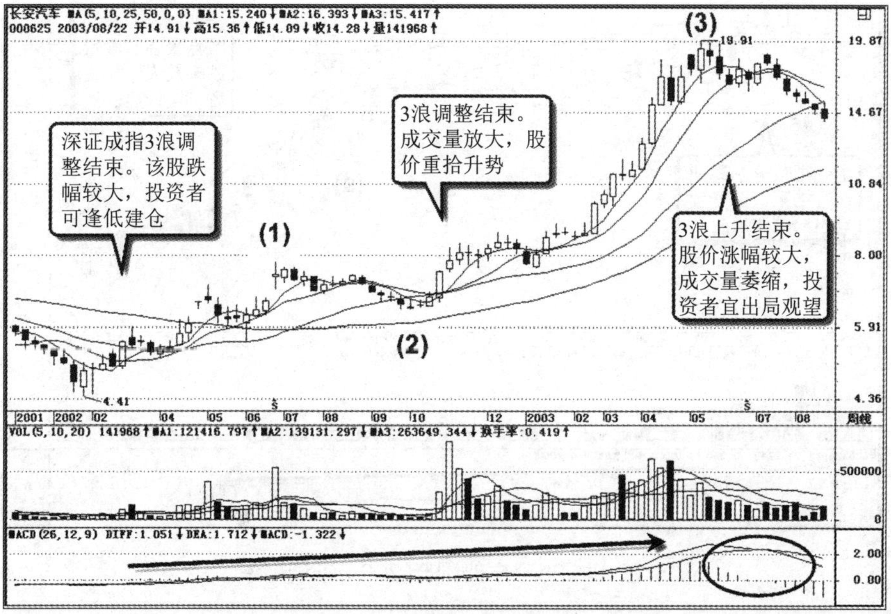
深证成指3浪调整结束。该股跌幅较大，投资者可逢低建仓
3浪调整结束。成交量放大，股价重拾升势
3浪上升结束。股价涨幅较大，成交量萎缩，投资者宜出局观望
(1)
(2)
(3)

图 11–27　长安汽车 2002 年中期上升浪

长安汽车在深市分割周期中的波浪形态为 3 浪上升结构。该股的上升幅度约 350%。

2004 年，上证指数分割周期运行结束之后，周期碎片 C 浪的惨烈调整再度重击市场。大多数个股旧痂未愈，又添新伤，上海股市中的广船国际便是其中之一。

图 11-28 为广船国际 2004 年的调整浪。

从走势图分析，广船国际的波浪形态为 3 浪调整结构。该股的调整幅度约 70%。

图 11-29 为三木集团经过复权后 2004 年的调整浪。

2004 年，深证成指分割周期运行结束之后，周期碎片调整浪的重压使众多个股焦头烂额，无奈折腰，深圳股市中的三木集团即是代表之一。

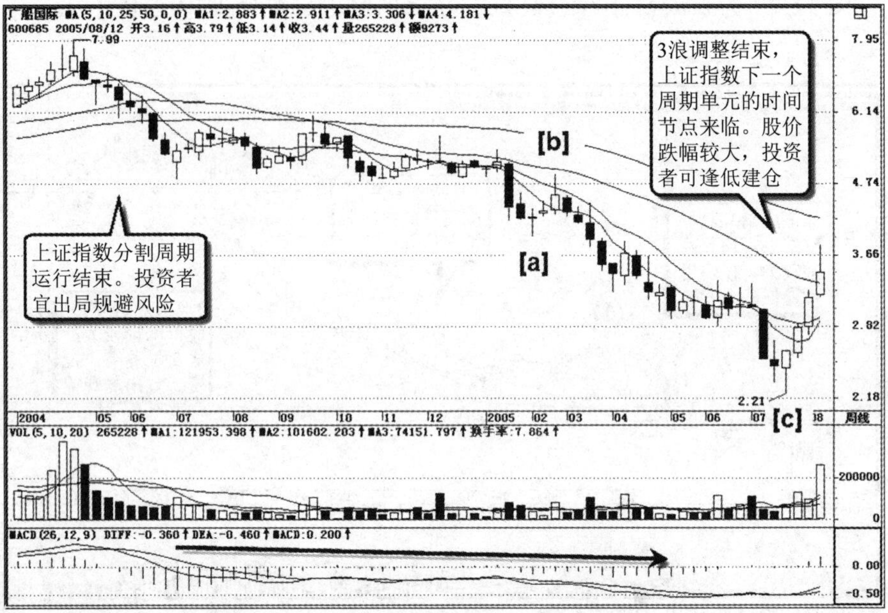

图 11-28　广船国际 2004 年调整浪

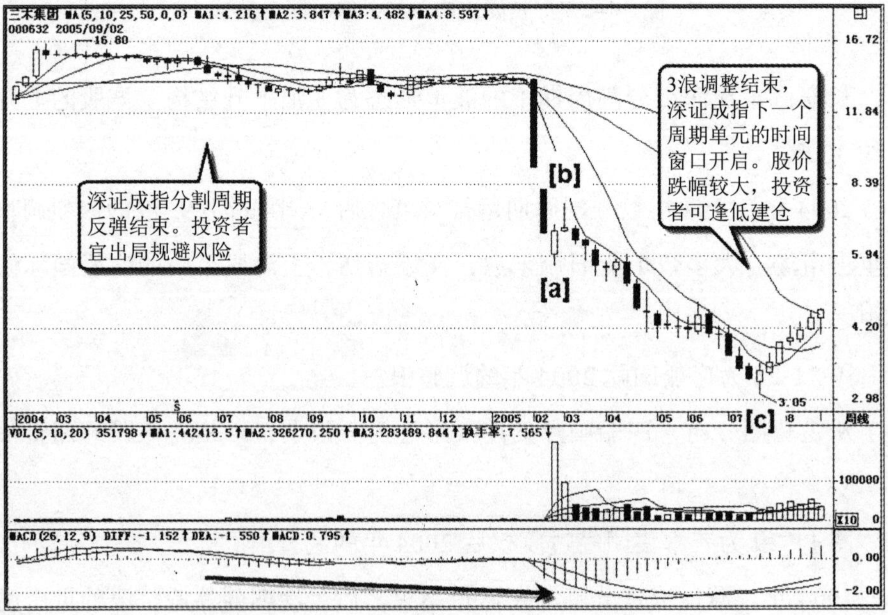

图 11-29　三木集团 2004 年调整浪

从图11-29分析，三木集团的波浪形态为3浪调整结构。该股的调整幅度约80%。

点 评

沪深股市在初期发展阶段，各自的运行特点有所不同，有时甚至差别较大，但两个市场中期行情的周期规律还是基本相同的。

复合周期的出现，是中国证券市场走向成熟的重要标志。沪深股市进入复合周期的运行模式之后，波浪形态的结构必将朝着更为复杂的方向演化。

在沪深股市的周期链中，复合周期以新颖的面貌首次出现。或许，市场将来运行的复合周期还有更多其他未知的特性，等待我们去探索和发现。

第十二章　2005年6月至2008年10月：复合周期折返浪

《孙子兵法·兵势》——终而复始，日月是也。死而更生，四时是也。

白昼与黑夜的交替轮回，是天体运动的自然规律。春夏秋冬的往复更迭，是季节循环的自然规律。

2005年6月，上证指数跌破1000点大关，中期调整趋势的分形浪运行结束。此时，沪深股市的复合周期调整单元也已基本结束。随后，市场迅速放量回升，新周期单元的行情来临了。

沪深股指形态周期分析

2005年6月6日，上证指数盘中跌破1000点大关后，市场连续几天放量回升。此时，沪深股市的复合周期调整单元已经基本结束。先行一步的机构投资者，犹如在黑暗的市场中划亮了几支火柴，照亮市场新周期单元的小小火苗开始渐渐地摇曳、燃烧起来。

2005年6月20日，中国证监会公布第二批股权分置改革试点公司名单，共有42家上市公司获准进入试点。6月27日，管理层表示，股权分置改革不再进行第三批试点，在第二批试点进行中和结束后，将及时总结经验，完善规则，加紧做好全面推开的工作，力争在一个相对较短的时间内，基本完成股权分置改革。

照亮市场新周期单元的小小火苗，还经受不住风雨的侵袭，上海股市放量回升了几天之后，又慢慢地逼近了1000点。

就在给投资者带来希望的小小火苗快要熄灭的时候，仿佛有一双悉心呵护的手在市场中为它遮挡风雨，并加上一些助燃的柴火。沪深股市再度放量走高，希望的火种越烧越旺了。

2005年9月5日，中国证监会正式发布实施《上市公司股权分置改革管理办法》。股权分置改革全面推进，即将步入操作阶段。

又一阵风雨袭来，新周期单元的火种再次面临熄灭的险境。

此时，沪深两市的新股发行已偃旗息鼓，悄然而止。市场中那双神秘的手又把这希望的火种悉心呵护起来，而且加上足够的柴火，让它以后能够经受住更大的市场风雨的考验。

图12-1为上证指数2005年的上升浪。

从走势图分析，上证指数2005年6月触底后，上升趋势的第(1)、(2)浪，与上一个复合周期调整浪的一个片段，成为形态相似的转向分形浪。图中，第(3)浪为螳臂当车式上升浪，调整浪第[2]浪为正反重叠的连环扫帚式调整浪。

上证指数该周期单元的转向分形浪忽略整体形态，而保留子浪形态的相似性，与沪深股指1996年上升周期单元的转向分形浪有所不同。

“终而复始，日月是也。死而更生，四时是也。”与天体运动形成昼夜交替，以及季节循环出现四季更迭一样，上海股市经过转向分形浪的确认，新周期单元的新芽在上一个复合周期调整单元结束的枯枝上自然而然地萌发了。

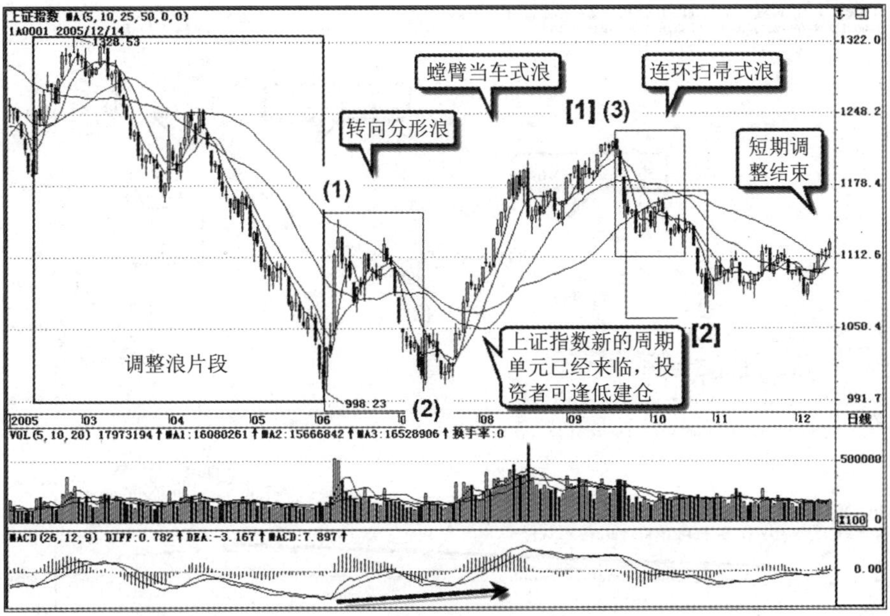

图 12-1 上证指数 2005 年上升浪

不经历风雨，怎么能见彩虹。2005 年 12 月，沪深股市经受住不利因素的纷扰，企稳回升。

2006 年 1 月 14 日，管理层表示，将在年内基本完成股权分置改革。

股权分置改革，是针对中国资本市场长远发展的一项重大决策。过去几年，在国有股减持屡屡受挫的影响之下，管理层竟有如此坚定的信心和魄力，全力推进此项改革，如果没有一整套务实的举措，保障市场平稳运行，能够顺利完成这项决定中国证券市场未来命运的改革重任吗？

就在大多数投资者对市场未来前景深感忧虑的时候，沪深两市却以出人意料的表现逐渐打消了投资者的疑问和顾虑。

图 12-2 为上证指数 2006 年的上升浪。

2006 年，沪深两市在温和放量的买盘推动下稳步走高，市场带给投资者的欣喜，渐渐驱散了股权分置改革留下的阴霾。新周期单元的星星之火，俨然已成燎原之势。在投资热情不断升温的气氛下，沪深两市走势强劲，而上

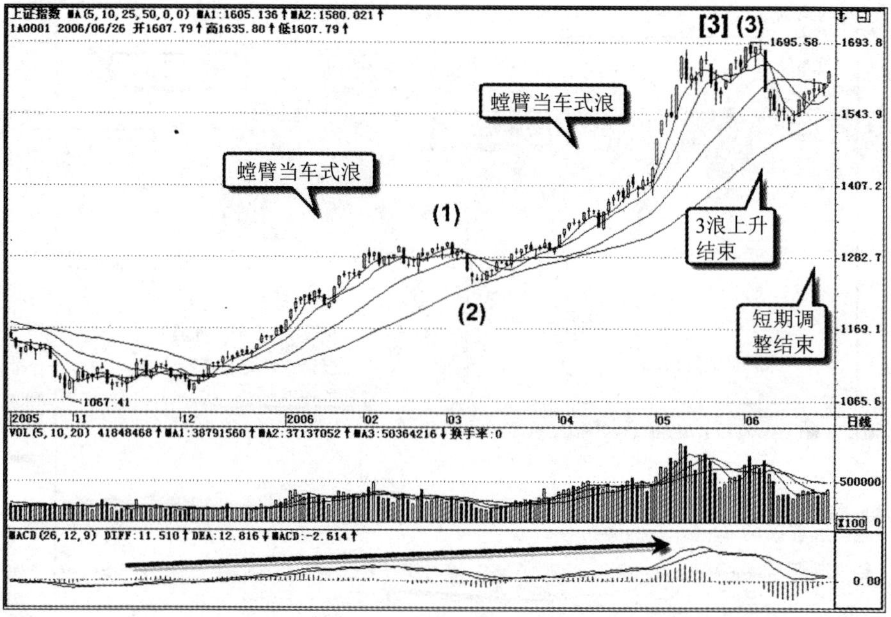

图 12-2　上证指数 2006 年上升浪

升之后的回吐却是浅尝辄止。

从走势图分析，上证指数 2006 年上半年的波浪形态为 3 浪上升结构。图中，第 (1) 浪和第 (3) 浪都是螳臂当车式上升浪。

2005 年 6 月，深证成指盘中跌破 2600 点后，市场连续几天放量回升，此时，深圳股市新周期单元的时间窗口悄悄开启了。深证成指触底后的上升趋势也出现了转向分形浪的身影。

图 12-3 为深证成指 2004 年复合周期调整浪的片段。

图 12-4 为深证成指 2005 年的上升浪。

从图 12-4 分析，深证成指 2005 年的第 (1)、(2) 浪，与前一个复合周期调整浪的片段（图 12-3），成为形态相似的转向分形浪。图中，调整浪第 (2) 浪与第 2 浪成为形态相似的平行分形浪，该周期转向分形浪的特征与上证指数类似。

2006 年，深圳股市在投资者信心逐渐恢复的情况下放量走高。

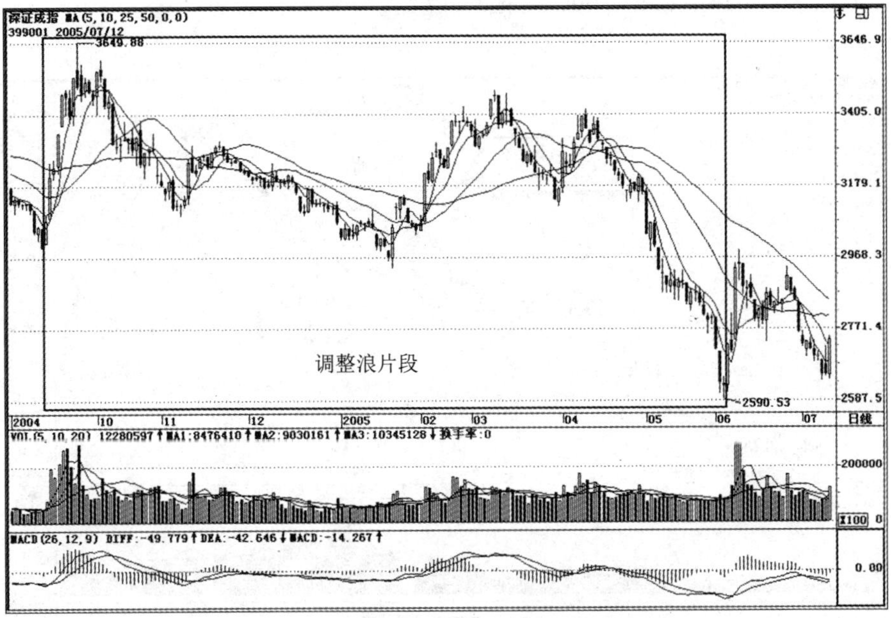

图 12-3 深证成指 2004 年调整浪的片段

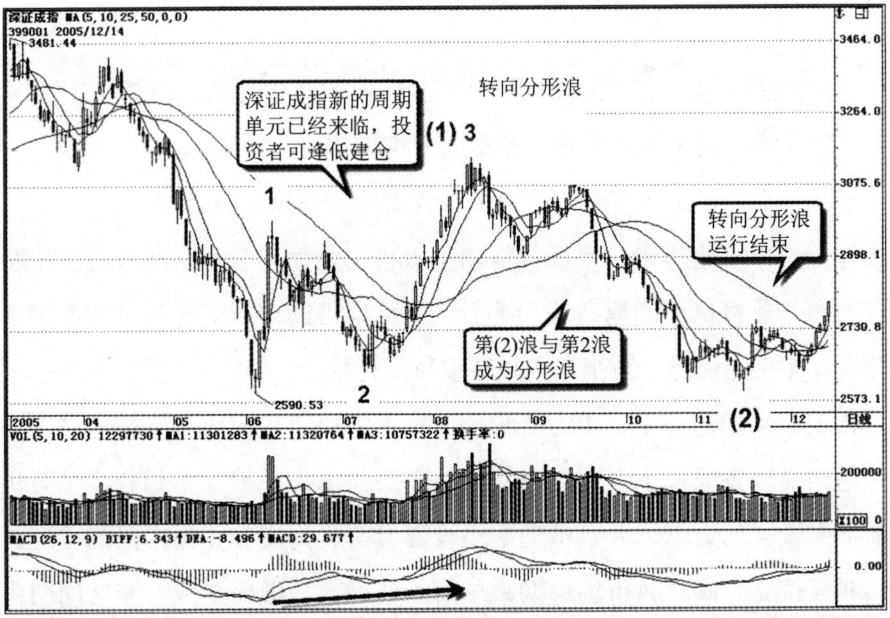

图 12-4 深证成指 2005 年上升浪

图12-5为深证成指2006年的上升浪。

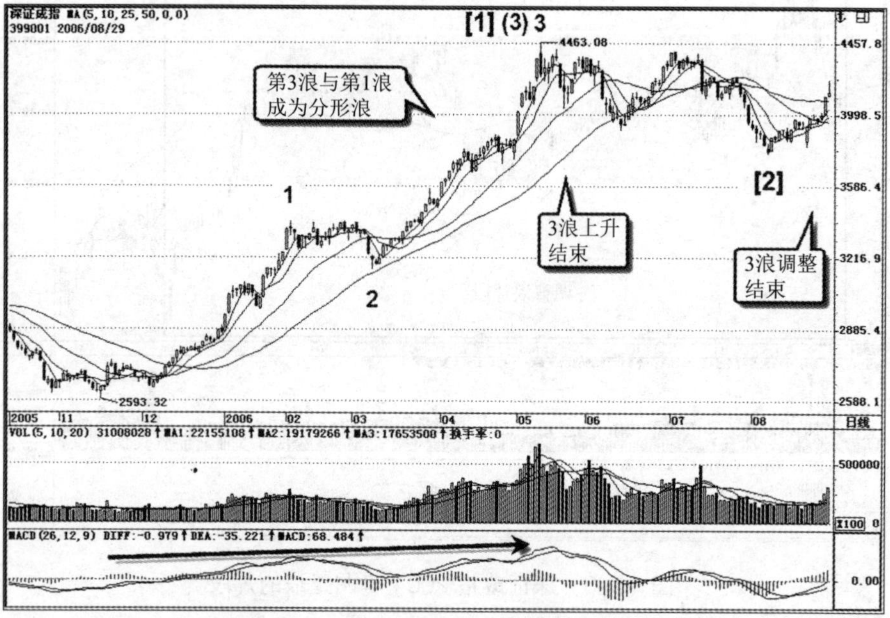

图12–5　深证成指2006年上升浪

从走势图分析，深证成指2006年上半年的波浪形态为3浪上升结构。图中，第3浪与第1浪成为形态相似的分形浪。

《孙子兵法·火攻》——故以火佐攻者明，以水佐攻者强。

在上升中期趋势中，市场行情随主力机构全面建仓而活跃升温，中小投资者的参与热情也不断地高涨。主力机构可以借助对行情非常有利的因素，充分发挥多头的优势，事半功倍地持续拉升行情。

在调整中期趋势中，主力机构全面派发筹码之后，市场行情也就失去了上升的动力，每况愈下。市场中空头与多头如水火一般互不相容。主力机构逐渐加强做空的力度，并且借助中小投资者落袋为安和止损出局的心理，使他们相互挤兑、倾轧，市场的调整压力不断增大，继而形成普遍认同的中期调整趋势。

2006 年 6 月，上海股市经过短暂的休整，在 1500 点附近企稳后，便开始震荡上扬。此时，市场热点已经全面激活，成交量一直保持着较高的状态。

图 12-6 为上证指数 2006 年的上升浪。

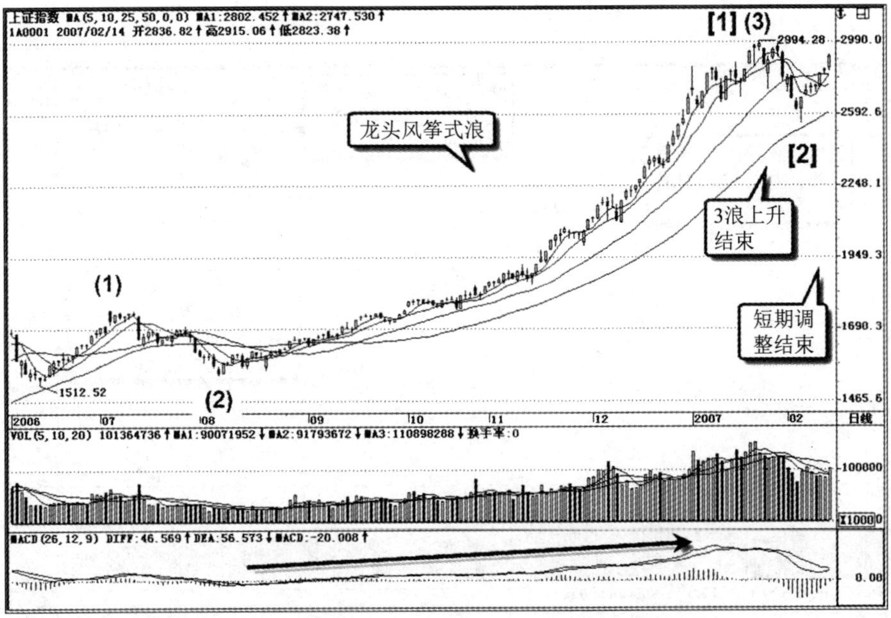

图 12–6　上证指数 2006 年上升浪

2006 年 12 月 26 日，管理层表示，我国资本市场股权分置改革基本完成，目前正在发生转折性的变化，正在进入一个新的发展阶段。

股权分置改革的艰巨任务基本完成，阻碍市场发展的拦路石已经清理干净。2006 年 12 月，上证指数不断改写历史新高，投资者在持续升温的市场氛围中度过了一个难得一遇的“暖冬”。

从图 12-6 分析，上证指数 2006 年下半年的波浪形态为龙头风筝式上升浪。多头持续发力，势不可挡。

该周期单元的上升行情，从 2005 年 6 月开始，至 2007 年 1 月最高点 2994.28 点，已经持续了 1 年半。后期走势如何演绎，还需密切关注。

2007年初，上海股市经过短暂的休整，在成交量保持充足的情况下，又继续顽强地向上攀升。一波真正意义上的跨年度行情已经初现端倪。

2007年春节过后的第一天，上证指数刷新历史高点，收于3000点之上。

图12-7为上证指数2007年的上升浪。

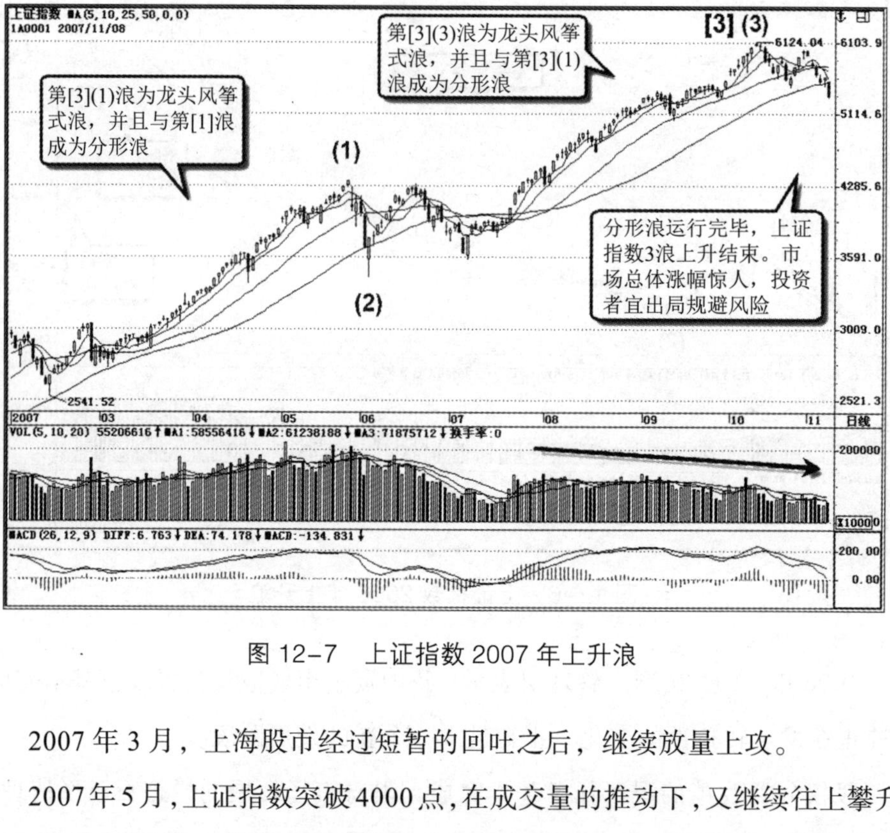
第[3](1)浪为龙头风筝式浪，并且与第[1]浪成为分形浪
第[3](3)浪为龙头风筝式浪，并且与第[3](1)浪成为分形浪
[3] (3)
(1)
(2)
6124.04
2541.52
分形浪运行完毕，上证指数3浪上升结束。市场总体涨幅惊人，投资者宜出局规避风险

图12-7　上证指数2007年上升浪

2007年3月，上海股市经过短暂的回吐之后，继续放量上攻。

2007年5月，上证指数突破4000点，在成交量的推动下，又继续往上攀升。2007年5月29日，上证指数刷新历史新高，收于4300点之上。

2007年5月30日凌晨，财政部、国税总局发布要闻：经国务院批准，财政部决定从2007年5月30日起，调整证券交易印花税税率，由现行1‰调整为3‰。

5月30日，沪深股市大幅收低。随后又连续几天深幅下挫。市场中的个股受调整印花税率利空的影响，跌幅都普遍很深。

从走势图看，上证指数2007年上半年的波浪形态为龙头风筝式上升浪，并且与2006年下半年的上升浪（图12-6）成为形态相似的分形浪。

回顾历史，1997年5月，国务院将印花税率由3‰调整为5‰，该利空信号随即终结了沪深股市持续约1年半的上升周期单元。10年之后，国务院再次使出这一猛招，其用意不言而喻。

沪深股市此周期单元的上升行情，从2005年6月开始，至2007年5月29日上证指数最高达到4335.96点，已经持续了约2年。在上升分形浪运行结束的敏感时间节点附近，沪深股市遭遇这样的重大利空信号，此周期单元的上升行情已宣告结束了吗？

就在广大投资者对市场行情普遍失去信心，纷纷出局观望的时候，沪深两市具有戏剧性的一幕上演了。受印花税率上调的影响，沪深两市出现1周左右的快速下探。随后，沪深股市竟然再度顽强地企稳回升，继而震荡走高。2年上升行情将要驻足的时间节点，便这样有惊无险地滑过了。那些受到惊吓，出局观望的投资者，看到市场行情又鬼使神差地连创新高，害怕再次犯错，只得一脸无奈地转身扎入市场。

2007年，中国内地一首诞生于股市的歌曲《死了都不卖》红遍九州，那高亢激昂、荡气回肠的旋律，让亿万股民心中的酸甜苦辣，还有尘封已久的寄托和梦想，得到酣畅淋漓地倾诉、宣泄和升华。

2007年10月，上海股市创下历史最高点6124.04点后，终因成交量的持续减弱而逐波走低。

从图12-7分析，上证指数2007年的波浪形态为3浪上升结构。其中，第(3)浪为龙头风筝式上升浪，并且与第(1)浪成为形态相似的分形浪。

图12-8为上证指数中期镜向波。

从图12-8分析，上证指数该周期单元适度拟合的中期镜向波，已经运行结束。

上海股市该周期单元的上升行情，从2005年6月开始，至2007年10月，

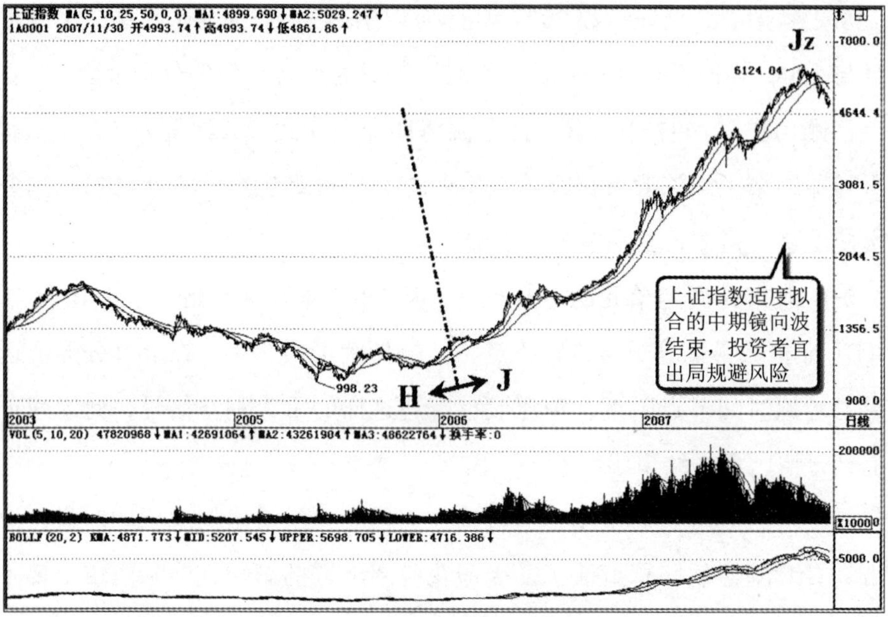

图 12-8　上证指数中期镜向波

已经持续了约两年半。在有效的时间窗口内，上海股市的中期上升行情基本宣告结束。

2006 年 8 月，深圳股市经过 2 个多月的调整，在 3700 点附近企稳后，开始再度往上攀升。

图 12-9 为深证成指 2006 年的上升浪。

从走势图分析，深证成指 2006 年下半年的波浪形态为蜈蚣风筝式上升浪，简洁明了，一气呵成。

2007 年 4 月，深圳股市经过短暂的回吐之后稳步上攻。

图 12-10 为深证成指 2007 年的上升浪。

从走势图分析，深证成指 2007 年上半年的波浪形态为蜈蚣风筝式上升浪，并且与 2006 年下半年的上升浪（图 12-9）成为形态相似的分形浪。深证成指 2007 年下半年的第 (3) 浪成为上升分形浪末端的“蛇头”。

2007 年 10 月，深圳股市创下历史最高点 19600.03 点后，终因成交量的

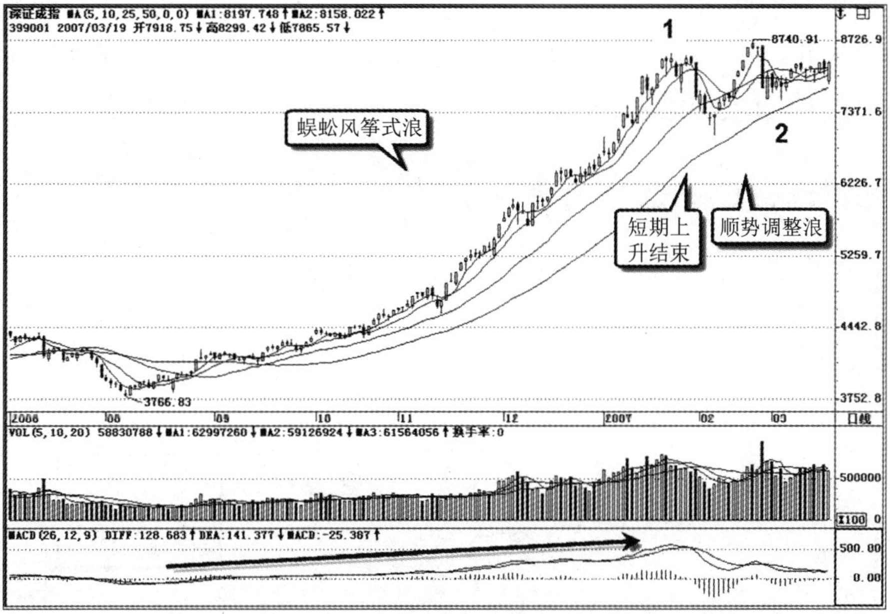

图 12-9 深证成指 2006 年上升浪

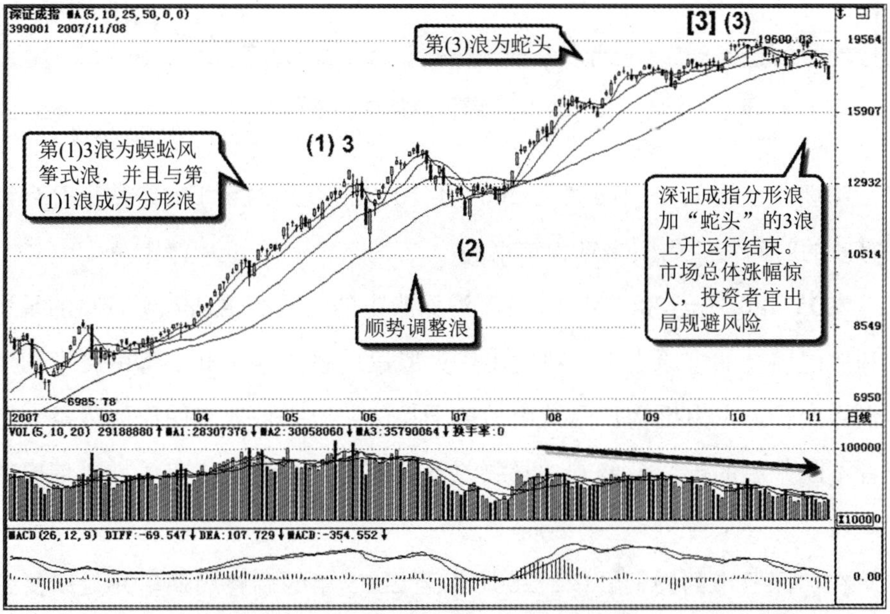

图 12-10 深证成指 2007 年上升浪

持续减弱而逐波走低。

从图 12-11 分析，深证成指适度拟合的中期镜向波已经运行结束。

图 12-11 为深证成指中期镜向波。

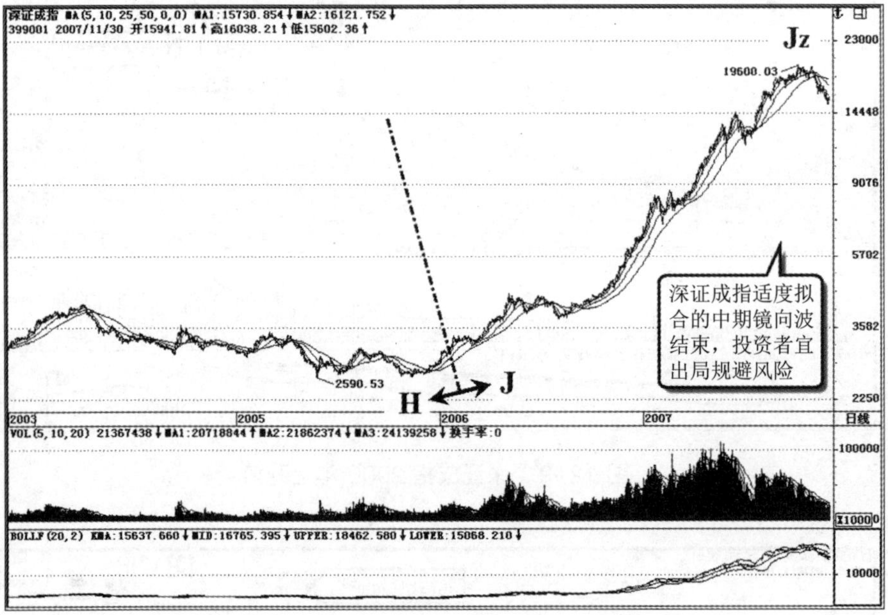

图 12-11　深证成指中期镜向波

· 深圳股市从 2005 年 6 月至 2007 年 10 月持续约两年半的中期上升行情，在有效的时间窗口内基本宣告结束。

2005 年 6 月至 2007 年 10 月，沪深股市的上升行情从若明若暗的星星之火到熊熊燃烧的燎原之火，映射出广大股民的投资意识和心态由冷漠到焦灼的强烈变化。主力机构正是借用了孙子兵法“以火佐攻者明”的策略，把投资者不断升温的激情汇聚成一股源源不断的强大力量，将市场推上璀璨耀眼的巅峰。

在沪深股市的周期链中，2001 年至 2005 年的调整周期单元是以复合周期的形式出现的。今后，沪深股市这种新出现的周期特性，很有可能继续延续下去。

这里将上海股市2005年6月至2007年10月持续时间约两年半的上升周期，暂且认定为复合周期单元中的分割周期，这种认定是否符合市场的客观规律，日后还需作最终的判定。

图12-12为上证指数的分割周期形态。

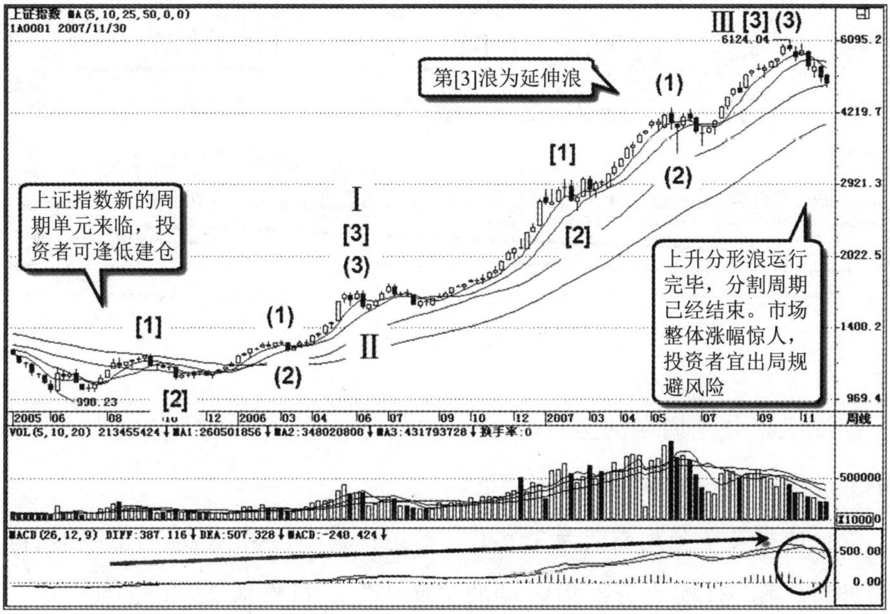

图12-12 上证指数分割周期形态

上证指数分割周期的运行时间为2005年6月至2007年10月，周期约两年半，与市场的2年原生周期接近。

上证指数整个分割周期为3浪上升形态，其中，第Ⅲ浪的子浪第[3]浪为延伸浪。行情从998.23点启动，至6124.04点结束，升幅约500%。

这里将深圳股市2005年6月至2007年10月持续时间约两年半的上升周期，暂且认定为复合周期单元中的分割周期。

图12-13为深证成指的分割周期形态。

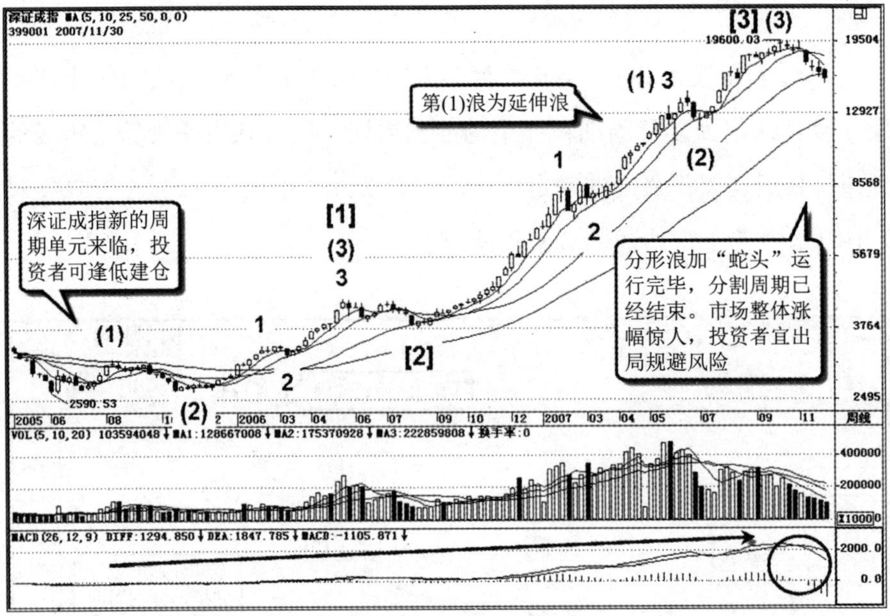

图 12-13 深证成指分割周期形态

深证成指分割周期的运行时间为2005年6月至2007年10月，周期约两年半，与市场的2年原生周期接近。

深证成指整个分割周期为3浪上升形态，其中，第[3]浪的子浪第(1)浪为延伸浪，第(3)浪为分形浪末端的“蛇头”。行情从2590.53点启动，至19600.03点结束，升幅约650%。

沪深股指的强弱比，在分割周期开始的时候约为2.6，而在分割周期结束的时候约为3.2。该分割周期，深证成指的上升幅度大于上证指数。

2004年5月，经国务院批准，中国证监会批复，同意深圳证券交易所在主板市场内设立中小企业板块。中小企业板（简称中小板）的建立，是中国证券市场构筑多层次资本市场的重要举措，为中小企业的融资和规范发展提供良好的市场化平台。

2004年6月25日，中小板首批8只新股，新和成(002001)、江苏琼花(002002)、伟星股份(002003)、华邦制药(002004)、德豪润达(002005)、精

工科技 (002006)、华兰生物 (002007) 和大族激光 (002008)，在深圳证交所集中挂牌上市交易，堪称中小板“新八股”。

深圳证交所于 2005 年 12 月 1 日正式发布中小企业板指数，简称“中小板综指”。中小企业板指数，是以深交所挂牌交易的全部中小企业板股票为样本股的综合指数。基日为 2005 年 6 月 7 日，基日点位为 1000 点。

中小板综指的基日，恰好与沪深主板新周期单元开始运行的时间同步。根据中小板与沪深主板走势的对比分析，我们将中小板 2005 年 6 月至 2008 年 1 月持续时间约两年半的上升周期，暂且认定为复合周期单元中的分割周期。

图 12-14 为中小板综指的分割周期形态。

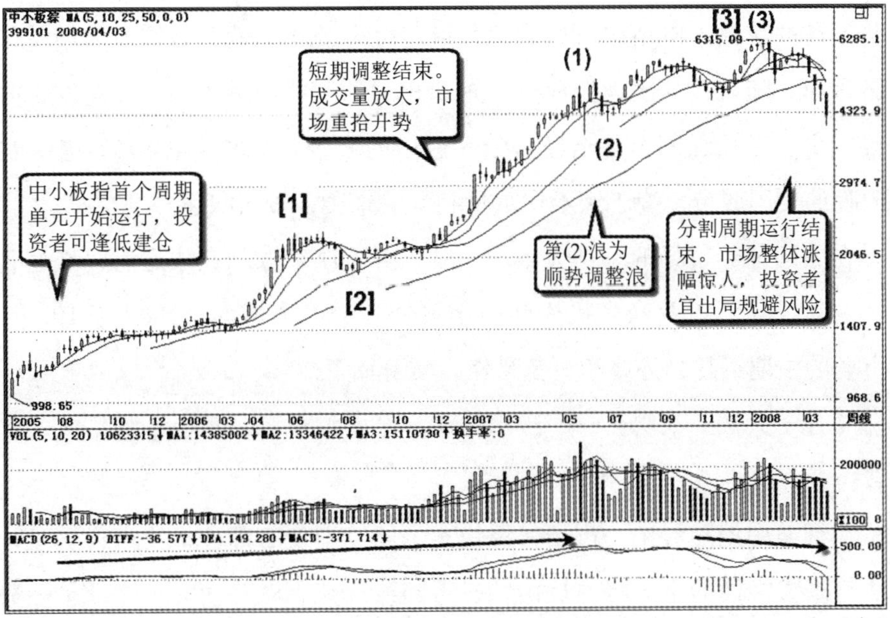

图 12-14 中小板综指分割周期形态

中小板综指分割周期的运行时间为 2005 年 6 月至 2008 年 1 月，周期约两年半，与市场的 2 年原生周期接近。

中小板综指整个分割周期为3浪上升形态。行情从基日的1000点附近启动，至6315.09点结束，升幅约500%。

2007年10月，就在国内沪深股市从分割周期的最高点相继回落的时候，大洋彼岸的美国道琼斯指数也几乎在同一时刻，从14000多点的历史最高位俯拾而下。

2007年4月2日，美国第二大次级抵押贷款机构新世纪金融公司，向法院申请破产保护。2007年7月16日，美国第五大投资银行贝尔斯登旗下两只次级债对冲基金倒闭。2007年8月6日，美国第十大抵押贷款机构American Home Mortgage申请破产保护。2007年8月9日，法国最大银行巴黎银行宣布卷入美国次级债。

2007年，当纽约股市牛气冲天的时候，美国国内的金融机构已经出现了一些不良的状况。申请破产保护的新世纪金融公司，就像是倒下的第一张多米诺骨牌。随后，与次级抵押贷款密切相关的一些金融机构，接连发布收益大幅减少、亏损加剧，甚至经营陷入困境的公告。2007年10月，老牛自知夕阳晚的美国股市，终于经不住重重利空的来袭，步入归途。

在中国证券市场的一件大事——股权分置改革顺利完成之后，经过管理层、主力庄家，以及众多机构和中小投资者的各方博弈，2007年10月，A股市场的中期运行趋势终于更弦易辙，转身而下。

《孙子兵法·兵势》——激水之疾，至于漂石者，势也；鸷鸟之疾，至于毁折者，节也。

在调整中期趋势中，市场行情快速下跌，即使有部分机构竭力护盘，却无法与来势汹涌的空头势力抗衡，只得随波逐流，顺势而为，这就是趋势形成的力量。主力机构能够在快速下跌的行情中接连不断地狙杀、打压个股，则是抓住了市场做空的最佳时机，使个股轮番破位下行。

图12-15为上证指数2007年的调整浪。

沪深股市经过1个多月的缩量调整，于2007年11月止跌企稳。随后，

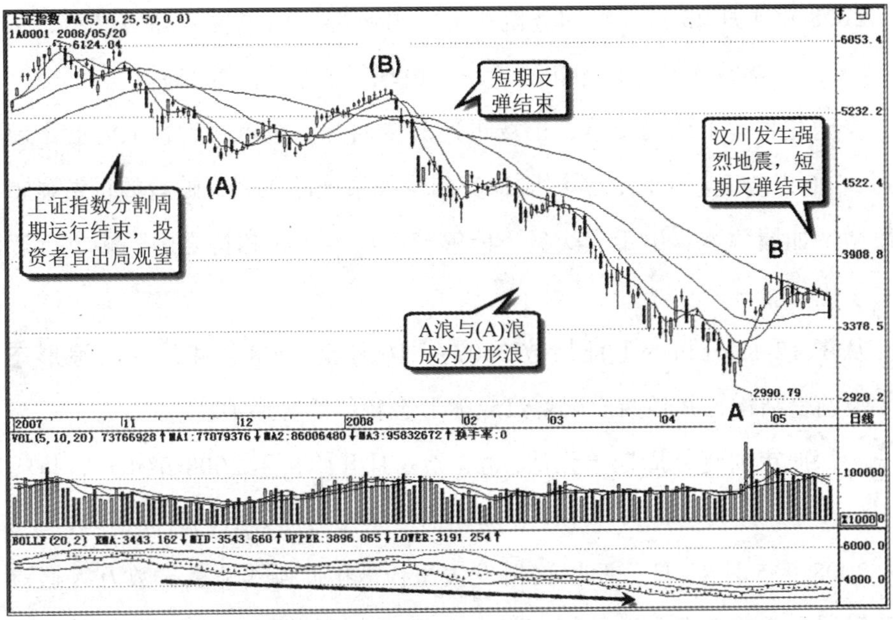
上证指数分割周期运行结束，投资者宜出局观望
短期反弹结束
汶川发生强烈地震，短期反弹结束
A浪与(A)浪成为分形浪
(A)
(B)
A
B
2990.79
6124.04

图 12-15 上证指数 2007 年调整浪

在成交量温和放大的推动下，沪深两市稳步回升。很多投资者把市场从分割周期最高位回落1个多月的调整，只看作是一般性质的获利回吐。市场随后的稳步回升，仿佛又给他们带来了新的希望。

沪深股市回升的脚步显得温文尔雅，成交量也不再像往日那般盛气凌人。到2008年1月，持续了1个多月的反弹，面临内外交困、弹尽粮绝的处境。投资者期盼的跨年度行情，终于没有出现。随后，沪深股市再度掉头往下，如滔滔江河，尽情奔流。

沪深股市从2008年1月开始的调整浪，是以分形浪的方式展开的。这种以分形浪方式展开的调整浪，是形成中期调整趋势的重要标志。

之前对沪深股市上升行情持续约两年半的分割周期的判断，已经愈加可信了，该复合周期单元以折返浪形式结束的可能性逐渐加大。

2008年4月22日，上证指数盘中跌破3000点大关。沪深两市2008年初的调整行情已经持续了3个月。此时，上海股市的调整幅度超过了50%。

2008年4月23日，经国务院批准，财政部、国家税务总局决定，从4月24日起，调整证券交易印花税税率，由现行3‰调整为1‰。

受印花税率下调的影响，市场迅速放量回升。短短几天，上海股市就反弹到3700点之上。然而，沪深股指受到均线系统的压制，随后的行情显得谨小慎微，如履薄冰。由于成交量不能够持续放大，在相持之中，多方已逐渐失去了优势。

从图12-15分析，上证指数2007年10月至2008年4月的波浪形态，为3浪调整结构，并且两段调整浪成为形态相似的分形浪。

沪深股市的复合周期单元从2005年6月开始，至2008年4月，持续时间不足3年，还没有进入4年复合周期前后半年可能开启的时间窗口。

2008年5月12日，四川汶川发生里氏8.0级强烈地震，数万人遇难，无数房屋、道路被毁。这是新中国成立以来破坏性最强、波及范围最大的一次地震，地震的强度、烈度超过了1976年的唐山大地震。

汶川地震对国内投资者造成的重大影响，以及美欧次贷危机不断升级的阴霾，使失去了反弹动力的沪深股市，再度卷入中期调整趋势的激流之中。

图12-16为上证指数2008年的调整浪。

2008年，在亚洲金融风暴过去10年之后，从美国发端的次贷危机，已经逐渐演变成波及范围越来越广泛的全球金融风暴。2008年7月14日，西班牙最大的房地产开发商之一，马田萨—法迪萨公司申请破产保护。

2008年8月8日，盛况空前的第29届国际奥林匹克运动会在北京隆重开幕。当天的沪深股市却以一根凶狠的大阴线，将投资者的奥运情结无情地涮了一把。

2008年9月15日，美国第四大投资银行雷曼兄弟控股公司申请破产保护。

此时，身处中期调整趋势的沪深股市，尽显“黄河之水天上来，奔流到海不复回”的气势。上海股市从2008年5月反弹至3700多点，跌到9月18日的1800多点，又跌去了50%。

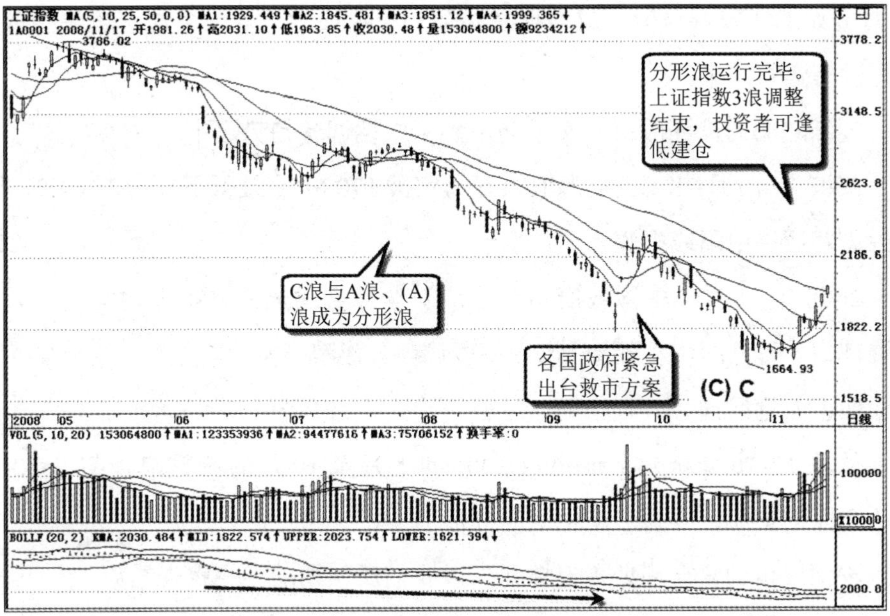

图 12–16　上证指数 2008 年调整浪

日趋严重的全球金融风暴，不仅对中国金融市场造成了间接影响，还对中国实体经济造成较大的冲击。沪深股市在内忧外患的重重困扰中，该如何走出迷局呢？

2008 年 9 月 18 日，经国务院批准，财政部、国家税务总局决定，从 9 月 19 日起，调整证券交易印花税征收方式为单边征税，即对出让方按 1‰的税率征税。9 月 19 日，中央汇金投资公司宣布，将回购工商银行、建设银行和中国银行公司股票，稳定金融股，提振市场信心。

在市场面临崩盘的危急时刻，管理层终于出手救市了。9 月 19 日，沪深股市双双大幅上涨，所有个股几乎全部涨停。

2008 年 9 月 20 日，美国财政部和美联储向国会提交总额为 7000 亿美元的救市方案。9 月 22 日，沪深股市借势又放量大涨。

然而，沪深股市的反弹只持续了短短几天即再度走弱。从走势图看，沪深股指 2008 年 5 月以来的波浪形态也是以分形浪的方式展开的。从 2007 年

10月开始的3段调整浪，成为形态相似的分形浪，并且最后这一段调整分形浪还没有运行结束。

逐渐趋弱的沪深股市，又重新回到了中期调整趋势之中。

2008年10月28日，上海股市开盘跌破1700点，最低下探至1664.93点，盘中震荡后以中阳线报收。

2008年11月，中国政府出台了应对全球金融风暴，扩大内需的4万亿投资计划。此时，沪深股指的最后一段调整分形浪基本运行结束。受此影响，沪深两市放量回升。

从图12-16分析，上证指数2008年5月至10月的调整浪，与图12-15中的两段调整浪，成为形态相似的分形浪。

沪深股市的复合周期折返单元，以我们所预期的方式宣告结束了。

2007年10月，深圳股市的分割周期上升浪运行结束，随后，市场便以折返浪的方式形成逐波走低的中期调整趋势。

图12-17为深证成指2007年的调整浪。

从走势图分析，深证成指2007年10月至2008年4月的波浪形态为3浪调整结构，并且两段调整浪成为形态相似的分形浪。

2008年5月，汶川发生强烈地震。深圳股市结束反弹，重新回到中期调整趋势之中。

图12-18为深证成指2008年的调整浪。

从走势图分析，深证成指2008年5月至10月的调整浪，与图12-17中的两段调整浪，成为形态相似的分形浪。

2008年11月，受政府扩大内需的4万亿投资计划影响，市场放量回升。深圳股市的复合周期折返单元正式宣告结束。

沪深两市2007年10月至2008年10月的中期调整浪，成为复合周期单元中的周期碎片。

沪深两市该复合周期单元，从2005年6月开始，至2008年10月结束，

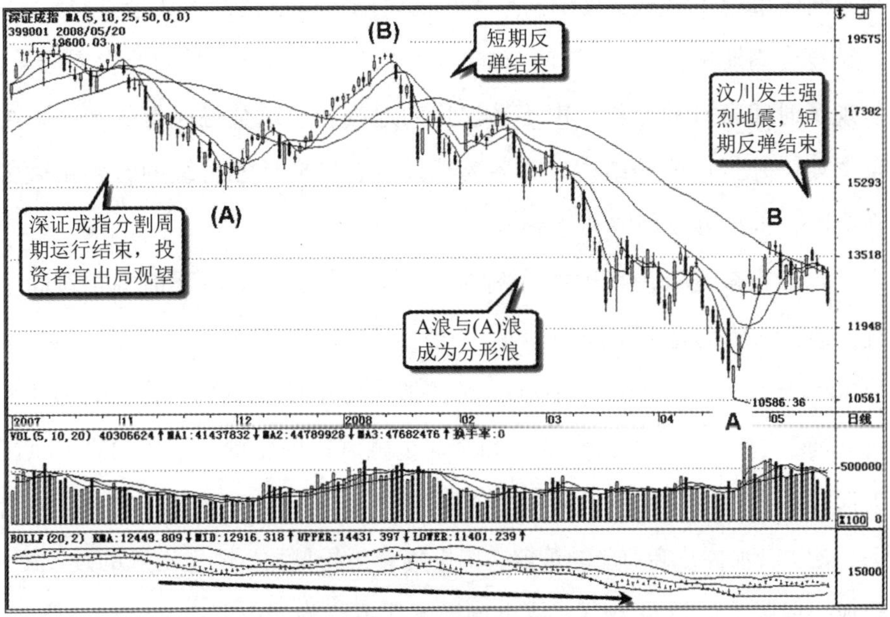

图 12-17　深证成指 2007 年调整浪

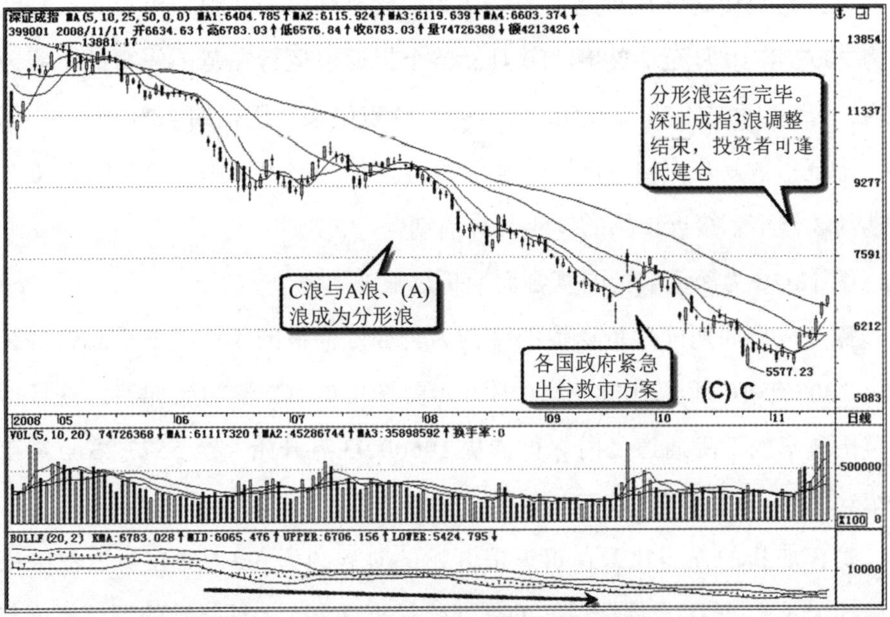

图 12-18　深证成指 2008 年调整浪

持续时间较市场4年复合周期前后半年的时间窗口还提前了2个月。

该复合周期单元，与沪深两市1996年1月至1997年5月的原生周期类似，也出现了时间窗口的漂移。由于受汶川大地震和全球金融风暴的影响，沪深股市周期碎片折返浪的结构较为紧凑，该复合周期单元持续的时间略微偏离正常范围，也是可以理解和接受的。

沪深股市该复合周期中的分割周期，位于复合周期单元前端相对固定的位置，故称之为前置分割周期。

2007年10月至2008年10月，沪深股市的中期调整行情若溃堤之江河，波涛汹涌，一泻千里。汶川大地震和全球金融风暴更加重了市场的恐惧氛围，广大股民的投资激情彻底湮灭，不得不顺势而为，急流勇退。主力机构借用孙子兵法“以水佐攻者强”的策略，将投资者纷纷攘攘、忙于出逃的躁动潜流，汇聚成一股强大的空头势力，将市场推下深不可测的沟壑。

图12-19为上证指数的复合周期折返浪。

上证指数周期碎片折返浪的结构为包含延伸浪的3浪调整形态，持续时间为2007年10月至2008年10月。整个折返浪运行在范围较窄的下降通道之内，行情从6124.04点开始，至1664.93点结束，跌幅约70%。

上证指数复合周期折返浪的运行时间，为2005年6月至2008年10月，周期约3年半，接近市场的4年复合周期。

图12-20为深证成指的复合周期折返浪。

深证成指周期碎片折返浪的结构为包含延伸浪的3浪调整形态，持续时间为2007年10月至2008年10月。走势图中的(C)浪为延伸浪，并且运行在范围较窄的下降通道之内。行情从19600.03点开始，至5577.23点结束，跌幅约70%。

沪深股指的强弱比，在折返浪开始的时候约为3.2，而在折返浪结束的时候约为3.3。该复合周期单元的周期碎片折返浪，上证指数的调整幅度与深证成指基本相当。

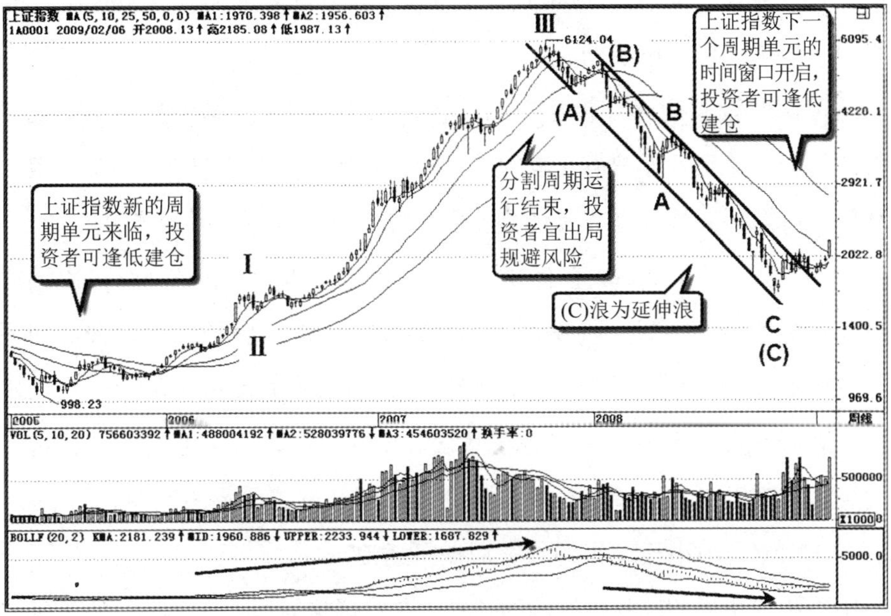

图 12-19　上证指数复合周期折返浪

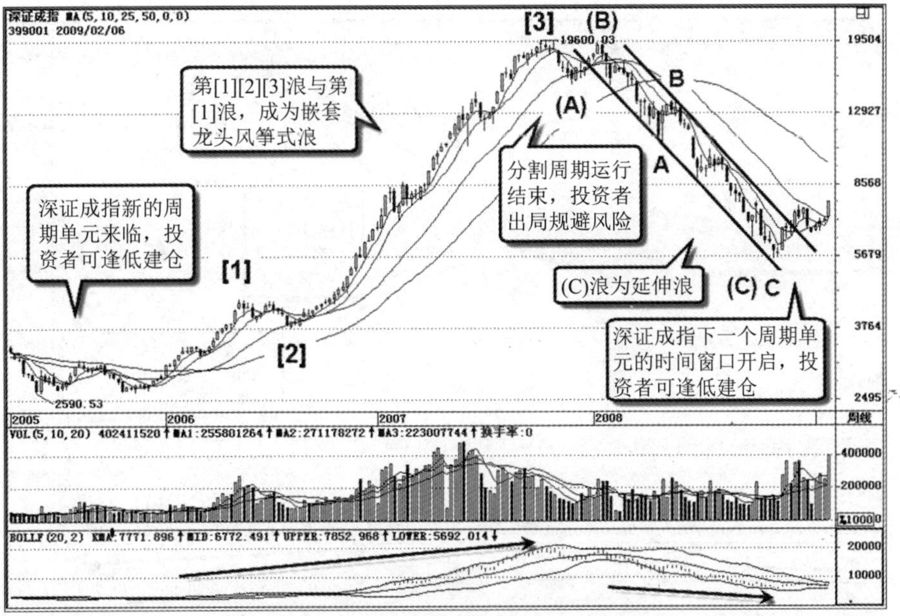

图 12-20　深证成指复合周期折返浪

深证成指复合周期折返浪的运行时间为2005年6月至2008年10月，周期约3年半，接近市场的4年复合周期。

从沪深股指周期碎片折返浪的结构可以看出，3段调整分形浪呈现逐级放大的趋势，而且延伸浪(C)浪的杀伤力异常凶悍、强大。(C)浪分形浪结束的时候，市场的调整幅度非常惨烈，空头能量已基本释放殆尽了。

2007年10月至2008年10月，沪深股市的中期调整趋势以排山倒海的气势和急促紧凑的方式，将投资者积累的丰厚利润逐渐地消耗侵蚀。即便是实力雄厚的大户和机构投资者，在市场强大的空头力量重压下，也难以避重就轻，独善其身。主力机构将孙子兵法“激水之疾，至于漂石者，势也；鸷鸟之疾，至于毁折者，节也”的策略，发挥到了淋漓尽致的境界。

图12-21为中小板综指的复合周期折返浪。

中小板综指周期碎片折返浪的结构为3浪调整形态，持续时间为2008年1月至2008年10月。行情从6315.09点开始，至1959.13点结束，跌幅约70%。

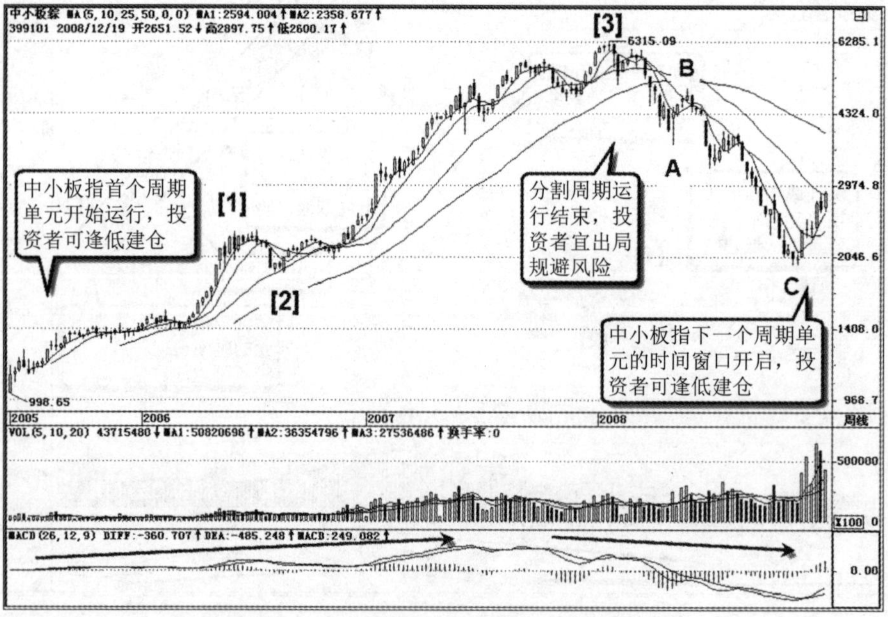

图12-21 中小板综指复合周期折返浪

中小板综指复合周期折返浪的运行时间为2005年6月至2008年10月，周期约3年半，接近市场的4年复合周期。该复合周期单元，中小板综指与沪深主板一样，出现了时间窗口的漂移。

中小板综指的分割周期，位于首个复合周期单元的开始部分，故成为前置分割周期。

受市场系统风险释放的拖累，中小板综指的中期调整趋势，较沪深主板更为急促、凶险。覆巢之下焉有完卵？投资者的遭遇何其不堪。

沪深股指多周期形态分析

中国证券市场经过10多年的稳步成长，经济地位和市场规模不断提升。随着新世纪的脚步向前迈进，中国证券市场将会迎来更加广阔的发展机遇和更多的投资机会。

图12-22为上证指数的镜向波周期。

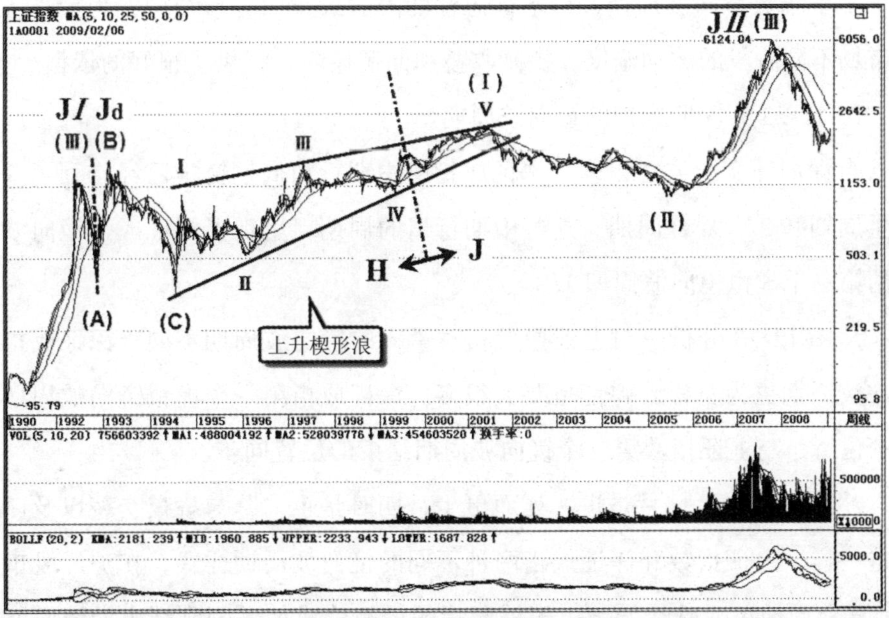

图12-22 上证指数镜向波周期

自上海证交所成立以来，上证指数的中期行情周期链中已经排列了6个原生周期和2个复合周期。这些中期行情的周期，呈现了上证指数镜向波系统的第一个虚拟镜向波周期J*I*，一个超级短期镜向波Jd，和第二个完整的镜向波周期J*II*。

从图12-22分析，上证指数第1个原生周期第(Ⅲ)浪，形成了上海股市的第一个虚拟镜向波周期。第2个原生周期的(B)浪，形成了上海股市的超级短期镜向波。第2个原生周期的(C)浪和后面4个原生周期，及第1个复合周期、第2个复合周期的分割周期，形成了上海股市第二个完整的镜向波周期。

从图中可以看到，上证指数镜向波周期链的特性，与中期行情的周期链有些不同。上证指数中期行情的周期链环环相扣，规律性较强。而镜向波周期链的第一个虚拟镜向波周期和第二个镜向波周期之间，还可以为超级短期镜向波留有一席之地。镜向波周期的弹性和宽容度可见一斑。

上证指数镜向波周期，两端标志性的隔舱式镜向分形结构，为投资者评判市场不同阶段的波动幅度，提高收益和回避风险，提供了很好的依据。

图12-23为深证成指的镜向波周期。

自深圳证交所成立以来，深证成指的中期行情周期链中已经排列了6个原生周期和2个复合周期。这些中期行情的周期，呈现了深证成指镜向波系统的第一个虚拟镜向波周期J*I*。

从图12-23分析，与上证指数相对紧凑的镜向波周期不同，深证成指的镜向波周期更为宽松，弹性也要大很多。深证成指第一个虚拟镜向波周期结束的位置，与上证指数第二个镜向波周期结束的位置同步。

“终而复始，日月是也。死而更生，四时是也。”与昼夜交替以及四季更迭一样，上证指数和深证成指两种不同的镜向波周期样式，在沪深股市第2个复合周期单元殊途同归，沪深股指的最高位成就了刚刚结束的镜向波周期的辉煌，也成为下一个镜向波周期开始的起点。我们还可以观察到，沪深

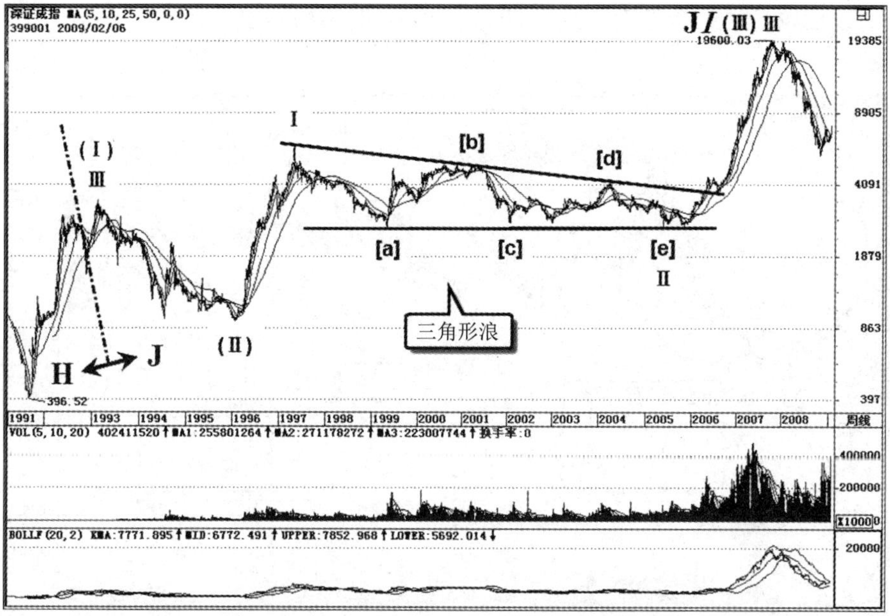

图 12-23　深证成指镜向波周期

股指两种不同的镜向波周期样式，对A股市场众多的个股走势也都带来了较大的影响。

个股实盘分析

2005年6月，沪深股市长达4年之久的复合周期调整浪悄然落幕。市场中的个股已是满目疮痍，惨不忍睹。中国证券市场经历了国有股减持的阵痛，又将面临股权分置改革的重压。何去何从，成了损失惨重的投资者难以做出的抉择。

就在市场迷雾重重、持续低迷的时候，许多个股先后开始悄悄地脱离底部，放量回升。上海股市中的成都建投即是众多个股中看似不起眼的一只“丑小鸭”。

2005年7月，成都建投在上海股市重新站稳1000点的时候，经过痛苦挣扎，终于从底部开始温和放量，稳步回升。

图 12-24 为成都建投（国金证券）2005 年的初始上升浪。

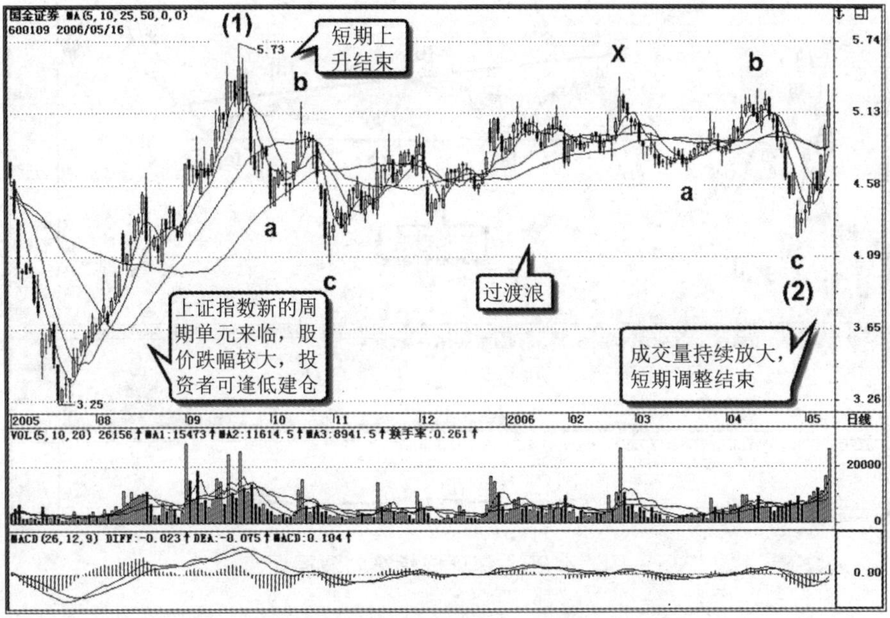

图 12–24　成都建投 (国金证券)2005 年上升浪

从走势图分析，成都建投的第 (1) 浪为 3 浪上升形态，第 (2) 浪的结构有些复杂，为包含过渡浪的 3 浪调整形态。

图 12-25 为成都建投（国金证券）2006 年的上升浪。

经过持续半年多的横盘整固，2006 年 5 月，成都建投再度放量走高。

从走势图分析，成都建投的第 (3) 浪为 3 浪上升形态，并且与图 12-24 的第 (1) 浪成为形态相似的分形浪。成都建投的调整浪第 [2] 浪，与图 12-24 的第 (2) 浪结构有些类似，为包含过渡浪的调整形态。

图 12-26 为成都建投（国金证券）经过复权 2007 年的上升浪。

成都建投的第 [2] 浪横盘整固了 2 个多月。2006 年 8 月，成都建投再度放量走高，之后该股便进入了放量大幅上扬的主升浪。

从图 12-26 分析，成都建投的第 [3] 浪为 3 浪上升形态，其中，第 [3] 浪

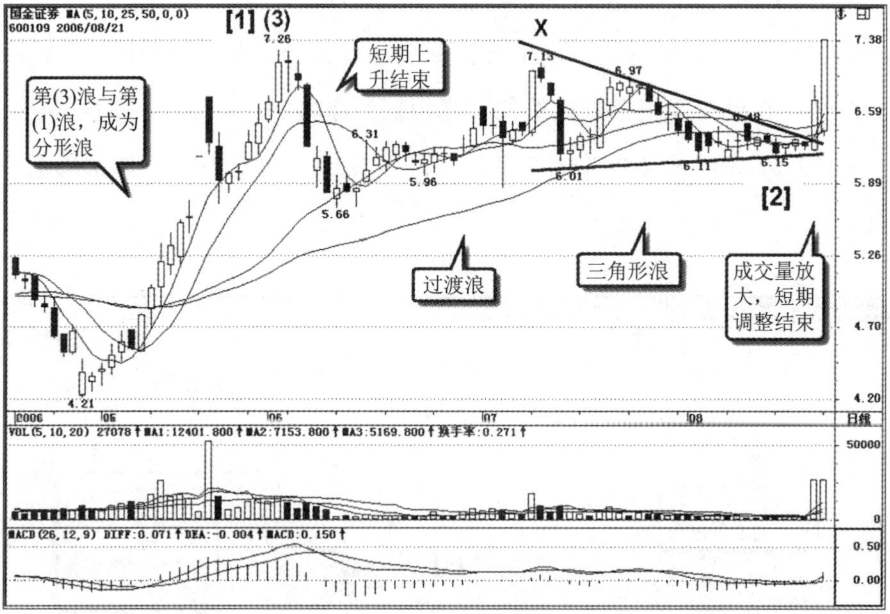

图 12-25 成都建投(国金证券)2006 年上升浪

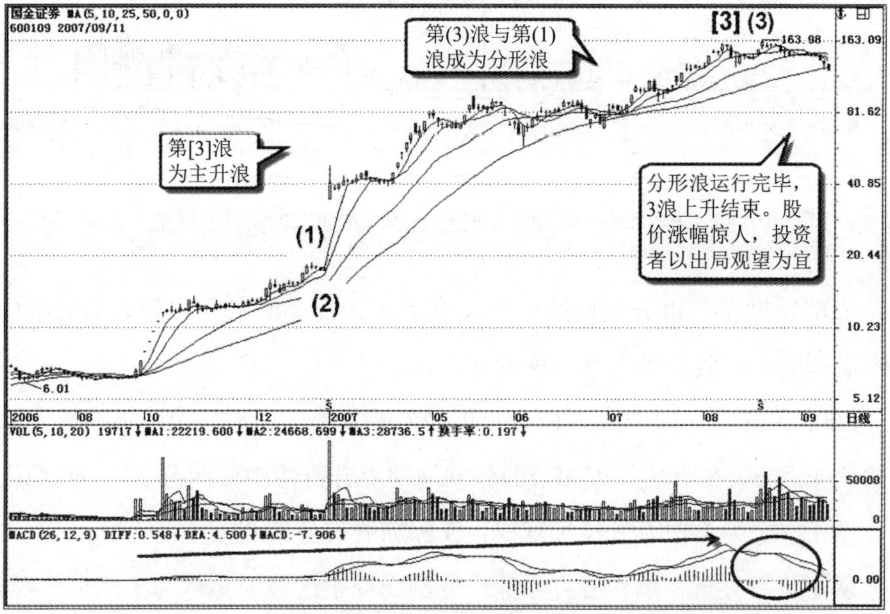

图 12-26 成都建投(国金证券)2007 年上升浪

的子浪第 (3) 浪与第 (1) 浪成为形态相似的分形浪。

2007 年 8 月，成都建投的上升分形浪运行完毕。该股持续约 2 年的中期上升行情，在投资者羡慕和嫉妒的眼光中悄然谢幕。

图 12-27 为成都建投（国金证券）经过复权，在上海股市分割周期中的上升浪。

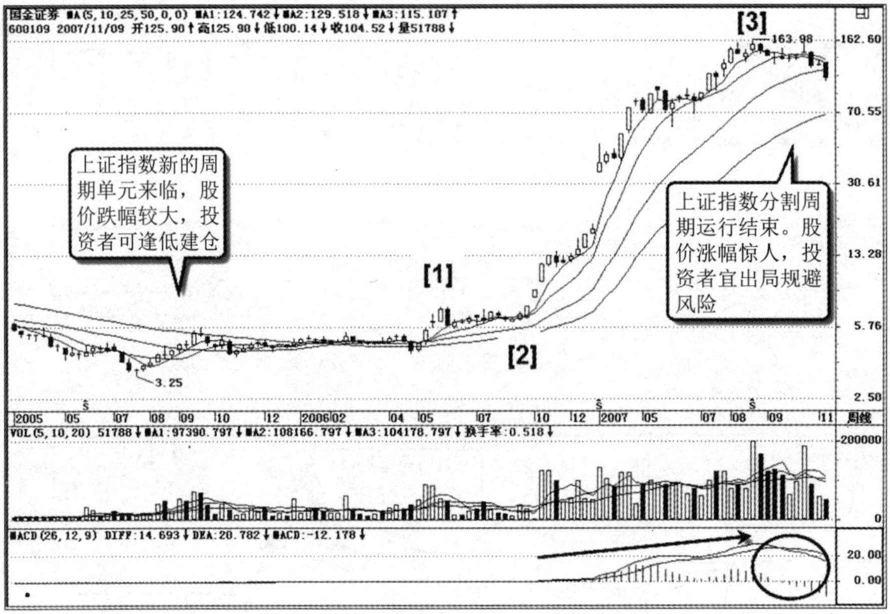
[3]
163.98
上证指数新的周期单元来临，股价跌幅较大，投资者可逢低建仓
上证指数分割周期运行结束。股价涨幅惊人，投资者宜出局规避风险
[1]
[2]
3.25

图 12-27　成都建投 (国金证券)2005 年中期上升浪

成都建投在沪市分割周期中的波浪形态，其 3 浪上升和分形浪的结构是非常清晰的。该股总的上升幅度约 4950%。

2005 年 6 月，深圳股市长达 4 年之久的复合周期调整浪落下帷幕。深市中的焦作万方，在市场如火如荼的分割周期上升行情中厚积薄发，一鸣惊人。

图 12-28 为焦作万方经过复权，在深圳股市分割周期中的上升浪。

从走势图分析，焦作万方在深市分割周期中的波浪结构为 3 浪上升形态。整个中期上升行情为龙头风筝式上升浪。该股总的上升幅度约 4968%。

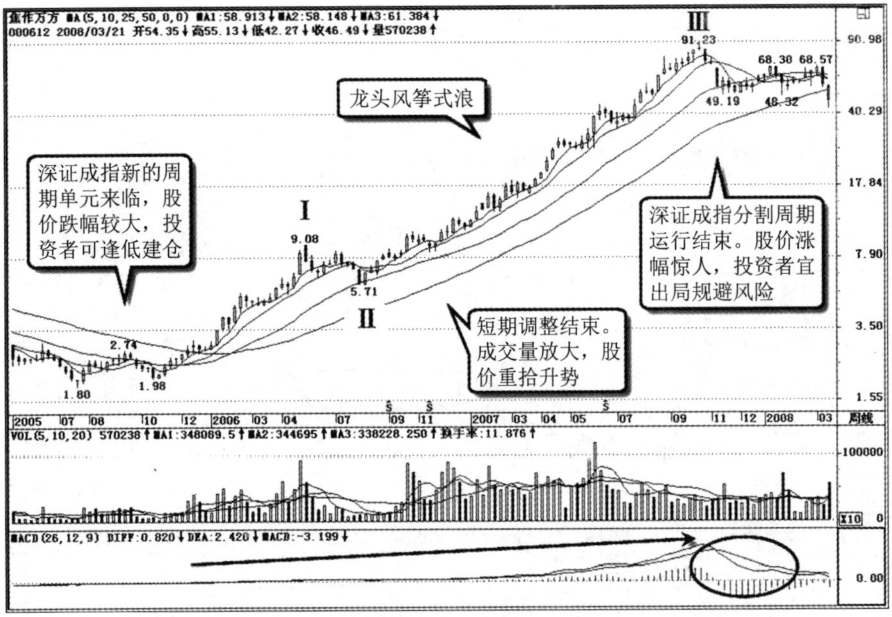
龙头风筝式浪
深证成指新的周期单元来临，股价跌幅较大，投资者可逢低建仓
深证成指分割周期运行结束。股价涨幅惊人，投资者宜出局规避风险
短期调整结束。成交量放大，股价重拾升势
I
II
III
91.23
68.30
68.57
49.19
48.32
9.08
5.71
2.74
1.80
1.98

图 12–28 焦作万方 2005 年中期上升浪

2007 年 10 月，沪深股市持续时间超过 2 年的分割周期运行结束。此时，市场中的个股可谓八仙过海，各显神通，涨幅高达数十倍的亦不计其数。上海股市中的江南重工，经过大幅上涨，股价于 2007 年 9 月开始从巅峰回落。

图 12-29 为江南重工（中船股份）经过复权，在上海股市周期碎片中的调整浪。

从走势图分析，江南重工在沪市周期碎片中的波浪结构为包含延伸浪的 3 浪调整形态，其中 C 浪为延伸浪，而且杀伤力异常强大。图中的 3 段调整浪呈现逐级放大的趋势。该股总的调整幅度超过 90%。

图 12-30 为云南铜业 2007 年的调整浪。

2007 年 10 月，深圳股市持续时间超过 2 年的分割周期运行结束。此时，深市中的云南铜业经过大幅上涨，股价开始从高位回落。

从图 12-30 分析，云南铜业 2007 年 10 月至 2008 年 4 月的调整浪是以分形浪的方式展开的，图中的 2 段调整浪成为形态相似的分形浪。

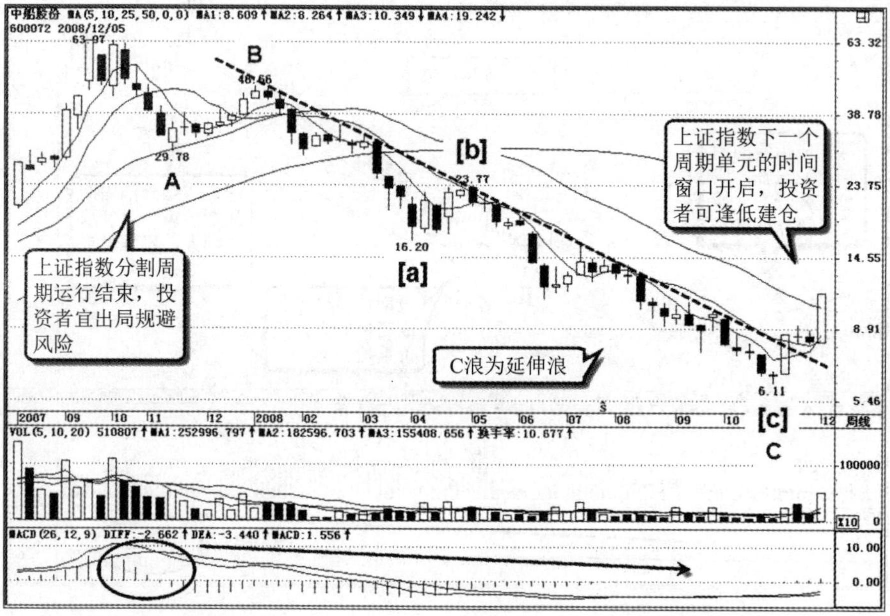

图12-29 江南重工(中船股份)2007年调整浪

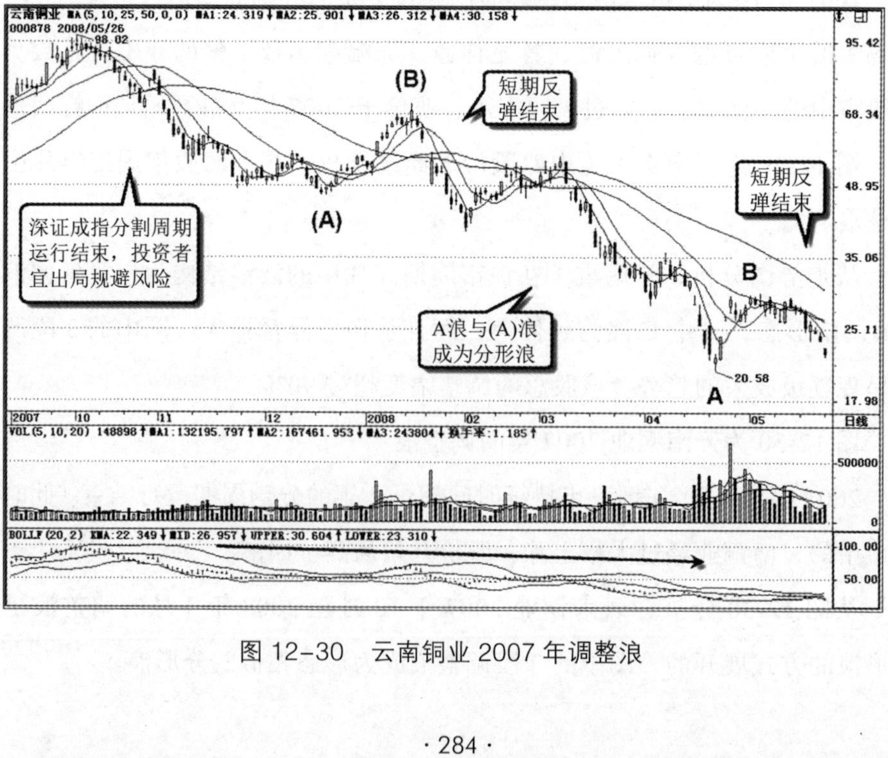

图12-30 云南铜业2007年调整浪

2008 年 5 月，汶川大地震发生后，云南铜业短期的超跌反弹黯然结束，股价再次往下滑落。

图 12-31 为云南铜业经过复权 2008 年的调整浪。

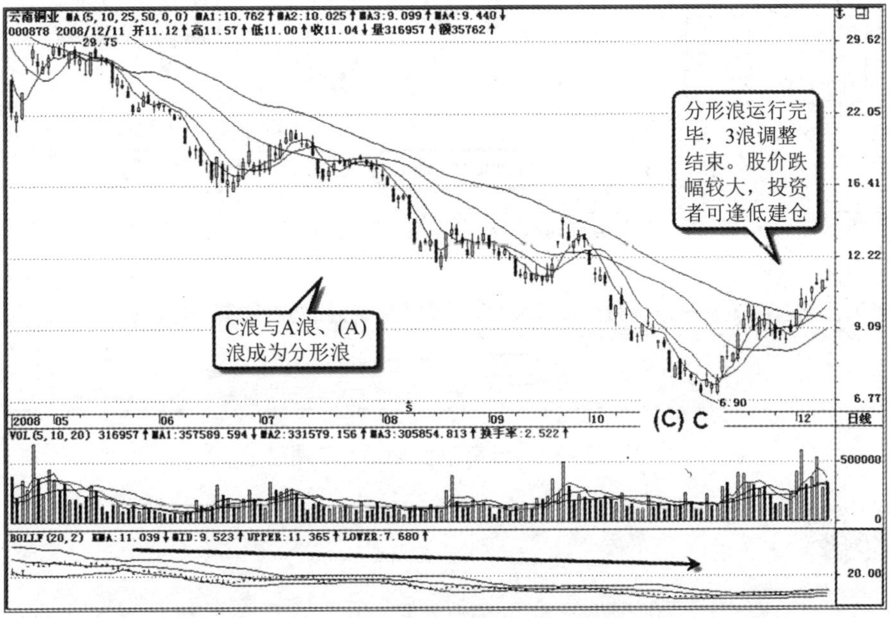

图 12–31　云南铜业 2008 年调整浪

从走势图分析，云南铜业 2008 年的调整浪，也是以分形浪的方式展开的。图中的调整浪，与图 12-30 中的 2 段调整浪成为形态相似的分形浪。

图 12-32 为云南铜业经过复权，在深圳股市周期碎片中的调整浪。

云南铜业在深市周期碎片中的波浪结构为包含延伸浪的 3 浪调整形态。其中，(C) 浪为延伸浪，而且杀伤力异常强大。图中的 3 段调整分形浪，呈现逐级放大的趋势。该股总的调整幅度超过 90%。

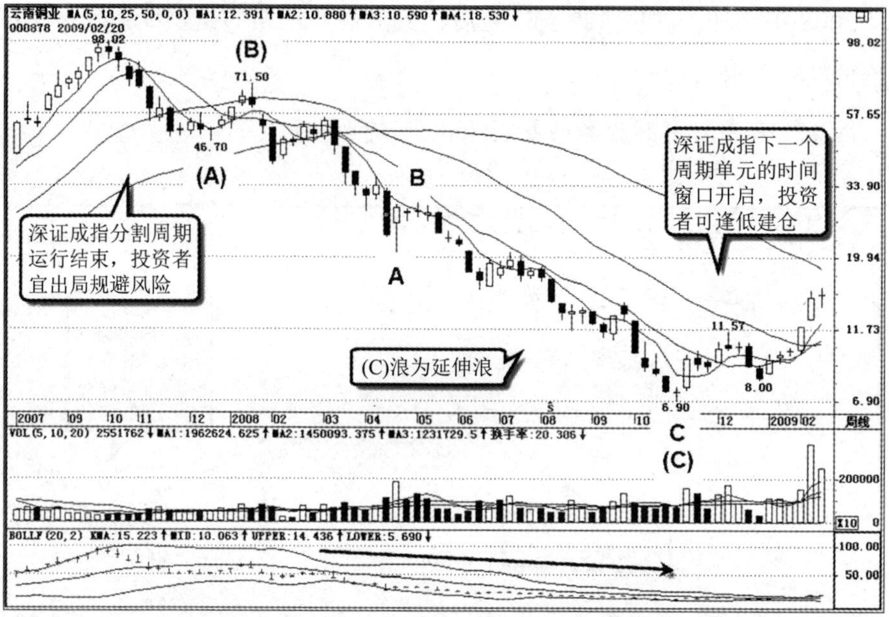
云南铜业
000878 2009/02/20
(B)
(A)
B
A
C
(C)
深证成指分割周期运行结束，投资者宜出局规避风险
深证成指下一个周期单元的时间窗口开启，投资者可逢低建仓
(C)浪为延伸浪

图12-32　云南铜业2007年调整浪

点评

沪深股市2005年6月至2008年10月的复合周期折返浪，以过去从未出现的方式，将市场的中期上升趋势和中期调整趋势合并在同一个复合周期单元中。

该复合周期单元中的前置分割周期，完全发挥了类似原生周期的积极作用，将市场的中期上升浪演绎得酣畅淋漓。并且，沪深两市主升浪中的龙头风筝式和蜈蚣风筝式上升浪，扶摇直上，联袂起舞，令人心醉神迷。

沪深股市2005年6月至2007年10月的中期上升浪，在股权分置改革的巨大压力面前不畏艰难，以令人难以想象的完美方式演绎完成。政府对于市场的影响再次显露无遗。试想，如果没有政府积极推进改革和稳定市场的一系列举措，哪些机构能有“力拔山兮气盖世”的雄心和魄力，将股权分置改革和市场中期上升趋势的双重重担挑于一肩？

本书论述的相对波浪理论，以镜向波周期作为相对独立模块，并且融合分级浪系统构建的二元波浪理论体系，对A股所作的详细分析就此告一段落。希望青睐相对波浪理论的读者朋友能够学以致用，将其口碑相传，发扬光大。

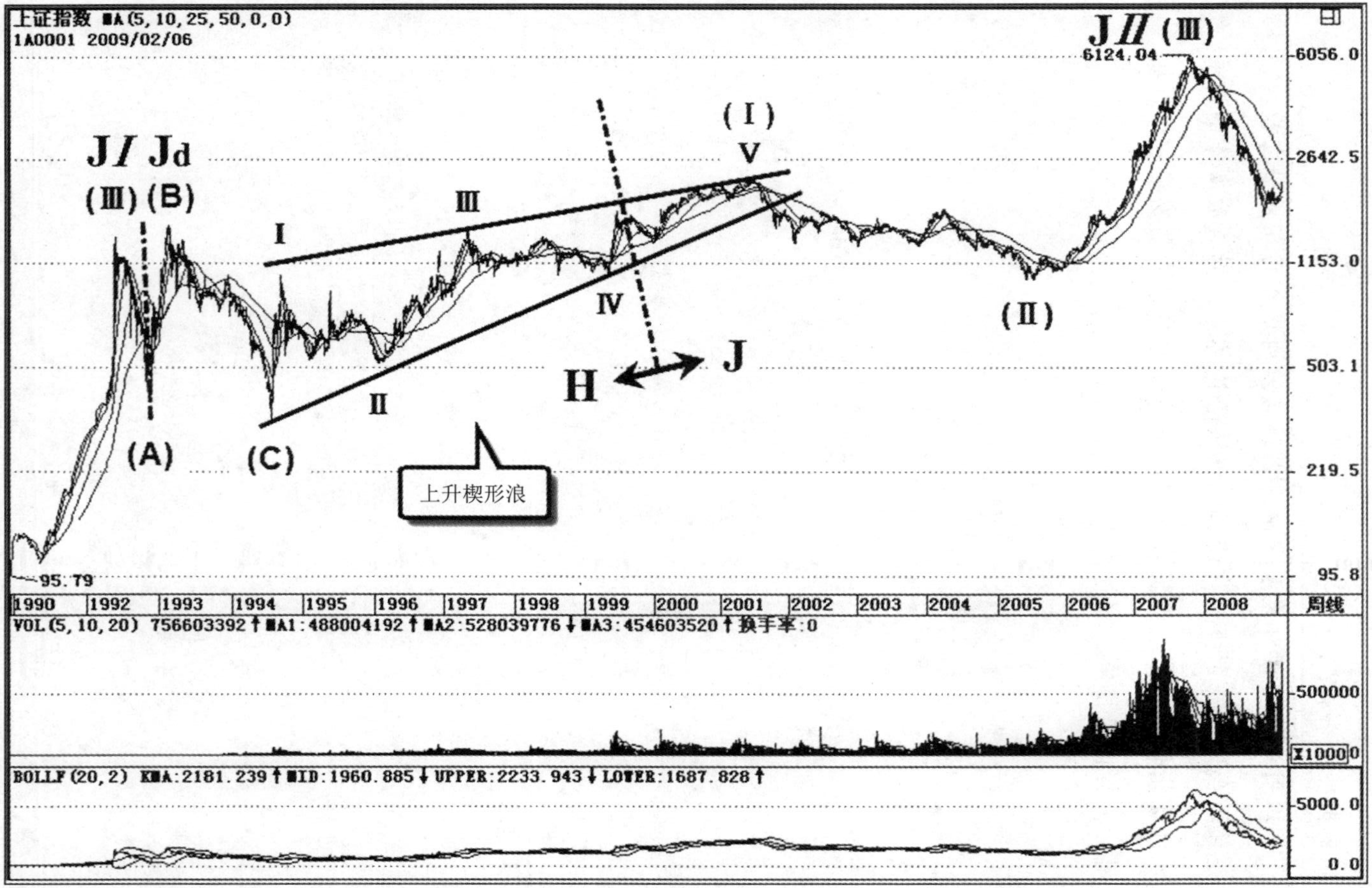

附图 3　上证指数镜向波周期（大图）

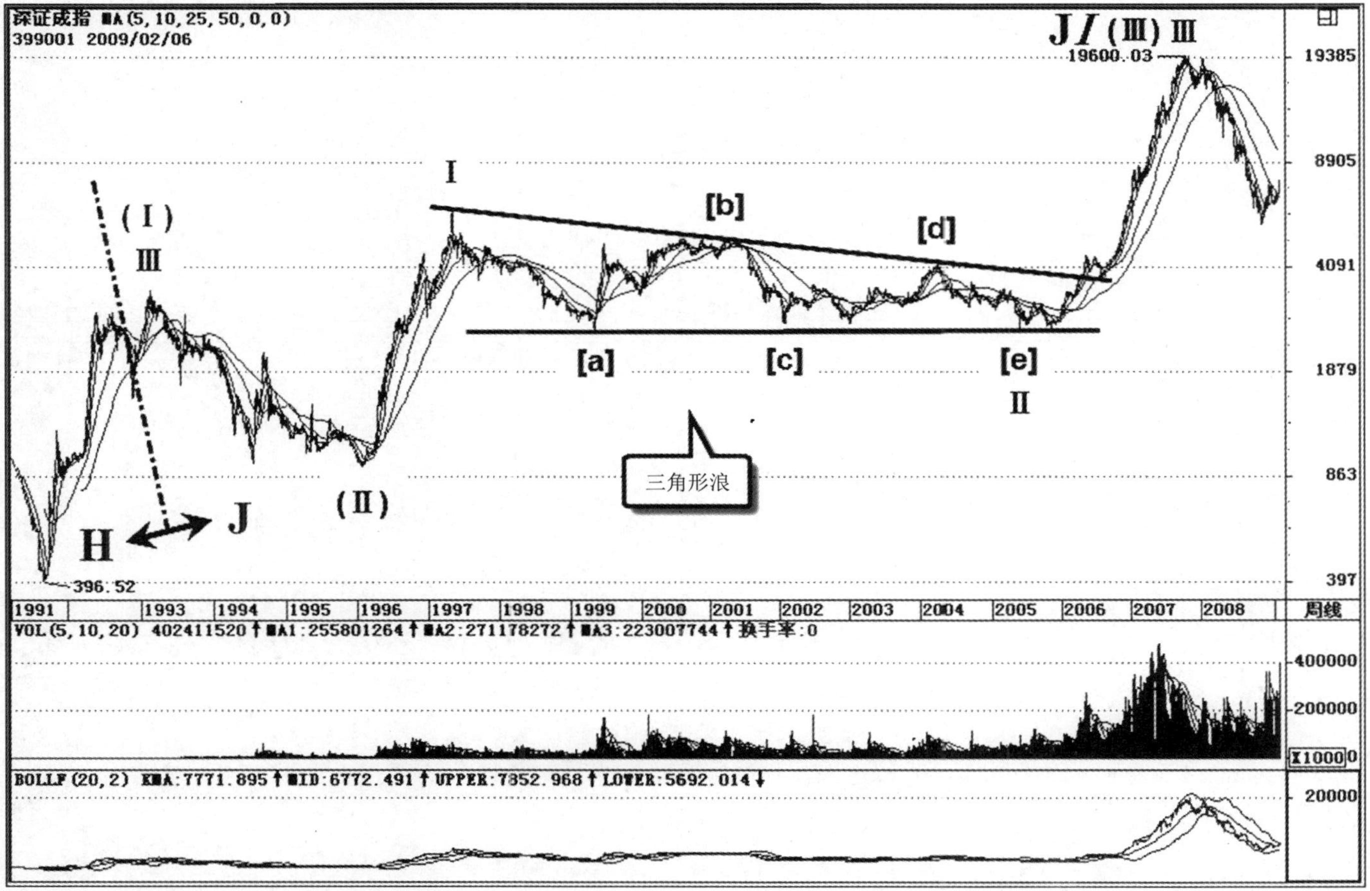

附图 4　深证成指镜向波周期（大图）